超入門

ルアー釣りのススメ

目次

ルアー釣りのススメ

Section6 ワームとリグ一覧

Section7 ハードルアー一覧

Section8 ウェアと小物

Section9 基本のアクション

Section10 魚が釣れる場所(ポイント)

Section11 対象魚別の狙い方

Section12 ラインの結び方

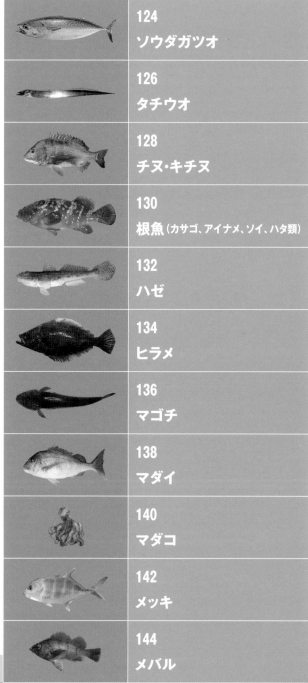

釣りの楽しさを知るなら
ルアー釣りが一番。
思い立ったとき、
空いた時間を利用して
サッと釣り上げる。

アオリイカ

タックルを揃えて今すぐ行きましょう！

エギング
日本古来のルアーである餌木《エギ》を使ってアオリイカを狙う釣り。秋は小型の数釣り、春には大物が狙えます。

シーバス

シーバスゲーム
ソルトルアーの定番といえばシーバスです。陸っぱりからでも１ｍを超えるビッグサイズが狙え、釣れる場所も豊富です。

ブリ（青物）

ショアジギング
メタルジグをキャストして、さまざまな魚種を狙う釣り。ブリやヒラマサなどの大型青物とのファイトは大迫力です！

オオモンハタ

ロックフィッシュ
ハタ類やカサゴなど岩礁帯にすむ根魚の総称。ワームを使ったいろいろなリグがあり、シチュエーションで使い分けましょう。

メバル

メバリング
入門者でも簡単に釣果が得られるライトゲーム。小型魚ながら非常にパワフルなファイトで楽しませてくれます。

アジ

アジング
小さなアタリを感じ取り、繊細なテクニックを楽しむ。難しいと思えば簡単に釣れたりと退屈することのない人気の釣りです。

チヌ

チニング
生息域が広く身近な場所でも50㎝を超える大型が狙えるこの釣りは、昼夜問わず竿を振ることができます。

マダコ

タコエギ
エギで狙うタコが人気です。ずっしりと重い感触は釣り人を虜にします。温かい季節に盛り上がります。

ヒラメ

フラットフィッシュ
ヒラメやマゴチを狙う釣り。サーフでの釣りが定番ですが、堤防でも狙うことができます。意外と釣れるターゲットです。

タチウオゲーム
刀のように銀色に輝くタチウオをメタルジグやワームで狙います。活性が良ければ数釣ることもできます。

ハゼクランク
小型のクランクベイトで、ハゼを狙うゲーム性の高い釣り。ハマると止まらない面白さがあります。

section 1

海のルアーフィッシングとは

海に囲まれた日本で、海釣りをしない手はありません。自然に触れ合い、心を豊かに育てましょう。

ソルトルアー

まずはマナーから

釣りをしようと思ったきっかけはなんでしょうか。理由は人それぞれですが、少なからず期待感があるからでしょう。そんな期待をかなえられるように、最低限の釣り方とマナーを備えておくことが必要です。

深く考える必要はなく、日常のマナーを守るだけでも十分です。分かりにくいのは、釣りをしてよい場所なのかというところでしょう。

基本的に、立ち入り禁止や釣り禁止と書いていなければ釣りをすることは可能ですが、漁師の漁具があったり、船が多く停泊していたり、作業をしているような場所では釣りを控えましょう。

釣りはレジャーですが、漁港や港湾で働いている人から釣り人を見ると、危険だったり作業の邪魔になります。また、故意にではなくても、漁具を傷つけてしまうこともありますので、注意しましょう。

ソルトルアーとは

海で行うルアー釣りを、ソル

ト（海）ルアーと呼びます。また、船や筏など海上から釣る場合をオフショア、地面に足を着けて釣る場合をショアや陸《おか》っぱりといいます。

本書ではショアの釣りであり、その中でも堤防を中心とした内容となっています。

ショアからのソルトルアーのフィールドは、堤防や港湾はもちろん、サーフ（砂浜、砂利浜、ゴロタ浜）、地磯、沖磯となります。

船を使って渡るような孤立している岩礁の釣りでも、地面に足が着いているためショアの釣りになります。

ちなみに、淡水での釣りはフレッシュウォーターといいますが、ほとんどの場合、ナマズやライギョなど対象魚や釣り方で呼ばれます。淡水ルアーではバスフィッシングが主流です。

デイとナイト

日中の釣りをデイゲーム、夜間の釣りをナイトゲームと呼びます。ルアーでは肉食性の魚がターゲットになります。身を隠しやすい夜間に狩りを行う魚が多いため、ソルトルアーではナイトゲームが多くなります。

夜間に行動すると視野が狭くなり危険度が増しますので、安全装備を怠らないのが釣り人としての常識となります。もちろん、昼夜問わず、もしものときに備えて行動しましょう。

ルアー釣りのいろいろ

ソルトルアーでは、釣り方や対象魚によって、名称がついたものがあります。例えば、スズキを狙った釣り方だと「シーバスフィッシング」と呼ばれます。

ソルトルアーで代表的な釣り方は……

◯シーバスフィッシング

スズキを狙った釣り。ソルトルアーではダントツでアイテムが多い釣りです。

◯ショアジギング

ショアからメタルジグを使う釣りです。主に青物を狙う釣り方ですが、根魚なども効率良く狙うことができます。

◯アジング

アジをルアーで狙う釣り。メインはジグヘッド＋ワームで、プラグや小さなメタルジグも使われます。

◯メバリング

メバルをルアーで狙う釣り。これもメインはジグヘッド＋ワームで、ライトゲームの火付け役ともなった釣り方です。

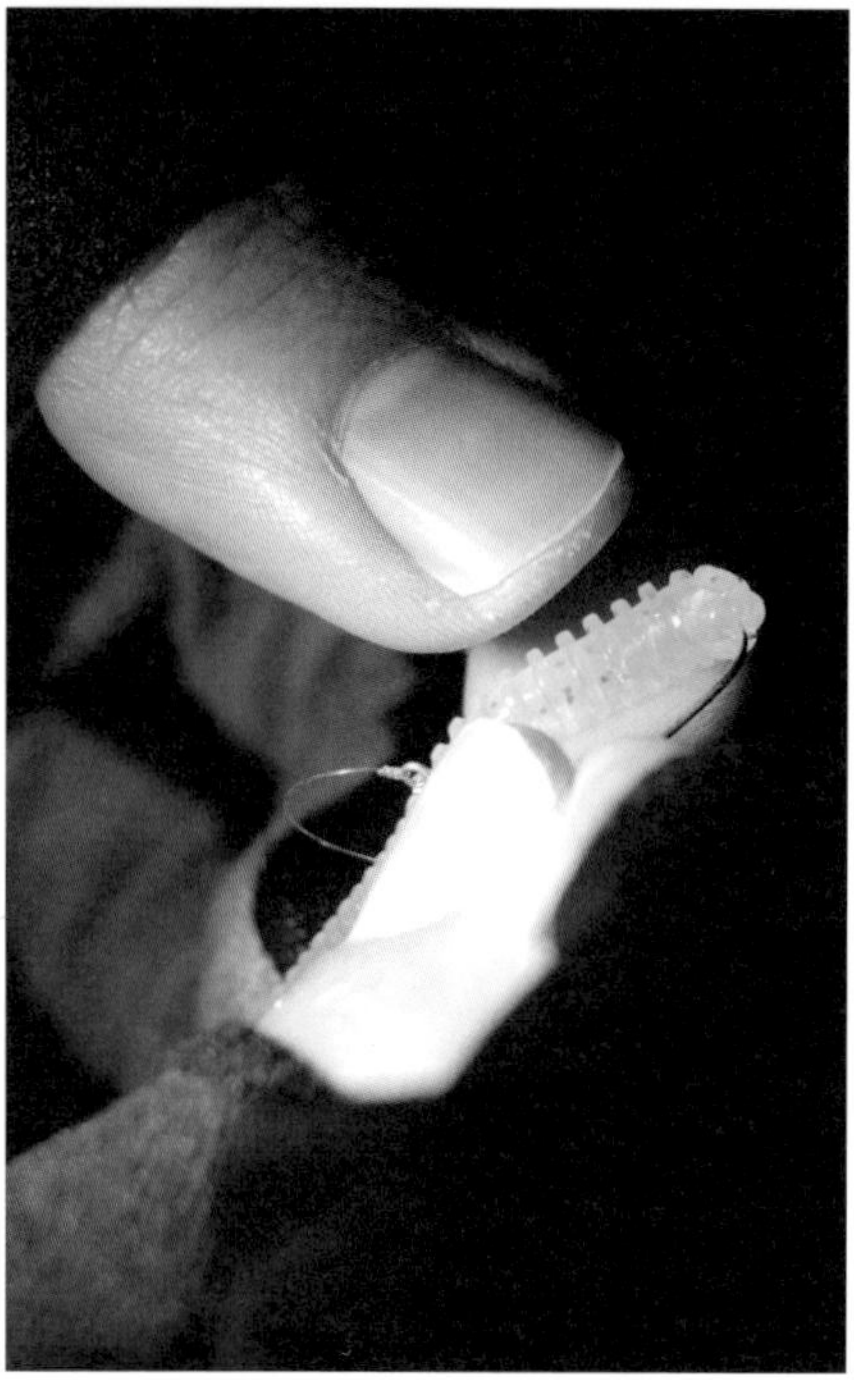

◯ロックフィッシュゲーム

根魚のことをロックフィッシュと呼びます。ワームを使った釣りがメインで、メタルジグなども使われます。

◯フラットフィッシュゲーム

平らな魚という意味で、ヒラメとマゴチを狙います。サーフでの釣りがメインとなります。

◯プラッギング

プラグを使った釣り方ですが、主に青物などをキャスティングで狙うことをいいます。

◯エギング

アオリイカ狙いをメインとした、和製ルアーである餌木《エギ》を使った釣り方。近年では一番人気のルアー釣りです。

ほかにも、ライトゲームやウルトラライトゲーム、ロックショアなど、対象魚を指した呼び名だけではなく、釣り場やタックルを指した名称もあります。

釣り方に縛りをおいて行う釣りも楽しいのですが、初心者のうちは型にはまらず、自分がやってみたいことを優先するのが、上達の近道となりやすいものです。まずは疑問を見つけて一つずつ解決することから始めましょう。

何を釣るか迷ったら

経験者から誘われて釣りを始める場合は、何を狙うかはっきりしていることが多いため迷うことはありませんが、知識もなく釣りを始めるには、どの魚を狙えばよいのか決めかねていることでしょう。そんなときは背伸びせず、予算と時間に合わせて選んでみましょう。

まず最初に、釣りをしようと思った時期により対象魚が大きく変わります。季節によりどんな魚が釣れるのかは、次ページに一覧表を掲載していますので、参考にしてください。

魚によって狙える時期が決まっていますので、釣れる魚から1魚種選びましょう。

例として、6月に釣りを始めるとします。表を見ると、アジ、サワラ、シーバス、ヒラメ、マゴチがよく釣れるとなっています。しかし、通常は南から釣れ始めて、北になるほど釣れる時期が遅くなりますので、自分の地域を考慮して選びましょう。

ここでは対象魚をアジとしましょう。本書でアジの釣り方を参考にすると、アジングのタックルが掲載されています。これで、必要なロッド、リール、ライン、ルアーを知ることができます。

道具は高いほど使いやすくトラブルも少なくなるのですが、予算に合わせて購入することをおすすめします。予算に余裕があるなら、国内メーカー品でミドルクラスを選択しましょう。

ルアー選びが一番迷うところですが、まずは人気商品がおすすめです。

理由は、今一番釣れている可能性が高いからです。たくさん買う必要はありません。最初は2個あれば大丈夫です。もしかしたら、釣り始めてすぐに根掛かりでなくすかもしれませんが、また買いに行きましょう。いろいろなルアーを使うことも楽しみの一つです。

堤防での釣り期の目安

／地域により釣れる時期に差があります

■ よく釣れる　▒ 釣れる　□ あまり釣れない

	1月	2月	3月	4月	5月	6月	7月	8月	9月	10月	11月	12月
アイナメ	■	■	■	■	▒	▒	▒	▒	▒	▒	▒	■
アオリイカ	□	□	▒	■	■	▒	□	□	■	■	■	□
アジ	□	□	▒	■	■	■	■	■	■	■	■	▒
カサゴ	▒	▒	■	■	▒	▒	▒	▒	▒	▒	■	■
カマス	□	□	□	□	□	□	□	▒	■	■	■	▒
カンパチ	□	□	□	▒	▒	▒	▒	▒	▒	▒	▒	▒
キジハタ	□	□	□	□	□	▒	■	■	■	▒	▒	□
キス	□	□	□	□	□	▒	■	■	▒	▒	■	□
ケンサキイカ	□	□	□	□	□	□	□	■	■	□	□	□
コウイカ	□	▒	▒	■	■	▒	□	□	□	□	□	□
サバ	□	□	□	□	□	▒	▒	▒	■	■	▒	□
サワラ	□	□	□	▒	■	■	■	■	■	■	▒	▒
シーバス	▒	□	▒	■	■	■	▒	▒	▒	■	■	▒
シイラ	□	□	□	□	▒	▒	▒	▒	▒	▒	▒	□
クロソイ	▒	▒	■	■	■	▒	▒	▒	▒	■	■	■
ソウダガツオ	□	□	□	□	□	□	▒	▒	▒	▒	▒	□
タケノコメバル	■	■	▒	▒	□	□	□	□	□	□	▒	■
タチウオ	■	▒	□	□	□	□	□	▒	■	■	■	■
チヌ	□	□	▒	■	■	▒	▒	■	■	▒	▒	□
ハゼ	□	□	□	□	□	□	□	▒	■	■	■	▒
ヒラマサ	□	□	□	□	□	▒	■	■	■	▒	□	□
ヒラメ	▒	▒	■	■	■	■	▒	▒	▒	▒	■	■
ブリ	▒	▒	□	□	□	□	▒	■	■	■	■	■
マゴチ	□	□	□	▒	▒	■	■	■	▒	▒	▒	□
マダイ	□	□	□	■	▒	□	□	□	▒	■	▒	□
マダコ	□	□	□	□	□	▒	■	■	▒	□	□	□
メッキ	□	□	□	□	▒	▒	▒	▒	■	■	■	■
メバル	■	▒	■	■	■	▒	□	□	□	▒	■	■
モンゴウイカ	□	□	▒	■	■	▒	□	□	▒	■	■	□
ヤリイカ	■	■	■	▒	□	□	□	□	□	□	□	▒

section 2

ロッド選びの基本

さまざまなロッドが販売されていますが、専用ロッドの中にも多くの種類があります。選び方の基本を知っておきましょう。

専用のロッドが必要

エサ釣りとルアー釣り

釣りの竿にはさまざまな種類があり、ターゲットや釣りのジャンルによって数多くのものが販売されています。

その分類は非常に多岐に渡っていますが、まず最初にエサ釣り用とルアー釣り用の竿に大きく分けることができます。

エサ釣り用の竿は長い仕掛けを投げたり、細い仕掛けで魚とやり取りすることに適した設計となっており、全長が長いものが多くなります。

それに対してルアーロッドは、ルアーを操るということが重要視されます。ルアーを操るためにはロッドを操作することが必要になります。ロッドを自身で積極的に動かして、ルアーをアクションさせるのです。

そのため、ルアーロッドは操作性を重視して、エサ釣りの竿と比べると短く設定されています。

次に大きく違うのがガイドです。ガイドとはラインを通すために設けられたパーツですが、陸っぱりのエサ釣りでは、ナイロンラインが主に使われるのに対して、ルアーフィッシングはＰＥラインがメインで使用されます。ラインに関する詳しい内容はＰ34からの項で解説しますが、ＰＥラインを使用する場合は専用のガイドが装備されているロッドでないとガイド絡みなどのライントラブルが多発する要因になってしまいます。

ショア用とオフショア用

ルアーロッドの中でも、今度はショア（陸）用とオフショア（船）用に大きく分類されます。

ショアからの釣りには、ほぼキャストが伴いますが、船からの釣りは船べりからルアーを落とすだけのものが多いです。また、キャストをする場合でも狭い船上で長いロッドは使いにくいものです。それゆえ、オフショアのロッドはショア用よりも短い設定になっています。

基本的にはエサ釣り用、ルアーのショア用、オフショア用は

ルアーロッドとエサ釣り用の竿
上がルアーロッド、下がエサ釣り用の竿。ルアーロッドは操作性を重視してエサ釣り用の竿と比べて短めに設定されています。

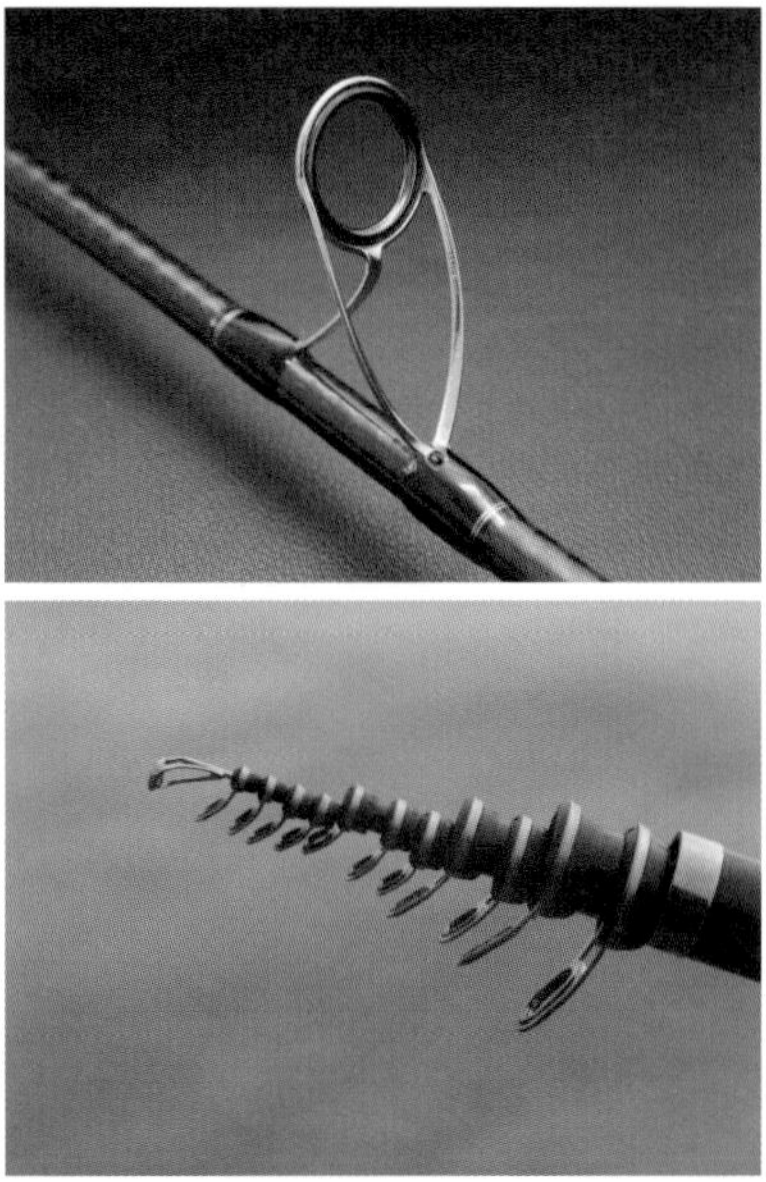

ガイドの比較
上がルアーロッドのガイドで下がエサ釣り用の竿のガイド。作りがかなり違うのが分かります。

それぞれに性質が違うため、兼用はできません。

釣種専用

ロッドを選ぶときに一番重要なことは「どのターゲットを狙いたいのか？　どんな釣りをしたいのか？」ということです。

例えば、ショア用のルアーロッドを見ても、ショアジギング用、シーバス用、エギング用、アジング用ｅｔｃ……とターゲットによって細かく分類されています。

それぞれのターゲットを狙うときに使用するルアーの重量やラインの太さ、ルアーのアクションなどを考え最適な設計がなされているのです。

ロッドを購入する場合はターゲットを明確にする必要があります。自分がどのような魚を狙いたいのかを明確にしてから選ぶようにしましょう。

ロッド各部の名称

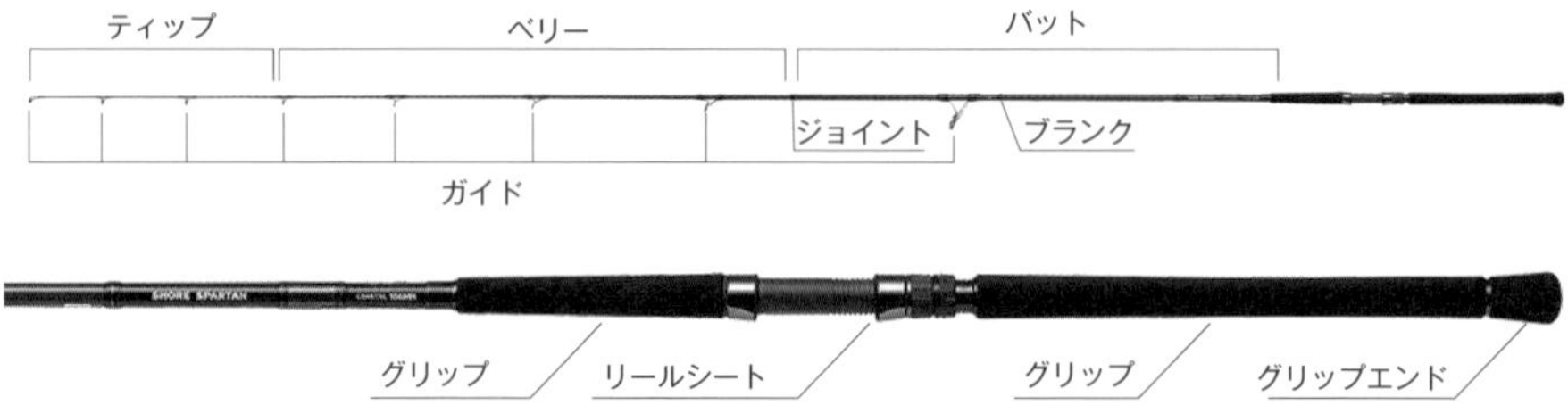
ティップ
ベリー
バット
ジョイント
ブランク
ガイド
グリップ
リールシート
グリップ
グリップエンド

各部の名称

ロッドはブランク（ス）、ガイド、グリップ、リールシートというパーツから成り立っています。

本体となるブランクのほとんどはカーボン製となっています。

ブランクスと呼ぶこともありますが、これはブランクに複数系のSが付けられたもの。その境界が非常にあいまいなため、人やメーカーによってブランクやブランクスと呼ぶ場合があります。

ルアーロッドはブランクが1ピースや2ピースとなっているものが多いです。ショア用のものは中心で分割できる2ピースが主流で、オフショア用では1ピースやグリップ部で分割するグリップジョイントと呼ばれるものがほとんどです。

構造はチューブラと呼ばれる中が空洞になったカーボン素材を使用したものが主流ですが、ソリッドと呼ばれる中が詰まった材質もあります。

チューブラのメリットは反発力が強い、感度が高い、軽いなどが挙げられます。

ソリッドのメリットは細く整形できるため、しなやかに曲がりやすいということです。先端のみにソリッドを接続するモデルもありますが、ソリッドはキャストが必要ないオフショアのモデルに多く採用されています。

ガイドはブランクに複数設けられている金属製の輪のような形状をしたもの。金属はサビに強いステンレスがメインですが、上級モデルにはより軽量なチタンが使われていたり、メーカーによってはカーボンが採用されているものもあります。

ガイドはフレームとリングというパーツが組み合わされており、

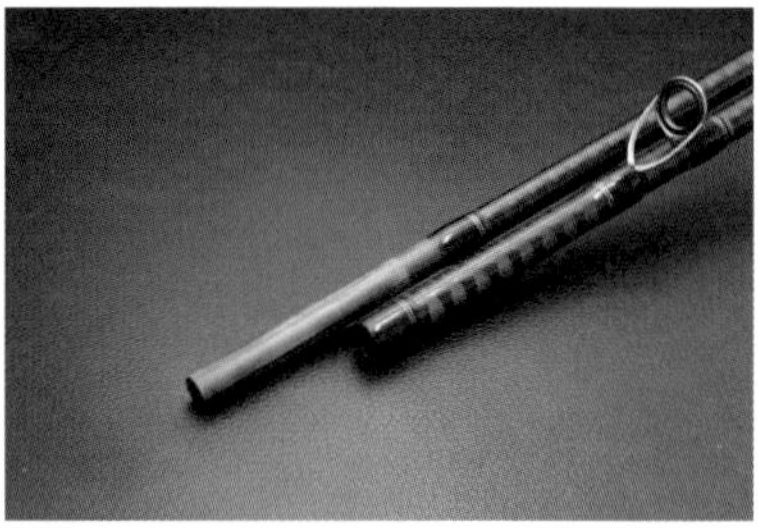

ショイント部分。ショアのルアーロッドは複数のパーツを繋いで使うものがほとんどだ。

ソリッドを採用したオフショア用のロッドはしなやかに曲がり込む。

ロッドのスペックについて

スペック表の例

品名	全長(m)	継数(本)	仕舞(cm)	自重(g)	先径/元径(mm)	ルアー重量(g)	適合ラインナイロン(lb.)	適合ラインPE(号)	カーボン含有率(%)
86ML	2.59	2	134	124	1.7/11.9	7〜35	8〜16	0.6〜1.5	95
90L	2.74	2	141	125	1.6/12.4	5〜28	6〜12	0.5〜1.2	95
90ML	2.74	2	141	128	1.8/12.4	7〜35	8〜16	0.6〜1.5	95
93ML	2.82	2	145	131	1.8/12.9	7〜35	8〜16	0.6〜1.5	95
93M	2.82	2	145	145	2.2/13.4	10〜50	10〜20	0.8〜2.0	93

ロッドに記載の表記

KGS-962M
9'6"
Lure: 15-42g
Line: 8-20lb
PE-Line: 1.0-2.5PE
商品名
強さ
長さ
ルアー重量
使用できるライン

ロッドの硬さやテーパーの表記については、メーカーによって異なる表現をしている場合があるので、代表的な表記として参考にしてください。

ガイドの各部名称

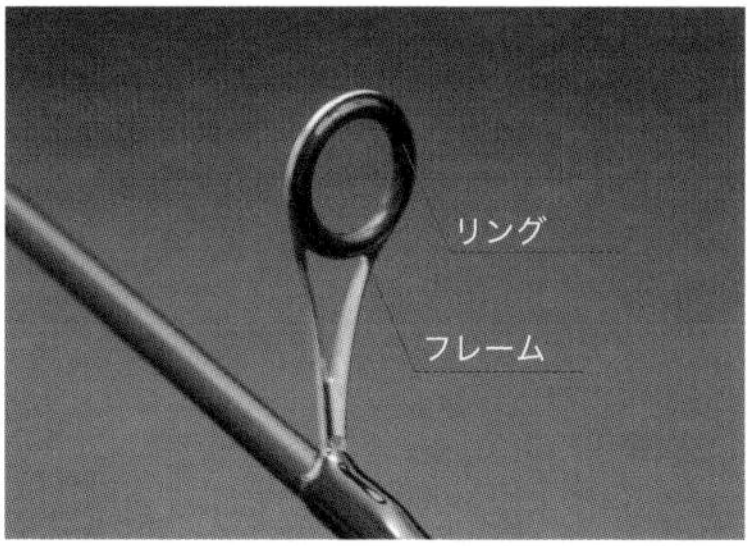
リング
フレーム

リングの素材もさまざまです。

リングの目的はラインを放出する際の摩擦を低減すること。特にPEラインを使用するルアーロッドでは重要なパーツで、SiCリングが搭載されているものが望ましいでしょう。

安価なモデルにはガイドが性能の低いものが搭載されてることが多いですが、国内大手の富士工業(Fuji)のKシリーズと記載されているものであれば安心できます。

リールを装着するリールシートもFuji製のものが多数を占めますが、各メーカーで形状に工夫を凝らしているものもあります。グリップは手で握ったり、脇に挟んだりするもので、手触りの良いEVAやコルクなどが材質として採用されています。

スペックの見方

例えば、ショアからのシーバス用のロッドを見た場合でも、各メーカー一つの製品の中に、複数のスペックが違うものが用意されており、メーカーのホームページにはスペック一覧表が掲載されています。

スペック表の一番左はそれぞれの品番が記載されていますが、これが表しているのは長さと硬さです。

長さの単位はft(フィート)とin(インチ)で表示されており、例えば86MLという品番では、長さが8ft6inになります(本書では8・6ftと短縮表記)。ちなみに12in=1ft。

長さをmに換算したものは表の中に記載されていますが、10ftは約3mになります。

硬さはL(ライト)、M(ミディアム)、H(ヘビー)などと表記され、中間的なLMやMH、より強いものを意味するHHやXHなどもあります。その他にしっかりと確認しておきたいことは、使用できるラインやルアーの重量などで、これらはロッド本体にも記載されています。

車の荷室に入れたい場合やロッドケースを購入する場合は、仕舞寸法を必ず確認しておきましょう。

ロッドを選ぶ上で最も重要になるのが長さと硬さです。

長さについて

ロッドに求められる長さは、ターゲットの大きさや釣りをするフィールドなどによって変わります。

魚が掛かったときは、その力をロッド全体で分散して受け止めます。それゆえ長い方がパワー的には有利になります。つまり、パワーの強い大型の魚をターゲットとする場合は長いロッドが有利になるのです。

しかし、短い方が取り回しや操作性が高くなり、短い分だけ重量も軽くなるため扱いやすく、疲労度も低くなります。

長いロッドの方がキャストで飛距離が伸びると思われがちですが、これは正しいとは言えません。

もちろん理論上は長い方が飛距離を伸ばしやすいです。しかし、実際に人間がロッドを振る場合、長いとスイングスピードが落ちてしまいます。短いロッドをシャープに振り抜いた方が逆に飛距離が伸びるということも少なくはありません。

長いロッドが必要になるのは、立ち位置が水際から遠いような場合です。例えばテトラ帯や磯場では自分が立てる位置から水際が遠くなりがちです。このような場所では足元までルアーをきっちりと引いたり、ルアーを回収するためには長いロッドが必要になります。磯やゴロタ浜などで使われるロッドはこういった理由から長めに設定されています。

堤防のように垂直に切り立っていて、すぐ足元でルアーを回収できるような場所では、長いロッドは必要ありません。

また、河口などで釣りをする場合、後方に十分なスペースがない場合もあります。こういった場所では短いロッドが適しています。

ちなみにサーフ用のロッドは立ち位置が海抜0に近いため、ラインが波に取られないようにするため、長めに設定されています。

自分がどのような場所で釣りをするかということも長さを決める上で重要な要素になります。

磯場など、立ち位置と水際が遠いシチュエーションでは長いロッドが必要になります。

堤防のように水際の近くに立てる場合は、取り回しの良い短いロッドが扱いやすいです。

後方や頭上に十分なスペースがない場所では短いロッドが適しています。

テーパーイメージ図

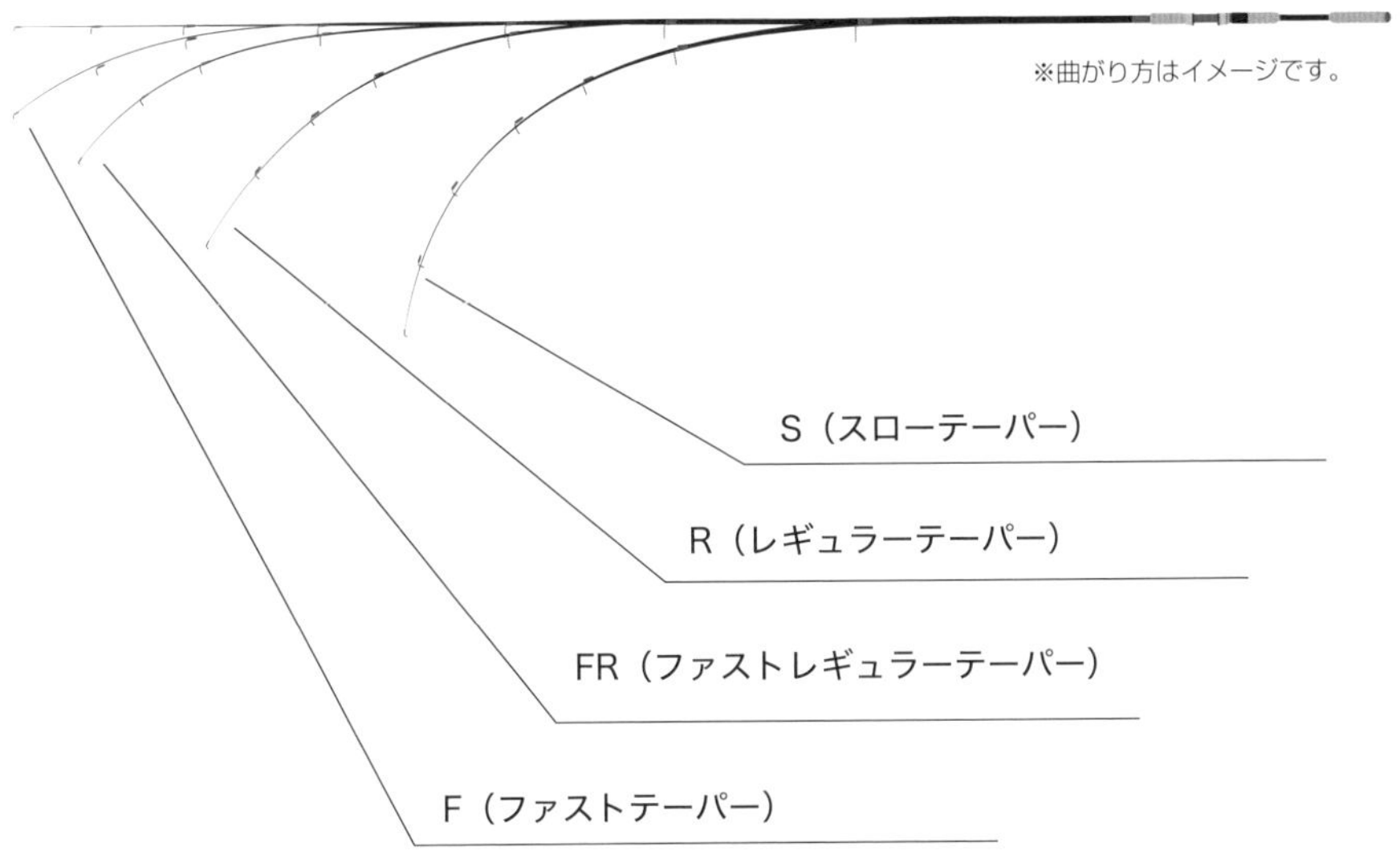
※曲がり方はイメージです。
S（スローテーパー）
R（レギュラーテーパー）
FR（ファストレギュラーテーパー）
F（ファストテーパー）

硬さについて

硬さを決める上で必要な要素は、ターゲットの大きさやパワーと使用するルアーの重量です。ターゲットが大きくパワーのある魚の場合は当然強いロッドが必要になります。

しかしそれがそのまま当てはまるのは、ヒラマサなどの極端にパワーの強いターゲットであって、その他の魚の場合はほとんど使用するルアーの重量によって決めるとよいでしょう。

テーパーについて

ホームページやカタログに記載されていない場合もありますが、もう一つ気にしておきたいのがテーパーです。

これは負荷が掛かったときにロッドのどの部分を支点に曲がるのかを指したものです。

テーパーの種類にはF（ファスト）、R（レギュラー）、S（スロー）があり、中間的なFR（ファストレギュラー）などもあります。

ターゲットやロッドアクションなどによって、マッチするテーパーはおおよそ決まっているので、それぞれの専用ロッドには適したテーパーが与えられていますが、Fはキャストでのコントロール性が良く、ルアーをキビキビとアクションさせやすく、Sは魚のパワーを竿全体でしっかりと受け止めやすいなどの特徴があります。

一般的にFは硬く感じられ、Sは柔らかいロッドという印象を受けます。

キャストを必要とするショアのルアーロッドはFやFRが多く、オフショのロッドはS寄りになっているものが多いようです。

ベイトタックル。ショアのルアーフィッシングではスピニングタックルを使うのが主流ですが、ベイトタックルが選ばれる場合もあります。

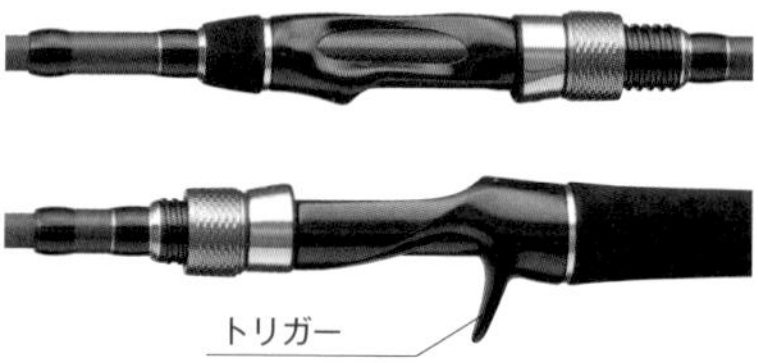

上がスピニング専用ロッドのリールシート、下がベイト専用ロッドのリールシート。形状が違うので、共用はできません。

スピニング用とベイト用

次のリールの章で詳しく解説しますが、ルアーフィッシングで主に使うリールはスピニングリールとベイトキャスティングリール(以下ベイトリール)です。

ロングキャストを必要とするショアからの釣りではライントラブルが少ないスピニングが主に使用されますが、ターゲットやエリアによってはベイトリールがメインで使われる場合もあります。また、キャストのコントロール性が高いベイトリールを好んで使う人もいます。

スピニングリールを装着する場合は必ずスピニング専用のロッド、ベイトリールの場合はベイト専用のロッドが必要になります。

スピニング用とベイト用では、リールシートやガイドの取り付け位置や形状、セッティングなどが違うため、共用することはできません。

釣り道具全般のことをタックルと呼びますが、この言葉もかなり幅広く使われており、一般的にロッド、リールを組み合わせたものをタックルと呼ぶことが多いです。

スピニング専用のロッドとリールを組み合わせたものをスピニングタックル、ベイト専用のロッドとリールを組み合わせたものをベイトタックルと呼んでおり、たびたび耳にする言葉なので覚えておいてください。

コンパクトロッド

ルアーロッドは1ピースや2ピースがメインだと前述しましたが、分割数を多くして、仕舞寸法を小さくしたコンパクトロッド(マルチピースロッド、モバイルロッド)も近年は人気が高いです。

仕舞寸法を小さくする一番の理由は、携帯性を良くするためです。継ぎ数を5~6本などにして仕舞寸法を小さくしたものの中にはカバンやリュックの中にスッポリと収まるものもあります。

公共交通機関を使用して移動する場合に便利である他、いつもカバンの中に忍ばせておいて、時間が空いたらいつでも釣りを楽しむというライフスタイルを確立することも可能になります。

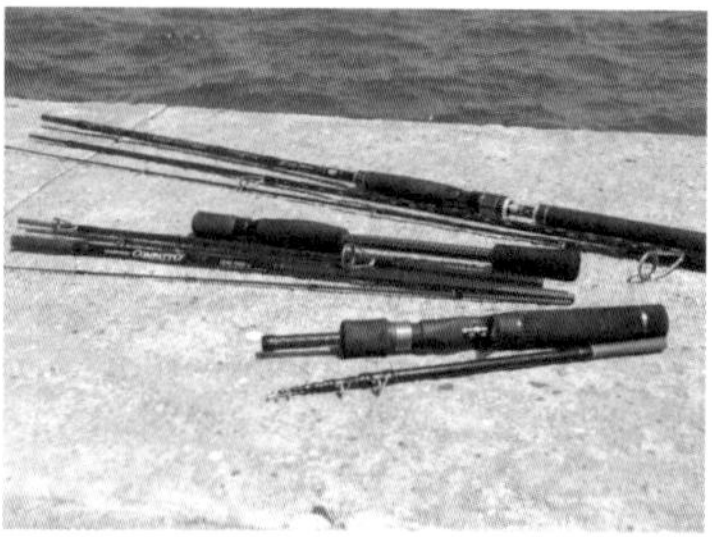

仕舞寸法が小さいため携帯性が高いコンパクトロッドは近年人気が高まっています。

section 3

リール&ライン選びの基本

リールとラインも釣りには重要なアイテムです。選び方をしっかりと理解しておきましょう。

サイズチョイスが肝

スピニングとベイト

前章で軽く触れましたが、リールにはスピニングリールとベイトキャスティングリール(以下ベイトリール)があります。

ショアからのルアーフィッシングでは、スピニングリールが圧倒的に多く使われていますが、それぞれにメリットがあります。

はじめて購入するリールはスピニングリールがおすすめですが、それぞれの特徴を理解しておきましょう。

スピニングリールのベイルを開いた状態。

正しいスピニングリールの持ち方。

スピニングリール

ラインを収納するスプールがラインを放出する方向に対して垂直に配置されているリールで、多くの釣りで使われています。

ラインの放出時にスプールが回転しない構造で、抵抗が少ないためスムーズにラインが放出されるのが特徴の一つとなっています。

一番のメリットはライントラブルが少ないということ。ショアからのルアーフィッシングにはほとんどキャストが伴います。そのときにライントラブルが少ないというのがスピニングリールが広く使われる理由です。

ロッドにセットする際は、リールのベイルを開けてラインを引き出しロッドガイドにラインを通します。ベイルを閉じた際にラインローラーにラインが掛かっているか必ず確認してください。

ベイルを閉じた状態で、ドラグをゆるゆるにしてラインを引き出していってもよいでしょう。

スピニングリールはロッドに対して下向きにセットします。

持ち方は中指と薬指の間にリールフットを挟むようにして、人差し指は軽くロッドのグリップ部に添えておきます。

使用時にはベイルを開いてキャスト、ベイルを閉じて巻き上げという動作が必要になります。

ベイルは必ず確実に開いたことを確認してからキャストします。開き方があいまいで、キャスト中にベイルが閉じてしまうと、ルアーを足元に叩きつけたり、衝撃でラインが切れたりするトラ

スピニングリール各部の名称

リールフット
スプール
ベイル
ローター
ハンドル
ハンドルノブ
ドラグノブ
ラインローラー

ブルとなることもあります。

ハンドルを回すと勝手にベイルが閉じる機能を備えているものも多いですが、ベイルを開く・閉じるという動作はスピニングリールを扱う上で基本となるため、きちんと身に付けておきましょう。

ドラグとは

ルアーフィッシングに使うリールにはドラグが設けられています。ドラグとはリールに巻かれたラインに引く力が掛かったときにラインを送り出す装置で、急に魚が勢い良く走ったときなどにラインを放出して、ラインブレイクを防ぐための機能です。

ドラグはドラグノブを回して強さを調整します。

締め込むとラインが引き出されにくくなり、緩めると引き出されやすくなります。

せっかく掛けたターゲットを取り込むために、ドラグの機能はとても重要で、正しく機能させるためには正しく設定する必要があります。

本来はドラグチェッカーと呼ばれる計測器を使用して正しく設定することが好ましいですが、それをしなくてはならないほどの超大型が掛かる可能性が低いショアからの釣りでは、ほとんどの人が感覚で設定しています。

ある程度以上の強い力を掛けたらラインが引き出されるようにしますが、感覚を掴むのには慣れが必要なため、最初は誰か釣りを知っている人に設定してもらい、どのくらいの力を加えたらラインが引き出されるか、自分で確認するのがよいでしょう。

ベイトリール各部の名称

クラッチ
スプール
メカニカルブレーキ調整ダイヤル
レベルワインダー
リールフット
ハンドル
ドラグレバー
ハンドルノブ
ロープロファイルモデル

ベイトリール

スプールがラインを放出する方向と平行に取り付けられ、ラインの放出時にスプールも一緒に回転するリール。ギアの構造が単純で巻き上げ力が強いということが大きな特徴です。

また、ラインの放出から巻き上げの動作に移る際に何も特別な操作が必要がない、ラインの放出量をコントロールしやすいなどの特徴があるため、キャストして、着水や着底からの巻き上げをスピーディーに展開する状況やピンポイントを狙い撃ちするような場面ではスピニングよりも使いやすいです。

最大のデメリットとなるのはキャストに慣れが必要で、上手く投げられなかったときに、バックラッシュと呼ばれるライントラブルが発生しやすいということです。

派手にバックラッシュしてしまうと、ほつれたラインを元に戻せずに大幅にカットしたり、最悪の場合全て交換しなければならないこともあります。

特にPEラインはライントラブルが起きやすく、ほつれた際に元に戻すのが困難なため、PEラインをメインラインとするショアのソルトルアーではあまり使われていません。

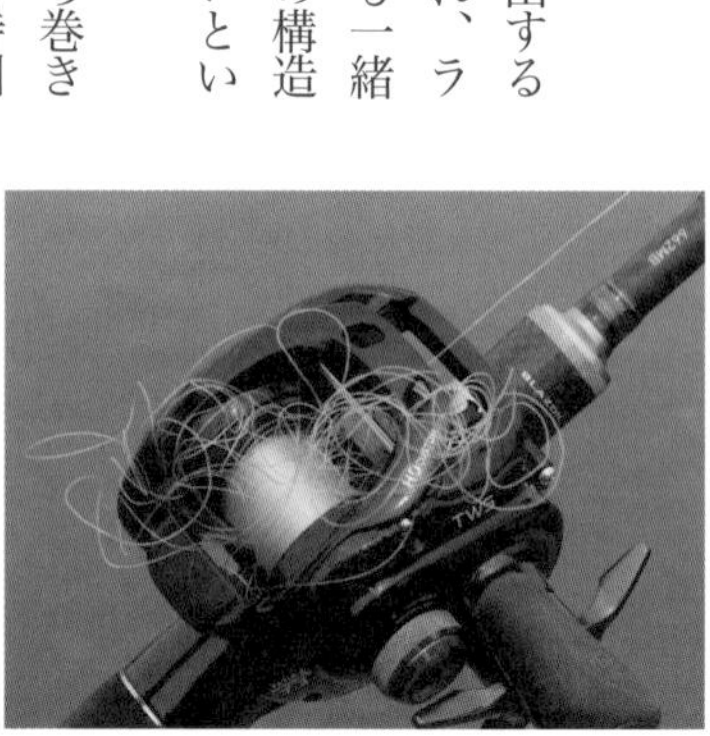
バックラッシュした状態。こうなってしまうと修復するのは非常に困難です。

3

バックラッシュはラインの放出量よりもスプールが余分に回転してしまうため起きる現象で、これを防ぐためにはサミングというテクニックをマスターする必要があります。

しかしキャストを想定したモデルにはバックラッシュを防ぐことを目的としたブレーキシステムが搭載されています。構造はいくつかありますが、近年はより高性能なブレーキシステムを搭載したモデルも登場しており、サミングをしなくてもバックラッシュしないと唱っているモデルもあります。

ベイトリールの持ち方。薬指と小指の間にトリガーを挟む３フィンガーが基本。

ちなみに違う種類のラインを使用し、内水面の限られたエリアでピンポイントを狙い撃ちする必要があるバスフィッシングでは好んで使われています。

ベイトリールはロッドの上側にセットします。クラッチを切るとスプールがフリーになるのでラインをレベルワインダーに通した後に、引っ張り出しながらロッドのガイドを通します。

持ち方は薬指と小指の間にロッドのトリガーを挟むようにして他の指全体でボディを包み込むようにして持つ3フィンガーが基本。このとき親指がスプールの上あたりにくるようにします。

筒型・ロープロ

ベイトリールにはその形状の違いで筒型とロープロファイル型(以下ロープロ)に分けることができます。

筒型はアルミを削り出した堅強なボディを採用しており、また形状的に大型のギアを搭載しやすいため、巻き上げ力に優れたモデルが多く、パワーのあるターゲットに対して好んで使用されます。

一方、ロープロはパーミング(持ち)しやすさを考慮したモデルでコントローラブルなキャストや操作性の高さを優先させてボディの高さを抑えた形状となっています。

そのようなモデルは大型のギアが搭載できないため、巻き上げ力は筒型と比べると劣ってしまいます。しかし大型のギアを必要とするターゲットは限られているため、通常はロープロでもなんら問題はありません。

また、近年はロープロモデルでも強靭なボディとギアを搭載したモデルも多くなり、かつては筒型が要求されていたような大型のターゲットでもロープロで十分にまかなえるようになっています。

ちなみに高性能なブレーキシステムが搭載されているのはほとんどロープロモデルです。つまりキャストを強く意識しています。ショアの釣りで使うのならば、ロープロタイプが無難です。

筒型モデル

リールの選び方

リールを選ぶ上で重要なことは、ターゲットに見合った巻き上げ力を備えていることと、使用するラインが必要な長さ巻けるということです。

リールは番手と呼ばれる数字でその大きさを表しており、2500、3000、5000番と番手が大きくなるほどサイズも大きくなっていきます。

サイズが大きくなれば、内蔵されるギアも大型のものになり、巻き上げ力は強くなります。またボディサイズが大きくなれば、より大きなスプールを装着できるようになるため、ラインもより太いもの、長いものが巻けるようになります。

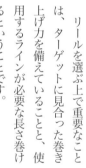

リールもメーカーによっては釣種専用品がラインアップされていますが、多くの場合は狙うターゲットや使用するラインに合わせて番手を選ぶ必要があります。

リールには多くのサイズがあります。必要な番手を決めることからリール選びは始まります。

この番手はメーカーによって表示が異なりますが、国内2大メーカーのシマノとダイワの番手表示はほぼ近いので、本書に掲載してある番手はシマノ・ダイワを基準にしてあります。

ターゲットによって、必要なラインの太さ(強さ)や長さはほぼ決まっているので、リールの番手もほとんどこのターゲットなら何番、というものが存在します。

専用品は使用されるラインを想定した上で、ちょうどよいラインが必要な長さ巻けるスプールが装備されていますが、汎用品を選ぶ場合は使用する太さのラインが自分が巻き付けたい長さを巻けるか、ということを必ず確認する必要があります。

汎用品の中でも中級モデルでいろいろなラインで使われることを想定したものには同じ製品、同じ番手であってもスプールが何種類か用意されているものがあります。

左：PEライン用浅溝スプール。右：ナイロンライン用深溝スプール。

スプールの違い

同じ強さであれば、ルアーフィッシングに使われるPEラインはエサ釣り全般に使われるナイロンラインよりも細いため、PEラインの使用を想定したモデルには溝が浅いシャロースプールが用意されています。

そういったモデルでは使用するラインの種類・号数（太さ）、必要な長さをきちんと把握した上で、適したスプールが装備されているものを選ぶとよいです。

低価格帯のモデルはスプールが複数用意されていないものがほとんどで、ナイロンラインの使用を想定しています。PEラインを使用する場合は溝が深過ぎるので、かさ上げのため下巻きのラインを巻いてから、メインのPEラインを巻くことになります。

釣り具店でリールやラインを購入すれば、スプールに巻きつけるサービスを行っており、下巻きラインも無料で巻いてくれるので、そういったサービスを利用するとよいでしょう。

ハンドルは右・左?

リールのハンドルは右と左のどちらが正解なのでしょうか？ 基本的に使いやすい方で問題ありませんが、キャストを必要とショアの釣りでは利き手でキャストをするため、リールのハンドルは利き手と反対というのが多数派です。例えば右利きの人はリールのハンドルは左という具合です。

キャスト後にタックルを持ち替えることなく次の操作に移れるので、こちらの方が都合が良いからです。

スピニングリールの場合はほとんどのモデルが左右どちらにもハンドルを装着できるので、問題はありません。しかしベイトリールはハンドルを付け替えることができません。必ずハンドルの取り付け方向を確認して購入する必要があります。

スピニングリールのほとんどのモデルはハンドルを左右どちらでも付け替えることができます。

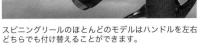

ラインの種類

ソルトルアーフィッシングに使用されるラインは主にPEライン、ナイロンライン、フロロカーボンライン、エステルラインの4種類があります。

この中で圧倒的に多く使われているのがPEラインで幅広いカテゴリーやターゲットで使用されています。

ルアーフィッシングで最も広く使用されているPEライン。

PEラインの特徴

PEラインの最大のメリットは引張強度が強いということ。引っ張る力に対して強く、他のラインの3〜4倍程度の強度があると言われています。それゆえ、同程度の強度を確保するのならより細いものが使えるようになります。

細いラインを使うメリットは大きいです。風や潮流の影響を受けにくくなるため、キャストで飛距離が伸びる上、海中のルアーの操作性も良くなります。

もう一つの特徴が低伸度だということ。他のラインと比べると伸び率が非常に低く、ほとんど伸びないと言ってよいでしょう。

伸びないということで得られるメリットは感度が高くなるということ。何十mも先の魚のアタリが判断できるのはもちろんのこと、ラインを通して潮の変化など海中の状況が手元に伝わってきます。これは目に見えない海中の情報量がより多くなるということを意味します。

また、非常にしなやかでコシがないため、キャストでの飛距離アップに貢献しますが、これは同時にライントラブルが起こりやすいというデメリットにも繋がります。PEラインがほつれた場合、戻せないことも多く、そこから先をカットするしかなくなる場合も多いです。

PEラインの最も大きなデメリットは摩擦に弱いということ。海底の岩や堤防の端などで擦れた場合は簡単に切れてしまいます。

そのため、PEラインの使用時は先端にリーダーとしてナイロンやフロロカーボンラインを結束します。

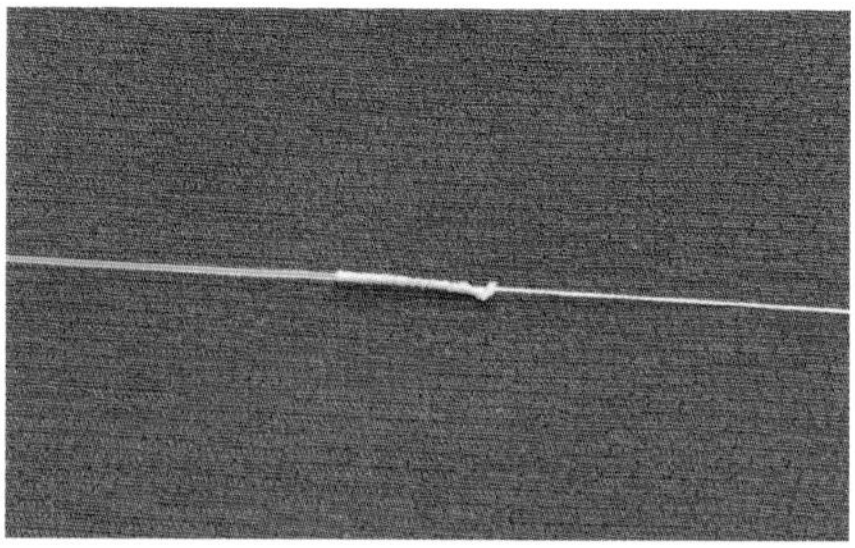
PEラインを使用するときは、ナイロンラインやフロロカーボラインをリーダーとして結束します。

摩擦に弱いということは、熱に弱いということ。結び目を締め込む際も唾液などで濡らしてから行う必要があります。

その他のライン

ナイロンラインはエサ釣りでは広くメインラインとして使用されているほか、ルアーでもアジ・メバル狙いのゲームではメインラインとして使用する人が少なくありません。しなやかでスプールへの巻きグセが付きにくいのが特徴ですが、伸び率が高いというデメリットがあります。伸び率が高くなると、感度が低くなってしまいます。そのためラインを多く放出するようなゲームには向きません。

また、吸水性があり、紫外線などの影響によっても劣化してしまうため、他のラインよりも交換サイクルが早くなるという難点がありますが、その分価格は安いです。

フロロカーボンは表面が硬く、摩擦に強いというメリットがあります。また、比重が大きいため水に沈みやすい、ナイロンと比べると伸び率が低く、感度が高い、海水や紫外線で劣化しにくいなどの特徴があります。

メインラインとして使用する場合は巻きグセが付きやすいためライントラブルになりやすいというデメリットもあります。

根魚を狙うロックフィッシュゲームで一部の地域でベイトリールと組み合わせメインラインとして使用されています。

エステルは非常に硬質で伸び率が低いため感度が高いという特徴がありますが、衝撃に弱く切れやすいというデメリットもあります。

一番のメリットとなるのはナイロンやフロロカーボンよりも細い号数が作れるということ。アジ狙いでより軽量なルアーを沈めて使うような釣りで使用されますが、一部の上級者向けのラインと考えてよいでしょう。

ナイロンライン。リーダーとして販売されているものは透明ですが、メインラインとして販売されているものは着色されていることが多いです。

リーダーについて

リーダーはPEラインなど摩擦に弱いラインの弱点を補うために、先端に結束するラインのことでショックリーダーとも呼ばれています。

一番の目的は海底や魚などに擦れやすい先端部分を保護して、摩擦によるラインブレイクを防ぐということ。

魚のエラやヒレは鋭く、ラインが当たると切れてしまう。

その他に伸び率の低いPEラインに対して、伸び率のあるラインを接続することで、急な魚の引きなどのショックを和らげるという意味あいもありますが、比較的リーダーが短いショアからの釣りではあまり関係ないでしょう。

使用されるのは摩擦に強いフロロカーボンラインがメインですが、状況によってはナイロンが良い場合もあります。

ナイロンは伸びることで力を吸収するため、伸張強度はフロロカーボンよりも高い。そのため、特に大型のターゲットを狙う場合はナイロンを好む人もいます。また、軽量なルアーを自然に漂わせたい場合もしなやかなナイロンが有利になります。

近年ではナイロンとフロロカーボンのいいとこ取りをしたハイブリットタイプも販売されています。

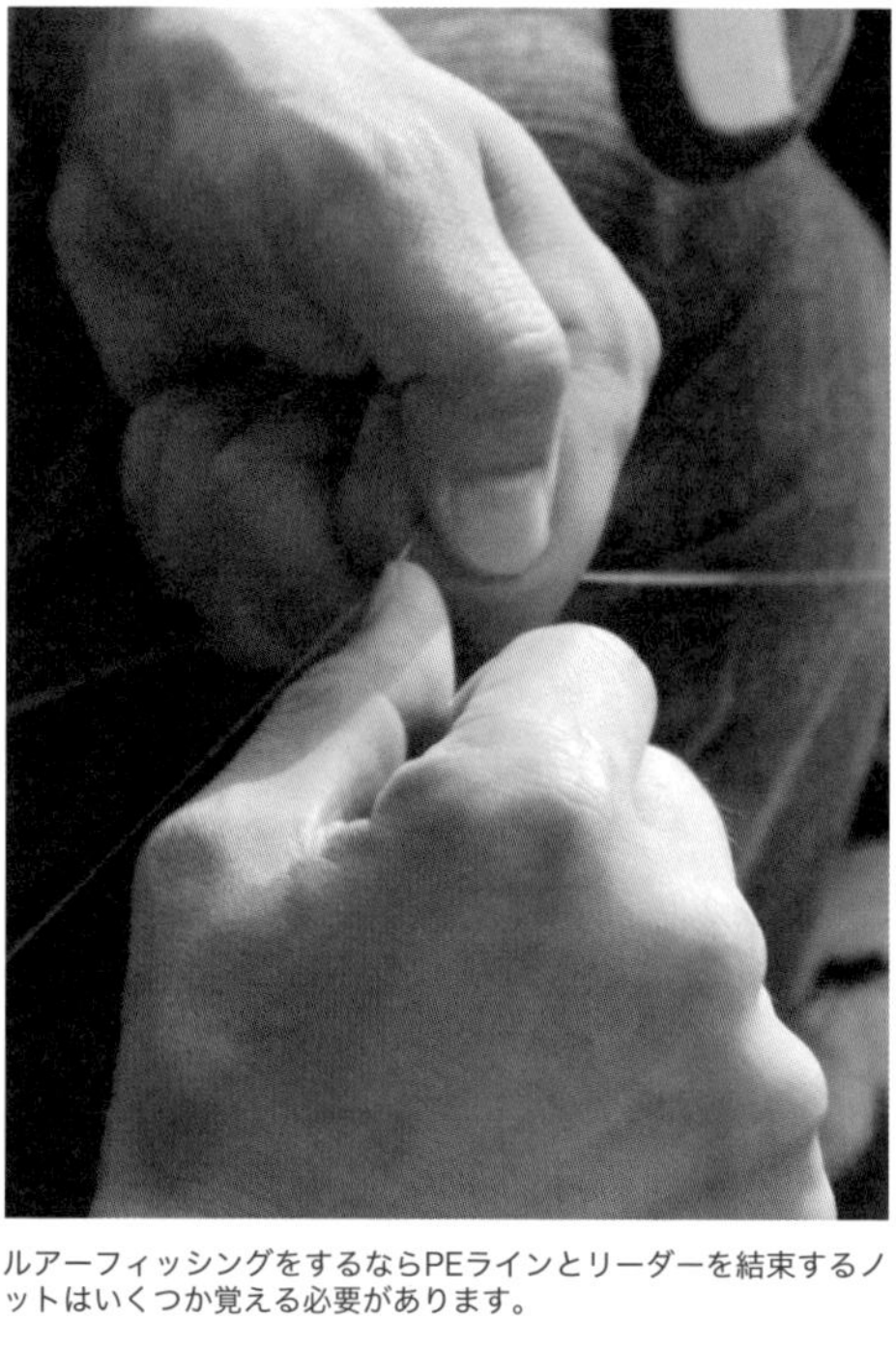

ルアーフィッシングをするならPEラインとリーダーを結束するノットはいくつか覚える必要があります。

リーダーの長さは最低でもターゲットとなる魚の全長以上が必要です。魚のヒレからメインラインを守るためですが、実際はもう少し長めにしている人がほとんどです。

どれだけ長くするかはフィールドや状況によって変わります。ラインが擦れる要素が多い磯場や障害物が多い場所では長めにして、擦れる要因となる障害物が少ない港湾部では1〜1・5m程度結束しておけば十分です。

メインラインとなるPEとの結束にはノット(結び方)を覚える必要があります。摩擦系と呼ばれるFGノットはルアーフィッシングをするのならぜひ覚えておきましょう。

section 4

キャスト方法

ショアからのルアーフィッシングにはキャストが付きもの。キャストの上達は釣りの上達の近道です。

正しいキャストは釣果の要

正しいキャストを身に付けることがルアーフィッシング上達の第一歩です。

ショアからのルアーフィッシングではほとんどの場合、まずキャストをすることから始まります。キャストを制するものはショアのルアーフィッシングを制すると言う人もいるくらい、陸っぱりのルアーフィッシングではキャストは重要項目です。正しいキャストを身に付けることが釣果への近道となるのです。

正しいキャストのメリット

では、正しいキャストを身に付けると、実際に何が変わってくるのでしょう?

まずは飛距離アップ。キャストで他の人より遠くへルアーを投げることができれば、他の人が探っていないポイントにルアーを通すことができます。他の人が気付いていない魚にルアーを見せることができるのです。

また、より遠くへキャストすれば、より長い距離、海中でルアーを引くことができます。より広く探ることができれば魚に遭遇するチャンスも増えるというわけです。

次に挙げられるのがコントロール性のアップ。

堤防の外側へ向かってキャストするだけなら、あまりコントロールの必要性は感じません。しかしストラクチャー(構造物)の陰を好む魚は多いです。

構造物に付く理由は自分の姿を隠すためです。自分を襲う外敵、また自分が狙っている小魚などから姿を見えにくくすることが大きな目的です。また、外敵が襲ってきた場合も、中に入り込んでしまえば攻撃をかわすこともできます。魚たちは本能的に物陰を好むのです。そう、ストラクチャーの陰には魚が潜んでいる可能性が高いのです。

そういったターゲットを狙うためにはストラクチャーギリギリにルアーを通す必要があり、そのためには高いコントロール性が必要になります。

ルアーフィッシングでは、テトラや岩の際、コンクリート構造物の下、橋脚などをピンポイントで狙うことで釣果が得られることも少なくありません。

正しいキャストを身に付けると、体への負担が軽減されるというメリットも大きいでしょう。

自己流のキャストをしているビギナーの中には不必要に力が入り過ぎている人が少なくありません。結果として疲れてしまったり、どこかが痛くなったりしてキャストの回数が減ってしまいます。

ルアーフィッシングでは、やはり海中にルアーを入れ続けることが、釣果を得るために必要なのです。正しいキャストを身に付ければ、これらの多くのことが解決できます。より釣果に近づくことができるのです。

このような海や河口にあるストラクチャー（構造物）の陰に魚が潜んでいることが多いです。正確なキャストでストラクチャーの際を狙い撃ちできれば、高い釣果が望めます。

基本の動作

スピニングリールではキャスト時にベイルを開いて、ラインを放出できる状態にします。このときリールを持つ手の人差し指にラインを掛けて、ラインが勝手に放出されないようにしておきます。そしてキャスト時にロッドを振り抜く瞬間にラインに掛けてある人差し指を放してラインを放出します。はじめは指を離すタイミングが掴めないかもしれません、何度かやっているうちにすぐに分かってくるでしょう。

スピニングタックルでのキャスト時のタックルの持ち方。

オーバーヘッドキャスト

最も基本となるキャストで、さまざまな場面で使える汎用性の高さとコントロール性に優れていることが特徴。

比較的軽めのルアーをキャストするのに適しており、逆に重量のあるルアーを投げることは、ロッドの負担が大きくなるためおすすめできません。

また、動作がコンパクトで、タラシ（ティップの先からラインを出してルアーをぶら下げている状態）の長さを調整することで、テイクバックに必要なスペースをコントロールすることができるため、背面にあまりスペースがないような場所でもキャストすることができます。

このキャストをマスターすれば、一通りのルアーフィッシングを楽しめるようになるので、ぜひともしっかりと理解して身に付けておきましょう。

基本の投げ方

はじめにロッドの先から少しラインを出して、ルアーをタラした状態にします。

タラシは長くすれば遠投性が上がり、短くするとコントロール性が高くなります。まずは30cmくらいからスタートして、慣れてくると徐々に長くしていくとよいでしょう。

しかし、長くした場合でも、せいぜい1mくらいです。それ以上長くすると、オーバーヘッドキャストでは投げづらくなってしまいます。

タラシを確保したら、その状態でロッドを前方に構えます。右利きで想定すると、左手はグリップエンドを握ります。

狙いたい方向へロッドの先がしっかりと向いていることが大切です。ロッドの角度は時計の針の10時くらいにしておくとよいでしょう。

しっかりと狙いを定めたら、後方確認をして、そのまま腕を振り上げ、ロッドの先が後ろを向くようにテイクバックします。

そして、ルアーの重みがロッドに乗ったのを感じたら、そのまま前方へ振り抜き、最初に構えた角度と同じくらいになるようにロッドの先をしっかりと狙いたい方向へ向けます。そしてルアーが着水するまでその姿勢を保ったままにします。

ロッドを振り抜くときは右手を前に、左手は自分の方に引くようなイメージで動かすとよいでしょう。

力を入れたり、速く振ろうとする必要はありません。ルアーの重みで曲がったロッドが真っすぐになろうとする反発力を利用するのがコツです。手首のスナップを効かせてやるとよいでしょう。

タラシの長さ

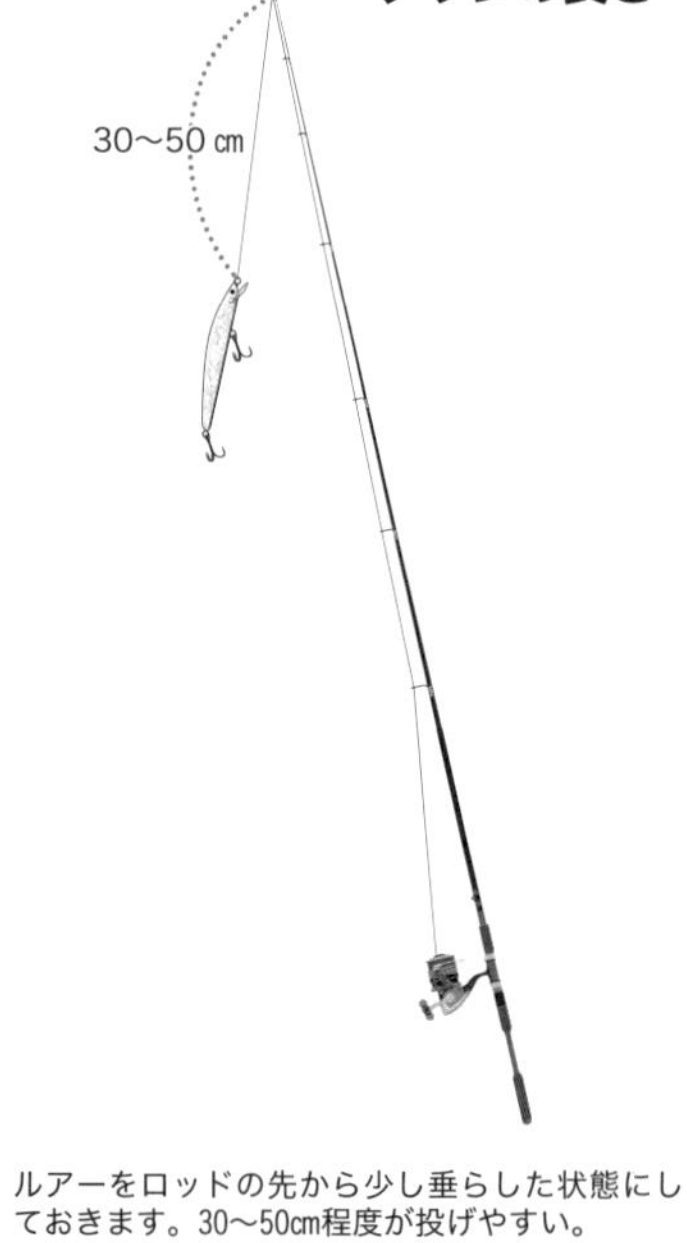

ルアーをロッドの先から少し垂らした状態にしておきます。30〜50㎝程度が投げやすい。

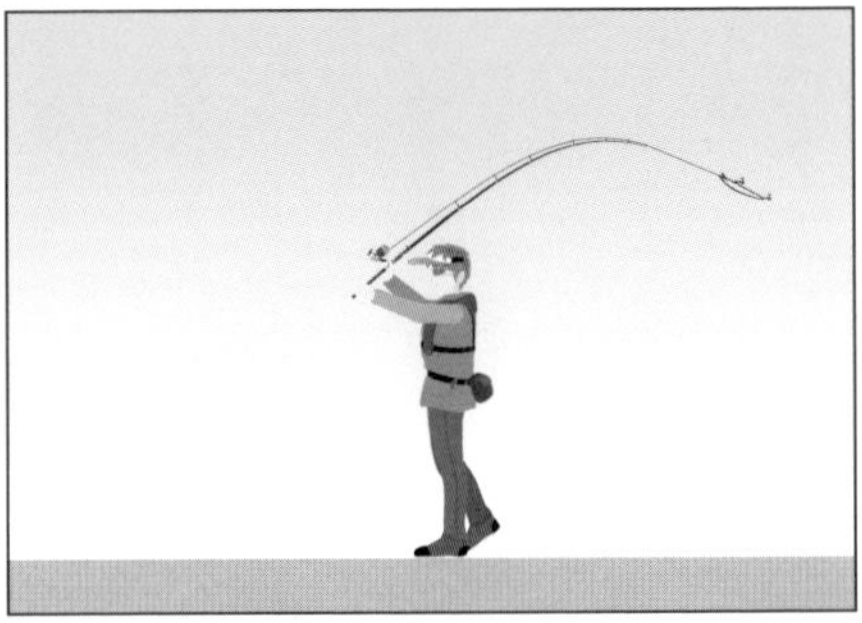

ロッドのしなりを感じながら前方へ振り出します。

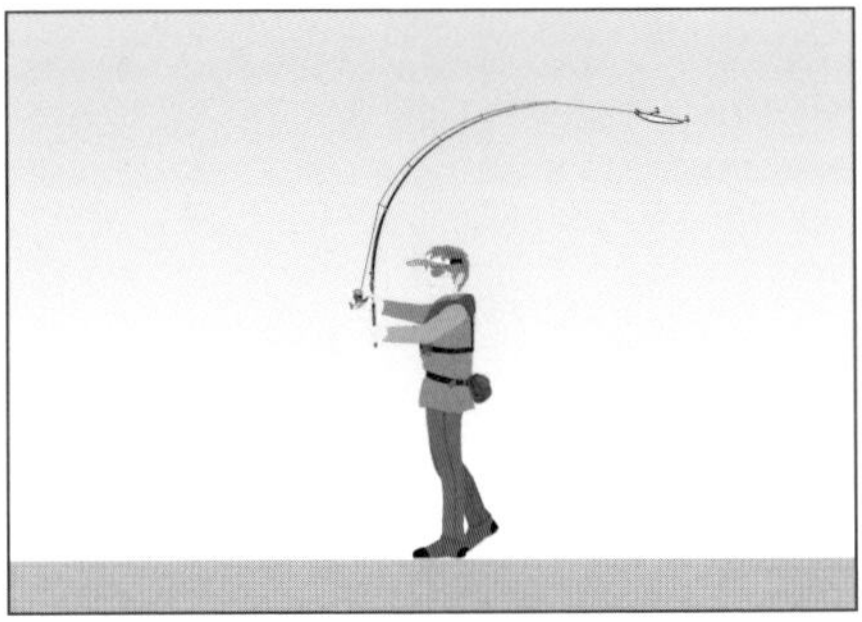

ルアーの重みをしっかりとロッドに乗せます。

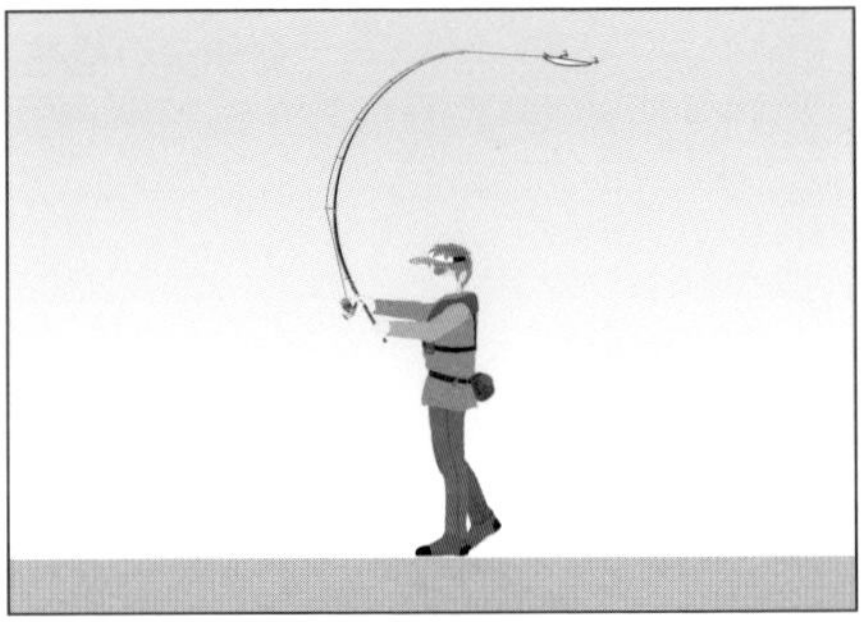

狙いたい方向へとしっかり振り抜きます。

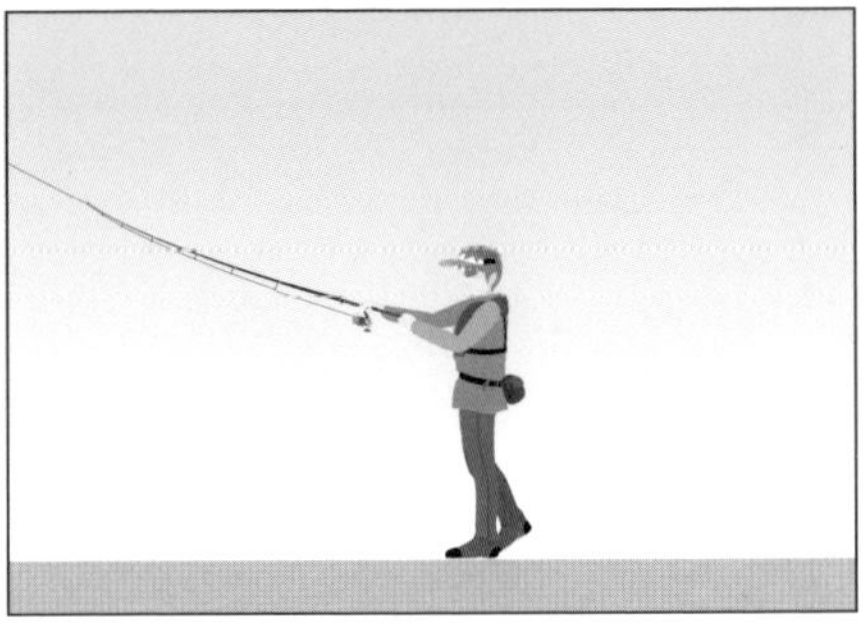

ロッドの先を狙いたい方向へ向けて静止します。

正面を向いて、ロッドを時計の針の10時くらいの角度にして構えます。

ロッドを頭上へと上げていきます。

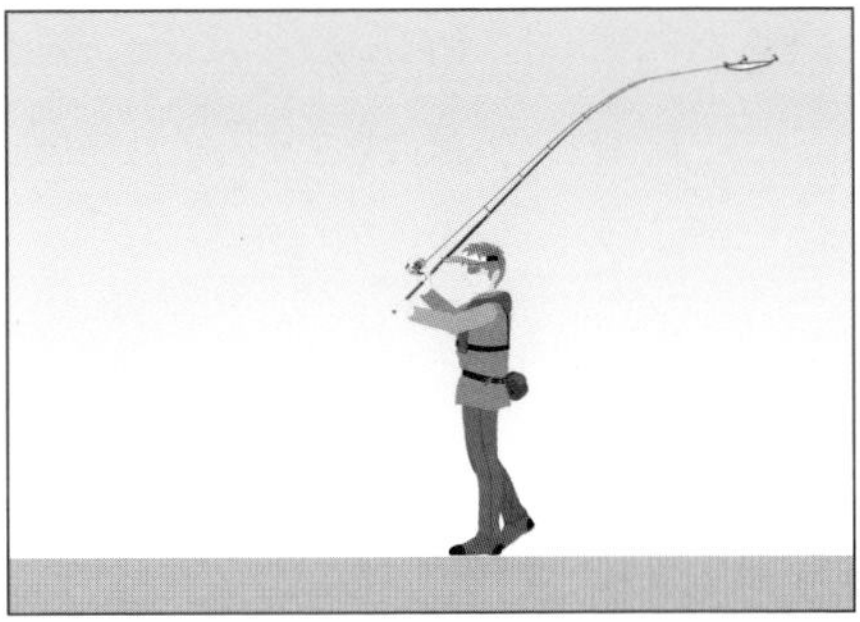

頭上を通して、ルアーを後方へと送ります。

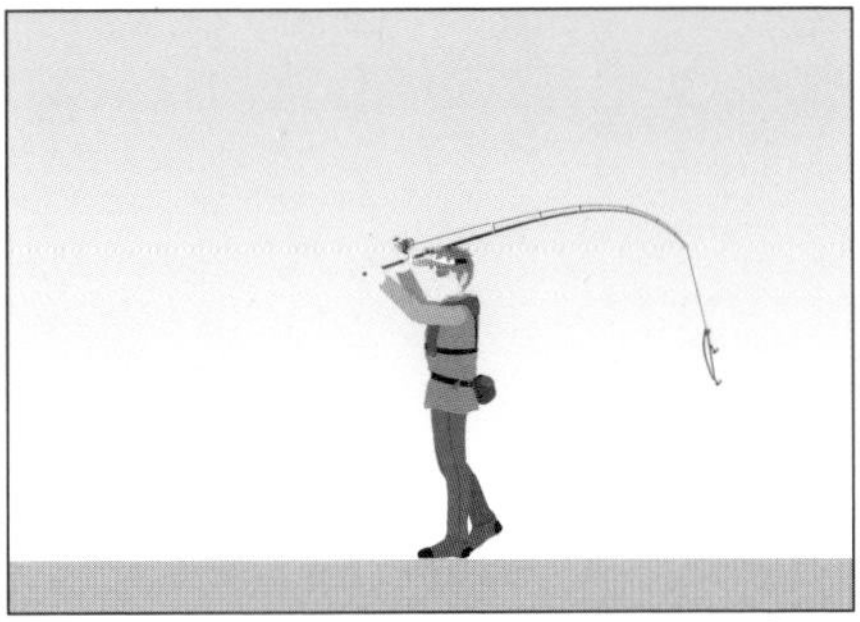

ロッドを前方へと振り出す直前。

ペンデュラムキャスト

遠投性の高いキャストで、ロッドへの負担が小さいため、重量のあるルアーをキャストするのにも向いています。

オーバーヘッドキャストをマスターしたら、次に覚えるべきキャストですが、ペンデュラムキャストはできるようになるまでに少々練習が必要です。

しかし重量のあるルアーを遠投するショアジギングなどでは必須のキャストなので、ぜひマスターしましょう。

ペンデュラムキャストは振り子投法とも言われ、遠心力を利用した投げ方になります。そのため、より遠投性を高めるためには、遠心力が働きやすいようにタラシを長めに取ります。

ルアーがリールのあたりまでくるようにタラシをとるのが理想ですが、最初はロッドの一番下にある第一ガイドあたりで練習するとよいでしょう。

ペンデュラムキャストはタラシが長いので後方にはかなりのスペースを必要とします。後方に余裕がある場所でないと投げられないので注意しましょう。また、テイクバックでルアーをかなり後方へ降り出すことになるので、後ろに人がいないかはもちろん、木や金網などルアーが引っ掛かるものがないかの確認も十分に行う必要があります。

基本の投げ方

まずはしっかりと狙いたい方を向いてからテイクバックへ移行します。テイクバックではロッドの先端を支点にして振り子のようにルアーを後方へと送りますが、最初に軽く前方へ送り出すと、勢いが付いて後方へ送りやすくなります。

右利きの人は自分の右側を通してルアーを後方へ送ります。

ルアーの位置を確認しながら、最も後方へ行った状態から、ルアーの重みを感じながら、ロッドを前方へ押し出すように素早く振り抜きます。グリップエンドを握った左手を支点にして、右手が大きく弧を描くようなイメージ振り抜くとよいでしょう。

キャスト後はロッドの先端を狙った方向へ向けて、ルアーが着水するまでしっかりその姿勢を維持することを忘れずに。

ペンデュラムキャストはスイングスピードというのが求められるようになります。力任せに振る必要はありませんが、スイングスピード＝飛距離となってくるので、ある程度のスピードは求められます。

オーバーヘッドキャストが軽く振り抜くのに対してペンデュラムキャストはスイングスピードが一つの重要な要素になります。

タラシの長さ

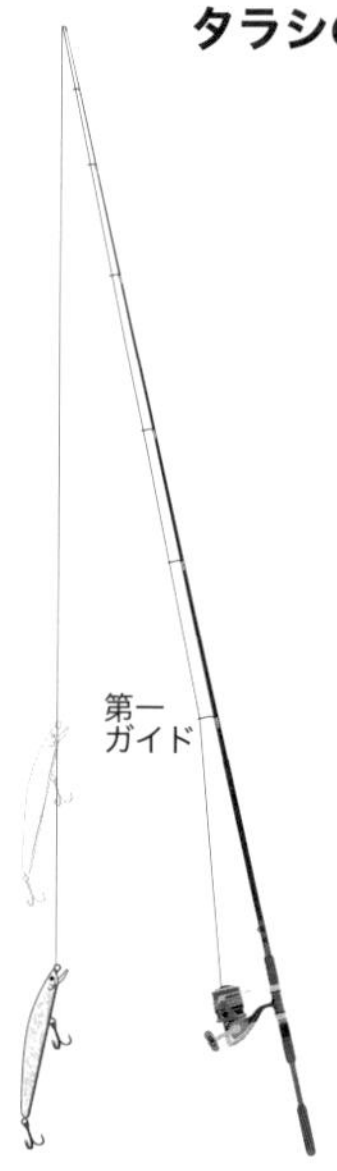

遠心力を利用するため、タラシは長めに取ります。

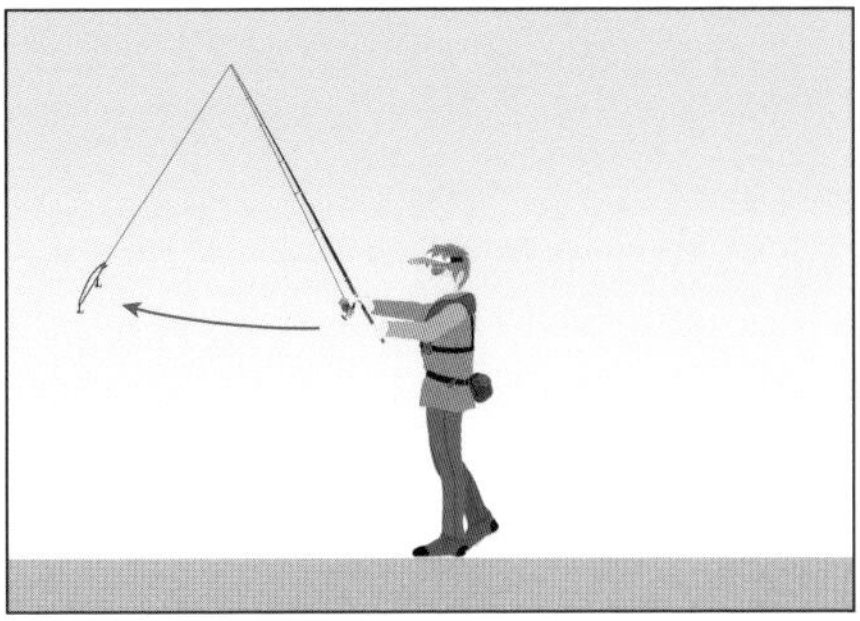

軽く前方へルアーを送ります。

ロッドを立てたまま、ルアーを後方へ送ります。

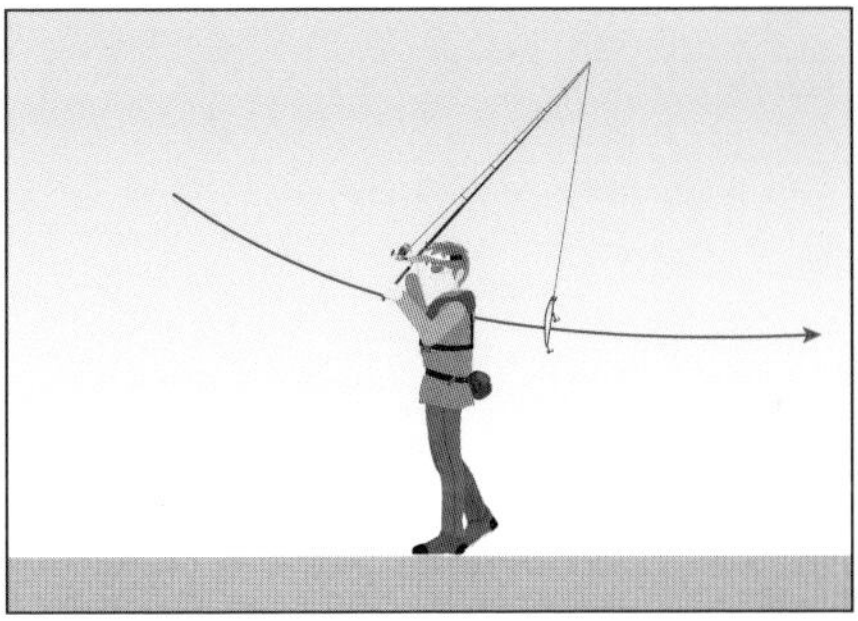

腕を後方へ送り出し、ロッドをしっかりと後ろに向けます。

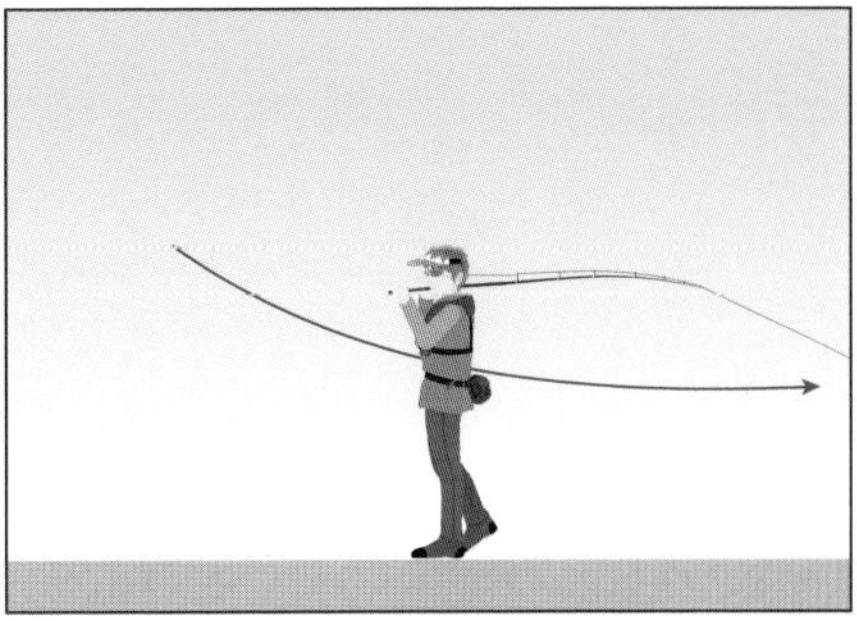

ルアーが最後方へ届く直前に投げる態勢に入ります。

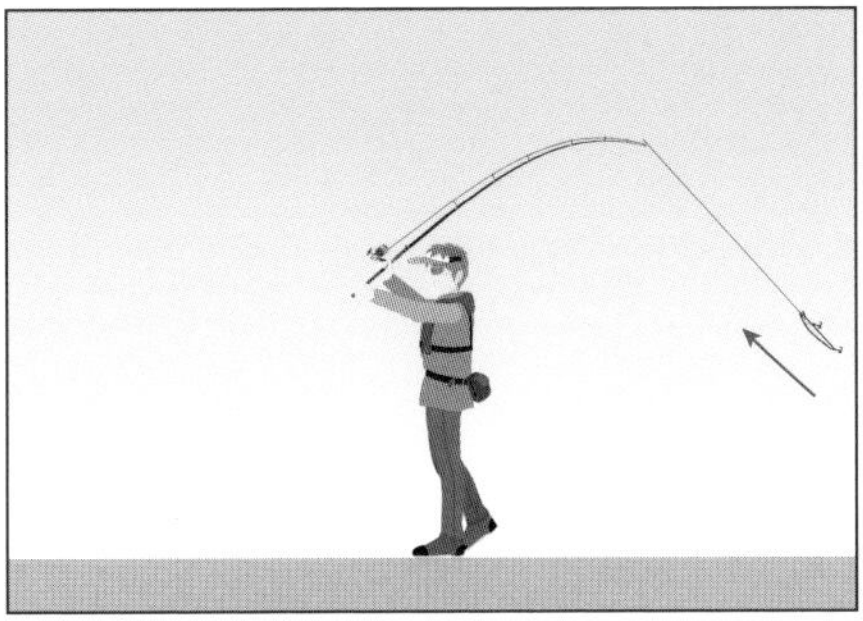

ルアーが最後方へ到達したらロッド前方へ振り出します。

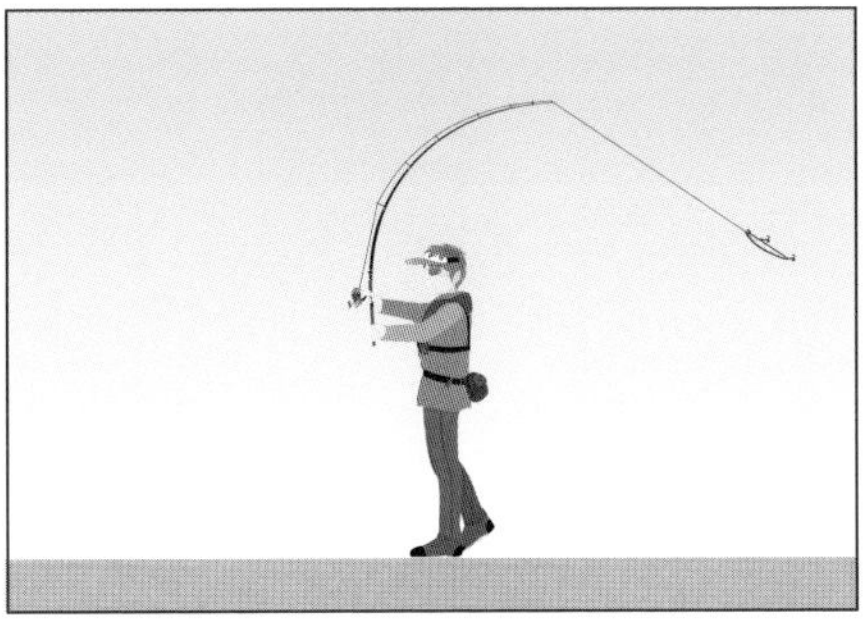

ルアーの重みをしっかりロッドに乗せます。

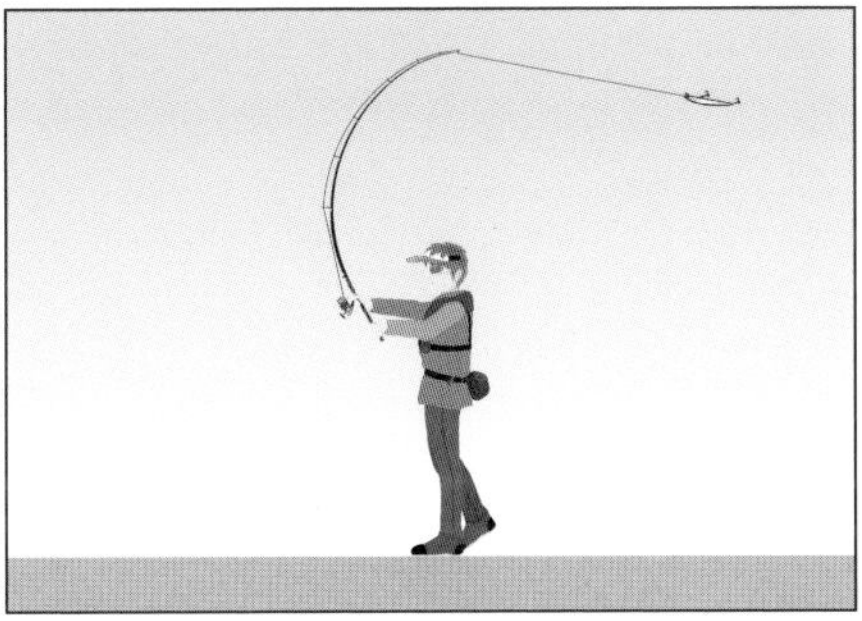

目標へ向けてしっかりと振り抜きます。

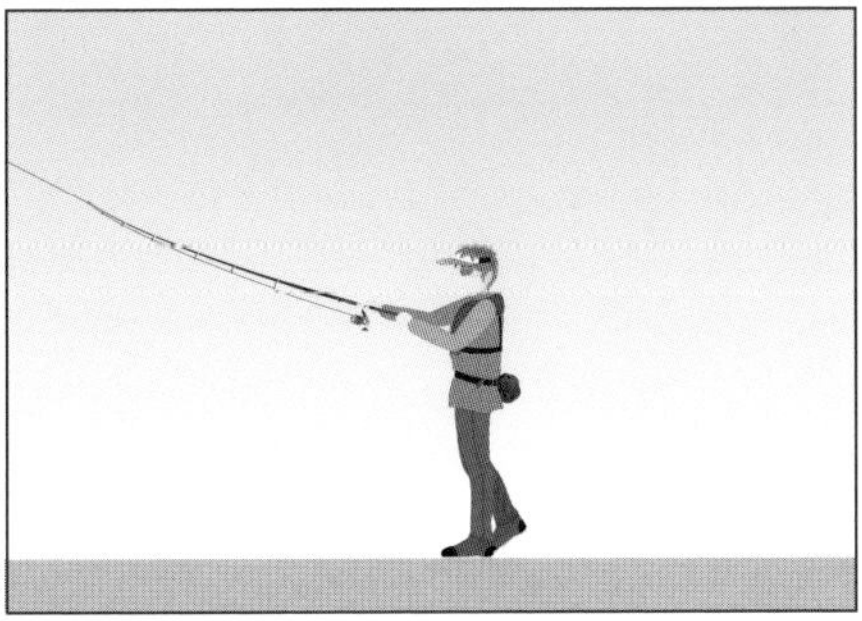

そのままの姿勢をキープします。

キャストでのコントロール性が良いのがベイトタックルの特徴。ピンポイントを狙い撃つような状況では有利です。

ベイトタックルでのキャスト

ベイトタックルでのキャストでも基本となることはスピニングタックルと同じです。ただし違うところもあります。それは持ち方と角度です。

ベイトリールの持ち方はP31で解説しましたが、これはラインを巻き上げるときの持ち方。スピニングタックルがキャスト時も巻き上げ時も同じ持ちかたをするのに対して、ベイトタックルではキャスト時には持ち方を変える必要があります。

キャスト時はトリガーに人差指だけを掛けるようにする、1フィンガーという持ち方をします。こちらの方が手首のスナップを効かせやすくスムーズにキャストができるようになるからです。

もう一つの違いがタックルの角度。ロッドをスイングする軌道に対して、リールが横を向くようにします。オーバーヘッド

人差指と中指の間にトリガーを挟むように持ちます。

手の甲が上を向くように、リールを横にしてキャストします。

キャストのようにロッドが頭上を通るような軌道を描く場合はリールを横向きにして投げましょう。リールの握り方から、こうすると手の甲が上を向くので投げやすくなるのです。

　キャスト時はスプールをフリーにしてラインを放出するためにクラッチを切ります。そして必要なタラシをとったら、スプールを親指で押させてラインが勝手に放出されるのを止めておきます。

親指でスプールを押さえてラインの放出をコントロールする。これをサミングと言う。

そしてロッドを振り抜く瞬間に親指を放してスプールをフリーにしてラインを放出します。タイミングはスピニングリールで人差し指を離すのと同じです。

　重要なことはルアーが着水する直前で再び親指でスプールを押さえ、スプールの回転を止めること。この動作がきちんとできないとバックラッシュする要因となります。

　親指でスプールの回転を止めてラインの放出を止めることをサミングと呼びます。

　いきなりピタッと回転を止めるのではなく、車のブレーキを踏むようにジワっと止めるのがコツになります。

低い弾道のキャスト

　ベイトリールはロングキャストよりもコントロール重視のキャストを得意とします。また、上に木があるような状況下や、水際に生えた木の下にルアーを通すような低い弾道のキャストもやりやすいです。ソルトルアーではそういったシチュエーションは少ないかもしれませんが、低い弾道でキャストするためのサイドキャストも覚えておきましょう。

　利き手側からロッドを振る投げ方をサイドキャスト、反対側からロッドを振る投げ方をバックハンドキャストといいます。

　どちらの場合も腕を振るというより、肘から先を使い、手首のスナップを効かせて投げるイメージがよいでしょう。リールを持つ反対の手はグリップエンドに軽く添えて、ロッドを振り抜いたときにギュッと握り込むようにするとよいです。

　また、慣れれば片手でも投げられるようになります。

上がサイドキャスト、下がバックハンドキャスト。両方できるようになっていると、狭い場所でも自在にキャストできるようになる。

キャストには危険が伴う。必ず後方や周囲を確認してから投げること。

注意事項

キャストは釣りの一連の動きの中で最も危険を伴う動作です。万が一、ルアーを人に当てたり、フックを引っ掛けてしまうと大問題へと発展する可能性があります。そのため、キャスト時は周囲の安全を十分に確認しなければなりません。

前方、後方はもちろん、左右や上にも注意しましょう。よく堤防で上に伸びている電線にルアーや仕掛けが引っ掛かっている光景を目にします。ルアーのロストだけで済めばよいですが、ロッドを破損する可能性もあるし、なにより引っ掛けられる漁港側も迷惑を被ることになります。

そのようなことが度々あったり、重大な事故が起こってしまった場合はその場所が釣り禁止になる可能性も高いです。

そして何より、人に危害を加えてしまった場合は釣りどころではなくなるし、その後の相手や自分の人生を変えてしまうことにもなりかねません。

何事も安全第一です。くれぐれも肝に命じて注意を怠らずにキャストするようにしなければなりません。

もっと飛ばす方法

飛距離はキャストスキル以外でもアップさせることが可能です。最も効果的なのがメインラインに細いものを使うこと。

キャスト時にラインが受ける抵抗というのは想像以上に大きいです。一つは放出時にガイドから受ける抵抗。もう一つは風の抵抗。特に横から吹いている場合は大幅に飛距離が落ちてしまいます。これらの抵抗はラインを細くすることで低減することが可能です。

しかしむやみやたらに細くすれば良いというわけではありません。タックルや自分の技量に見合った太さを選ぶことが重要です。

特に慣れないうちはミスキャストによるラインブレイクも多くなってしまいます。

最初のうちはラインを細くするというよりも、オーバースペックな太いラインを使わないということに注意した方がよいでしょう。

ルアーによっても飛距離が大きく変わります。同じ重量でも体積が小さい方が空気抵抗が少ないため、大幅に飛距離が伸びます。また、同じようなルアーでもちょっとした形状の違いによって飛距離がかなり違うこともあるので、飛距離を重視する場合はルアーチョイスも重要になってきます。

section 5

ルアーの種類と選び方

ルアーチョイスで釣果は大きく左右されます。それぞれの特性をしっかり理解しておきましょう。

多彩なルアーを使い分ける

釣り具店に行くと数多くのカラフルなルアーが壁一面を埋め尽くしており、一体どれを選んだらよいか悩むものです。

なぜルアーはこれほどに種類が多く、そして何を基準に選んだらよいのでしょうか?

マッチ・ザ・ベイト

ルアー選びの基本はそのときターゲットが捕食しているであろうベイト(エサとなる生物)に合わせるということです。

これをマッチ・ザ・ベイトと言います。

ベイトの動きやサイズ、そのベイトがいるであろう場所などはそのときそのときで違うので、それに細かく合わせていくためにこんなにもたくさんのルアーがあるのです。

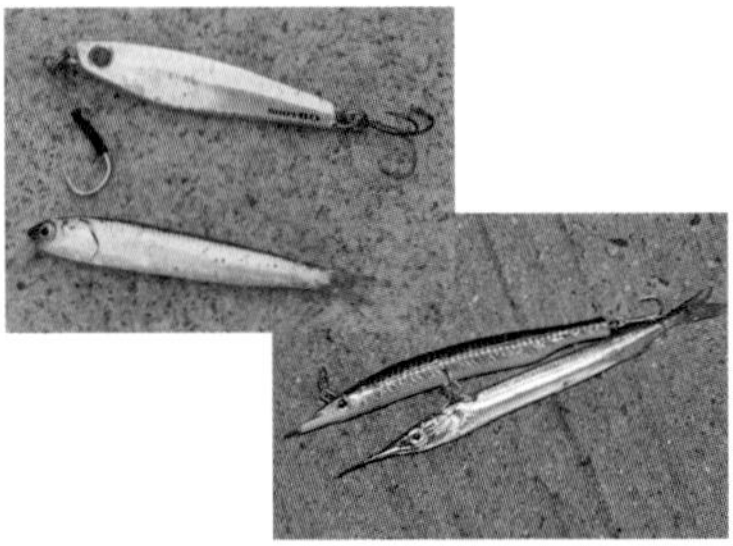

マッチ・ザ・ベイトはルアーチョイスの基本中の基本になります。

レンジの違い

ルアーの種類が多い要因の一つにそれぞれキープできるレンジ(海中の層)が違うということが挙げられます。

海中で魚はいつも同じ場所にいるわけではありません。海面に浮いているときもあれば、海底に沈んでいるときもあります。ミドルレンジ(中層)を泳いでいるときもあります。魚種によっても、主に生息しているレンジは異なります。

また、場所や状況によっても狙うべきレンジは変わってきます。浅いところや深いところ、障害物が多くて、深く沈めると引っ掛かってしまうなど。

ルアーフィッシングでどのレンジにルアーを通していくか、ということは非常に重要なことで、常に意識する必要があり、それゆえ、狙ったレンジをトレースできるルアーが必要になるのです。

表層に浮くもの、海面下50㎝を潜行するもの、海面下1mを潜行するもの、海底まで沈むものなど、それぞれのルアーはどのレンジをキープするのか考えて設計されています。

もちろん一つのルアーで全てのレンジをカバーできるものもありますが、逆にそのようなものは狙ったレンジをきっちりとトレースすることは難しいのです。

アクションの違い

ルアーは基本的に魚や海の生物を模倣して作られています。そのため、動きも海に生息するいろいろな生物に近いものを再現する必要があります。

ルアーの中にはターゲットの

各ルアーのレンジイメージ図

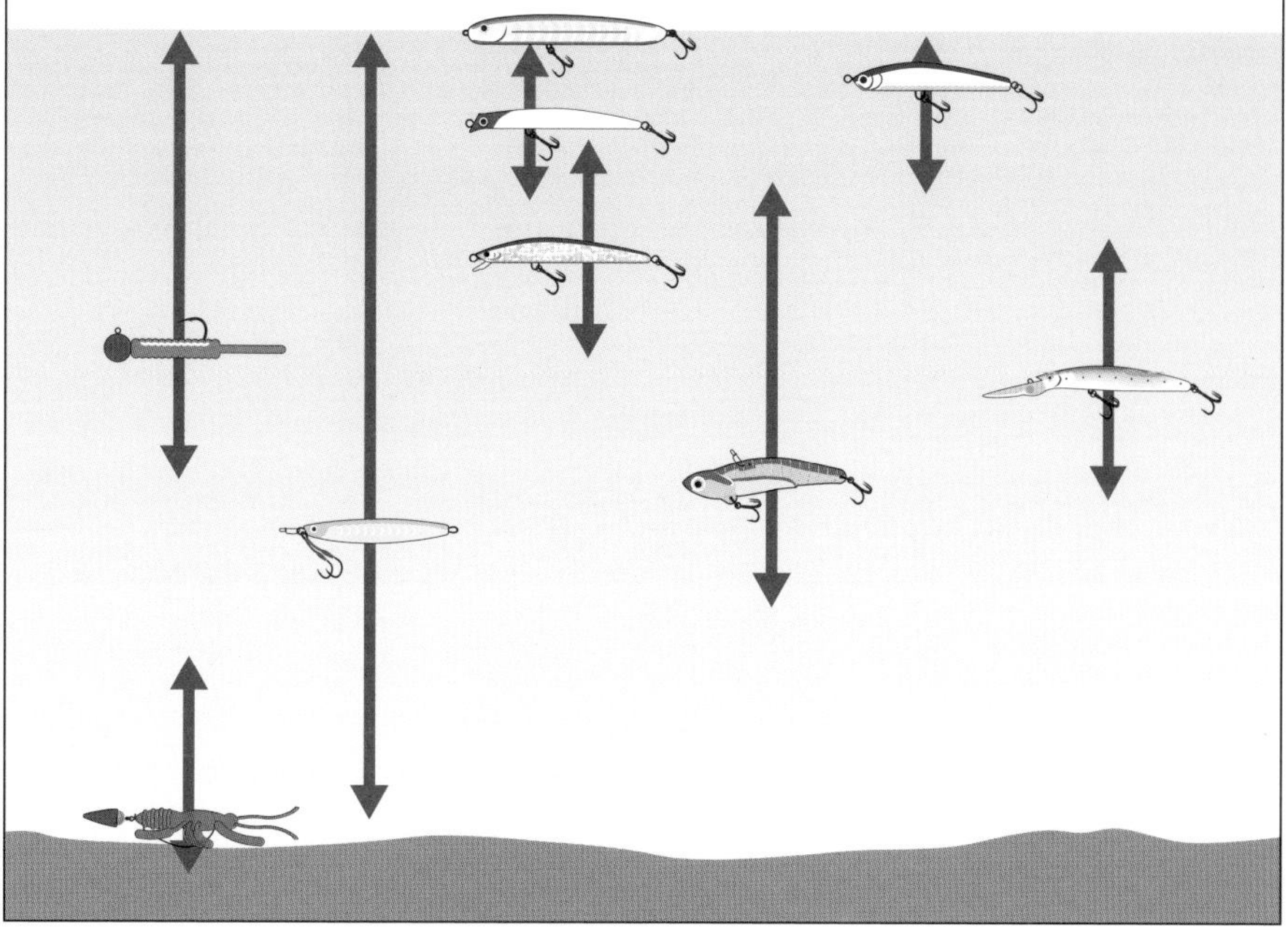

エサとなる生物の動きや特徴を再現しているものが多いです。ですが必ずしも生物の動きを忠実に再現できているわけではないし、実際にターゲットの方も魚と思って食ってきているのかは分かりません。しかし自然界にあるものは、いろいろな動きをします。

ターゲットがそのときどきで、どのような動きに反応するのかは分からないし、人工的に作られたルアーは基本的に決まった動きしかしないため、ずっと同じ一定の動きをしていると魚に警戒される要因となってしまいます。それゆえルアーもいろいろな動きをするものが用意されているのです。

動きが違えば発する波動も異なりますが、海中で何かが動くと波動として水の中を伝わります。魚はこの波動を感じる器官を持っており、周囲の状況を判断しています。違う動き＝異なる波動で感覚的にも違うものだと認識させているのです。

攻め方の違い

ターゲットとなる魚はそのときどきでいる場所は違ってくるし、魚種によっても生息場所は変わります。広範囲をテンポ良く探っていく場合もあるし、引っ掛かりやすい障害物が多い場所を丁寧に探る場合もあります。速いスピードで動かす場合もあるし、ゆっくりとアピールさせることもあります。

一つのルアーでその全てをカバーするのはとても困難です。いろいろな状況に対応できるように、それぞれのシチュエーションを得意とするルアーを使い分けていくのです。

サイズの選び方

　ルアーのサイズ選びの基本となるのはマッチ・ザ・ベイト。ターゲットが今捕食しているエサに合わせるということです。例えば、アジやコノシロといったやや大きな魚を捕食しているときはルアーも14～18㎝程度と大きなものを使い、小型のカタクチイワシなどを捕食しているときは7㎝くらいのものを使うという具合です。

　もちろん、常にマッチ・ザ・ベイトが成り立つわけではありませんが、これを考慮した上でルアーを選ぶことが基本になります。

　しかしターゲットがシラスのような2～3㎝程度の魚を捕食している場合は2～3㎝のルアーを使うのかというと、そう簡単ではありません。

　アジやメバルといった小型のターゲットを狙っている場合は、使用するタックルで2～3㎝程度の小さなルアーを使うことができますが、シーバスや青物といった大型のターゲットを狙っている場合、そんなに小さなルアーを扱うことは困難です。

　一般的にマイクロベイト（非

大型のシーバスが釣れたときにベイトとなっていたコノシロ。20㎝以上の大きな群が入っていました。大きな魚は大きなベイトを狙っています。

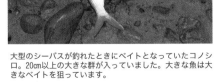

常に小さなベイト）をターゲットが捕食しているときは、マッチ・ザ・ベイトさせることは困難で、釣りが難しい状況になります。そういった状況下では、とにかくいろいろと試してみる必要がありますが、大きなルアーでも小さなベイトに見せることができるものもあります。

代表的なのがゼブラパターン。これはゼブラのライン一つ一つがベイトのように見え、小さなベイトが集まっているように錯覚させる効果があると言われています。

このようにカラーによってもマッチ・ザ・ベイトさせることも可能なのです。

しかし、経験が少ない人にとってはターゲットが今何を捕食しているのかなど分からないことも多いです。そういう場合は、まず大きいルアーから使うことをおすすめします。

大きい＝目立ちやすいということです。まずは目立つものでターゲットにルアーをアピールして、反応がないようであれば食いやすい小さなものに変えていくとよいでしょう。

ゼブラパターンが採用されたルアー。

大型を狙う

例えばアジやコノシロがベイトとなっている場合、どちらも10cm以下の小さなものから30cm前後の大きなものまでいます。もちろん、今入ってきている群のサイズに合わせるというのが基本になりますが、大きな魚は大きなベイトを捕食する、という事実があります。

シーバスをターゲットとして仮定すると、30cm程度の小さな個体は20cm以上あるようなベイトを捕食することはできません。そういった大型のベイトを捕食するのは80cm以上あるような大型です。

大型を狙うのであれば、大きなルアーを使うというのが一つのセオリーです。

また、アジのように頻繁にアタリがあるような場合、小型ばかりアタってくるようになると、小型を避けて大型を狙いたくなるものです。そういった場合も小型が食えないように大きなルアーに替えるというのが常とう手段になります。

釣れる数は少なくなってしまいますが、じっくりと大型を狙うことができます。

小型を避けて大型を狙いたいときには大きなルアーを使うとよいでしょう。

カラーの選び方

どのルアーもカラフルに彩れており、一つのルアーに何種類ものカラーラインアップがありますが、もちろんこれにも意味があります。

実際に魚が色を認識できているかどうかは諸説ありますが、色が違うことで、見え方が変わってくることは事実のようです。

ルアーカラーを選ぶ上で、まず理解しておきたいのが、アピールカラーとナチュラルカラー。

ピンクやオレンジ、ライムグリーン、チャートといった蛍光色など目立ちやすい色のことをアピールカラーといいます。

逆にブルーやオリーブ、ブラウンなどの自然界にあるものに近い色のことをナチュラルカラーといいます。

アピールカラーが有効になるのは

○光量が少ない（暗い）とき
○潮が濁っているとき
○魚の活性が高いとき

ナチュラルカラーが有効になるのはその逆の状況で

○光量が多い（明るい）とき
○潮が澄んでいるとき
○魚の活性が低いとき

となります。

光量が少ないときとは、曇っているときや夜間など。そのような状況下ではルアーがターゲットに発見されづらくなるため、ルアーの存在をアピールするために目立つ色が有効になります。

また、人間からもルアーが今どこにあるのかが分かりやすいというメリットもあります。

光量が多いときは日中の晴天時など。こういった状況では海の中も視界が良くなります。自然界にない派手な色は魚が警戒する可能性があるため、海中に存在するものに近い色をしたルアーを使うのがセオリーです。

潮が濁っているとき、澄んでいるときも同様の理由で、カラーを使い分けます。

活性とは魚に食い気があるか、ないかということです。

魚は活性が高いときは食欲が警戒心を抑制することができずに、我先にとエサを捕食しようとします。厳しい自然界の中ではのんびりしているとエサにありつけないため、とにかく目に付くものに食い付きます。

そのような状況ではルアーも目立つ色の方がターゲットに発見されやすく、釣果に結びつきやすいのです。

活性が低いときは積極的にエサを追って捕食しようとしません。警戒心が高くなっているため、目立つもの、自然界にないものは警戒される可能性が高くなります。そういった場合は、なるべく自然界に近いカラーのルアーで魚に警戒心を与えないようにすることが好ましいです。

カラーによる特徴

○シルバーとゴールド

多くのルアーはベースとなるカラーの上に他の色が着色され、複数の色で仕上げられています。ベースカラーはいろいろありますが、代表的なのがシルバーとゴールド。ベースがシルバーで背中がブルーやピンク、ベースがゴールドで背中がレッドやグリーンという組み合わせは多いです。

シルバーは澄んだ潮の中では反射光が最も遠くまで届くと言われています。遠くのターゲットまでルアーをアピールできるということです。

しかもベイトとなる小魚もシルバーのため、ターゲットにとっても違和感がなく、小魚がいるように見せることができるという理由で多くのルアーに採用されています。

一方ゴールドは濁った潮の中では光がシルバーよりも遠くに届くと言われています。

また、朝・夕のまづめ時の黄色い太陽と光の波長が合うため、まづめ時はゴールドがシルバーより目立つと言われています。

シルバーベースのカラー

ゴールドベースのカラー

○クリア系

透明のボディは明るい光の下では光が屈折して目立ちやすいと言われています。夜に常夜灯の下で釣りをする場合などはクリア系が実績が高く、ターゲットがアミを捕食しているケースではラメが入ったものを選ぶのが定番になっています。

クリア系のカラー

○ケイムラ

紫外線に反応して発光する特殊な塗料で、透明なため人間の目には分かりませんが、UVライトなどを当てると青白く発光するのを確認することができます。深い場所や曇っているようなときでも紫外線が届く範囲であれば海中で発光してその存在をアピールします。

主に日中に効果を発揮するカラーですが、ナイトゲームでも常夜灯の光に反応して発光します。ただし近年導入されているLEDの常夜灯では反応しません。LEDの光には紫外線が含まれないからです。

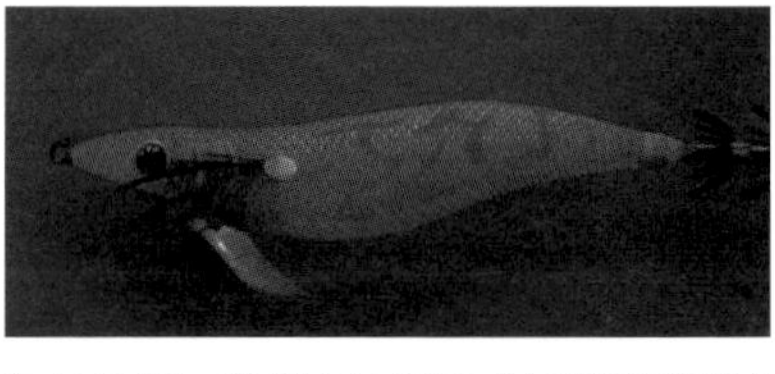

ケイムラカラーにUVライトを当てると青白く光ります。

ローテーション

　ローテーションとはルアーを違うものへと替えていくことで、アクションや波動が違う種類のルアーに交換したり、同じルアーでもカラーを違うものにしたりするパターンがあります。

　ローテーションをする理由は主に二つあります。

　一つは魚が反応してくるルアーを探すということ。

　海の状況や魚の活性など、そのときどきで魚がどのようなルアーに反応するのかは違います。このルアーには全く興味を示さなかったが、このルアーにはアタってきた、ということは少なくありません。どのルアーが今の状況で当たりルアーとなるのかを探すためにルアーをいろいろと替えていくのです。

　もう一つはスレ防止。

　スレとは魚がルアーをエサではないと判断して反応しなくなること。

　いくら釣れたルアーでも、同じものをずっと使い続けると、魚はスレてしまいます。このスレを防止するために、定期的にルアーを交換することが有効になります。

ローテーションの基本

　ローテーションのやり方にもセオリーがあります。

　ルアーフィッシングでは、現場に到着して釣りを始めるときは最初になるべく広範囲にテンポ良くルアーを通して、活性の高い個体がいないかを探っていくのが基本となります。

　まずは魚はいるのか？　活性はどうなのか？　などの状況を判断するのです。

　そのため、最初に使うルアーはキャストで飛距離が出せて、アピール力が高いものが適しています。

　アピール力が高いルアーとは波動が強いもの＝動きが大きいもの、サイズが大きいもの、色が目立つものなどが挙げられます。こういった要因とキャストでの飛距離を考えて、最初に投入するルアーを決めます。

　魚の活性を知るために最初に投入するルアーのことをパイロットルアーやサーチベイトなどと呼びます。

　多くのアングラー（ルアーフィッシングをする釣り人）は自分がパイロットルアーとして使うものを決めています。毎回、釣りのスタート時には同じルアーを使うのです。

　前述しましたが、魚は活性が高いときには我先にとエサを奪い合います。そのため反応が早

パイロットルアーとしてよく選ばれるルアー

バイブレーション

メタルジグ

ポッパー

く得られます。もしすぐに魚がヒットしたなら、活性が高いと判断して、引き続きアピール力の強いルアーを使います。

ただし、アピール力の強いルアーは魚がスレるのも早くなるため、こまめにローテーションしていく必要があります。

アピール力の強いルアーで広範囲を一通り探って、反応が得られない場合は、活性が低いと判断してアピール力の弱いルアーへと替えていきます。

アピール力の弱いルアーとは波動が弱い＝動きが少ないもの、サイズが小さい、ナチュラルカラーなどが挙げられます。

アピール力の弱いルアーは狭い範囲のターゲットにしか存在を知らせることができません。そのため、限られた場所やある程度特定した場所を丁寧に探っていくのに向いています。

明るい時間によく使われるルアー

シンキングタイプのミノー

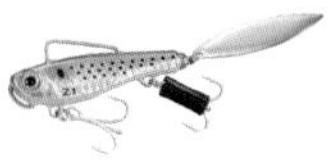
スピナー

バイブレーション

メタルジグ

暗い時間によく使われるルアー

フローティングタイプのミノー

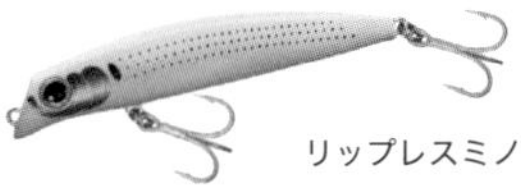
リップレスミノー

シンキングペンシル

時間帯でのローテーション

ルアーフィッシングは日中ももちろん楽しめますが、フィッシュイーター（小魚などの生物を捕食している魚でルアーフィッシングのターゲット全般をそう呼ぶ）の中には夜間に積極的に捕食活動を行うものも多いです。そのため、日中のデイゲームと夜間のナイトゲームの両方が確立されています。

魚種によっても違いはありますが、一般的に太陽が昇った明るい時間帯は下から、夜間など暗い時間帯は上から探っていくというのが基本です。

つまり日中は沈むタイプのルアー、夜間は浮くタイプのルアーから使い始めるのが有効ということになります。

日中は多くの魚が外敵に発見されないような場所へ移動します。最も都合が良いのが海底。海底には岩や海藻など身を隠すものが多く存在するからです。

逆に海面は上からは鳥に襲われる脅威に常にさらされており、下から大型の魚に襲われたら逃げ場がない最も危険な場所です。うかつに浮いてしまうと危険だということを魚たちは本能的に知っています。

しかし、夜間は鳥に襲われる心配がなくなる上に海中の外敵からも姿が見えづらくなります。

海中の食物連鎖の底辺となるプランクトンは潮に流され浮いていることが多く、それを求めて他の生物も集まります。

夜間はそういった生物を狙うフィッシュイーターも上ずっていることが多いのです。

ハードルアーとソフトルアー

ルアーを大きく二つに分類すると、ハードルアーとソフトルアーに分けられます。

ハードルアーとは、金属やプラスチックで整形されたルアーのこと。非常に多くの種類があり、ルアーの大半を占めます。ミノーやペンシル、バイブレーションやメタルジグなど全てハードルアーに含まれます。

ソフトルアーとは塩化ビニル素材などで整形された柔らかいルアーのこと。一般的にワームと呼ばれています。

ワームとは本来は英語でミミズのような足のない軟体の虫のことを指しており、もともとはミミズを模倣したような形状のものをそう呼んでいましたが、やがてソフトルアー全般をワームと呼ぶようになりました。

形状はいろいろなものがあり、ミミズのようなものをはじめ、魚、エビ・カニなどの甲殻類、昆虫などの実際に存在する生物に似せたものから、実在しないようなものまで幅広いです。

実在しないようなものは、見た目よりも波動を意識して作られています。魚は視覚だけでなく、波動で状況を確認している部分も多いです。いろいろなパターンの波動を作り出すために、いろいろな形状が採用されているのです。

ソフトルアーは単体では魚を釣ることができません。フックやシンカーと組み合わせたリグ（仕掛け）とすることで、はじめてルアーとして機能するようになります。

一般的にハードルアーの方が波動が強く、ソフトルアーはナチュラルな波動でターゲットにアピールします。

どちらか一方のルアーだけでも釣りは成立するし、ターゲットによっては一方しか使わないことも多いです。しかし、状況によってハードルアーとソフトルアーを使い分けられるようになれば、より高い釣果を得られるようになります。

ハードルアーの例

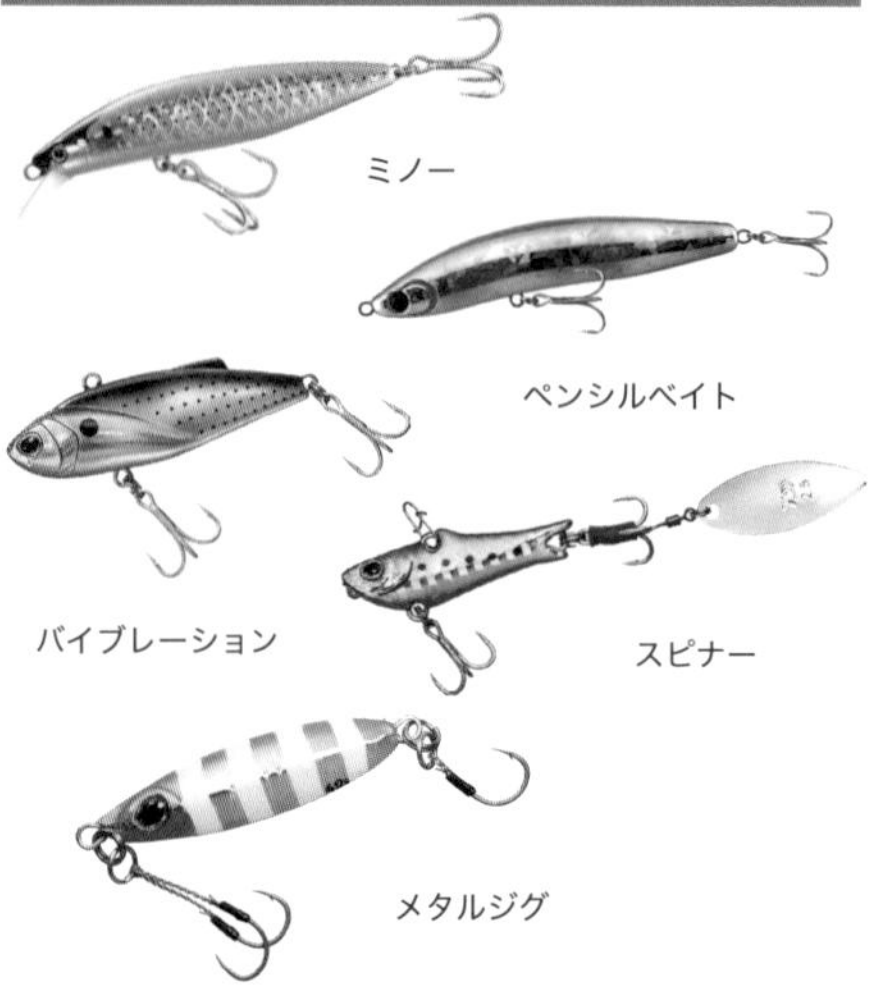

ソフトルアーの例

一般的にワームと呼ばれているもは全てソフトルアーに分類されます。

section 6

ワームとリグ一覧

ワームはそれだけで釣ることはできません。フックやシンカーとセットで使います。

ジグヘッドリグ

一番シンプルなリグ。ジグヘッドにワームをセットしてラインを結ぶだけ。ワームの形状もいろいろ使用できます。

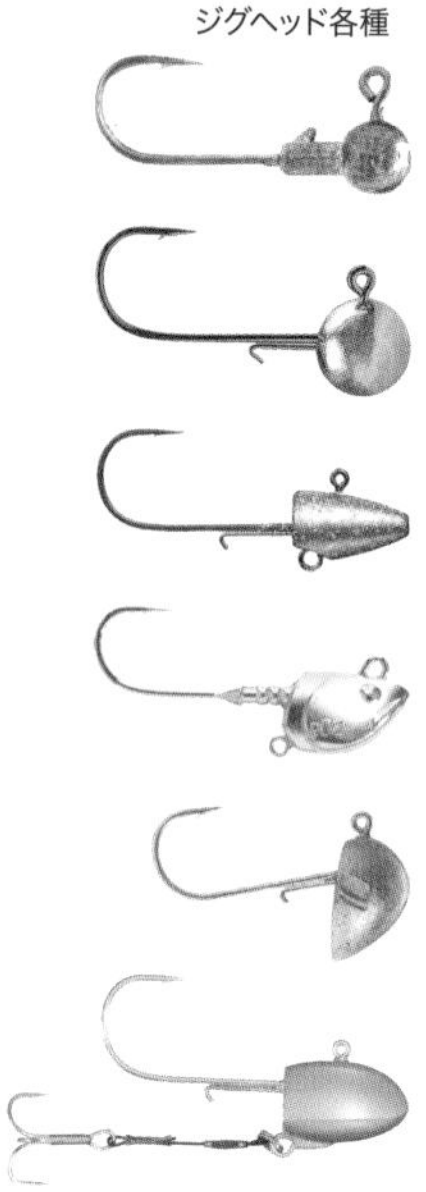
ジグヘッド各種

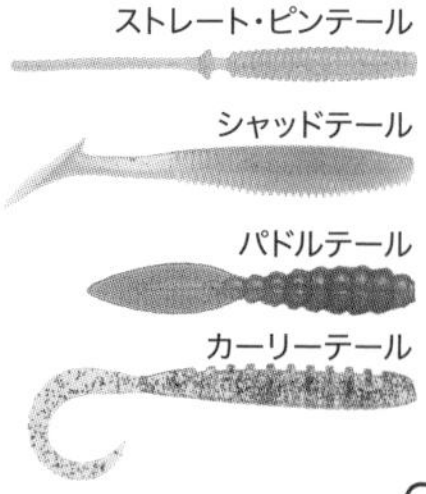
ストレート・ピンテール
シャッドテール
パドルテール
カーリーテール

ジグヘッドもワームも多くの種類があります。組み合わせにはある程度決まりがありますが、ワームのアクションを損なわなければ基本的には使用可能です。

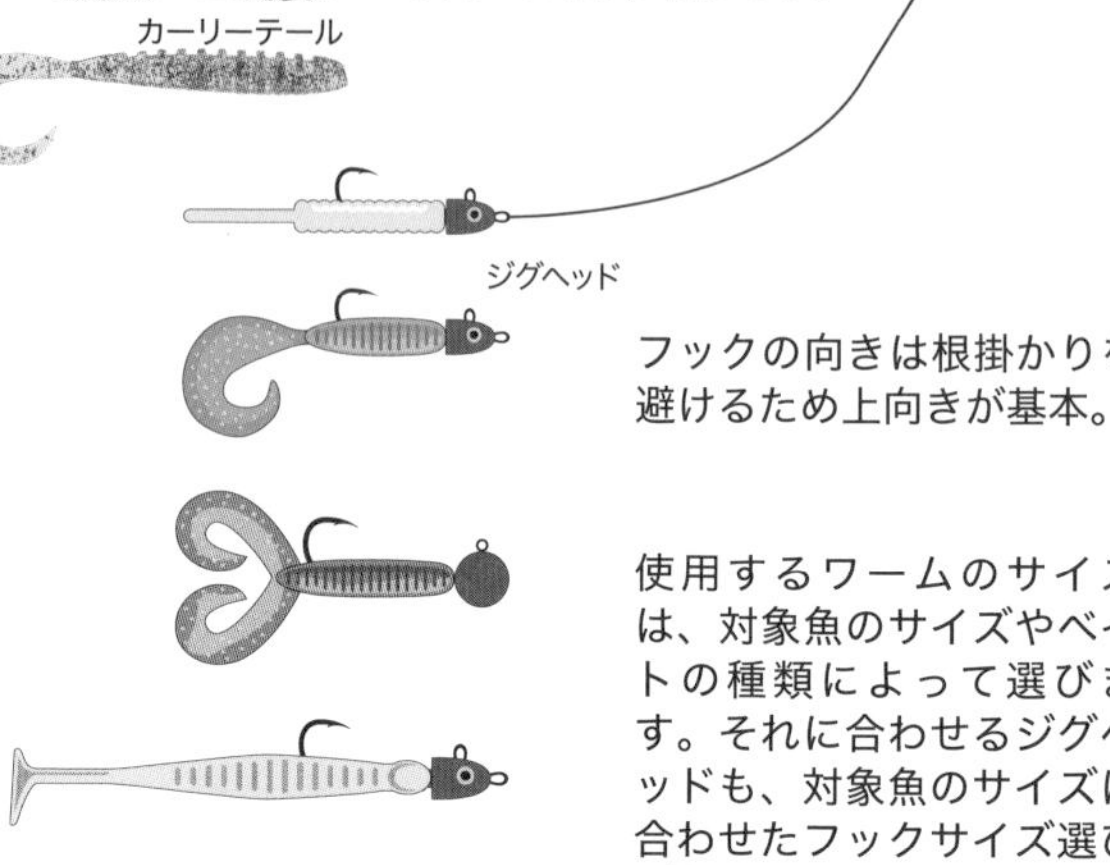
ジグヘッド

フックの向きは根掛かりを避けるため上向きが基本。

使用するワームのサイズは、対象魚のサイズやベイトの種類によって選びます。それに合わせるジグヘッドも、対象魚のサイズに合わせたフックサイズ選びが必要となります。

スプリットショットリグ

ワームをより自然に動かすための仕掛け。ラインの先端にはフックを結びワームをセット。それよりも30cmほど上にシンカーを付けます。

スプリットシンカー(ガン玉)
スプリットシンカー

シンカーはスプリットシンカー(ガン玉)やシリコンキャップで固定するタイプなどがあります。

ワームフック

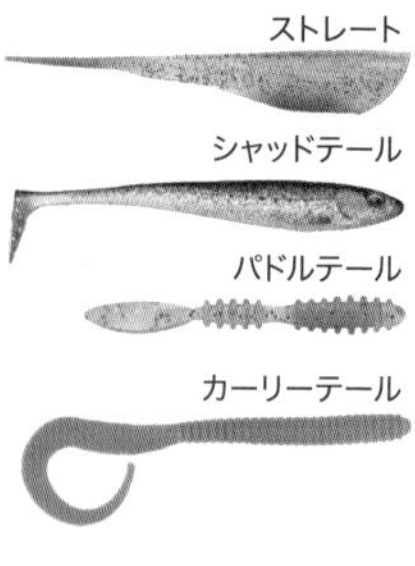
ストレート
シャッドテール
パドルテール
カーリーテール

シンカーの重量は、海底まで沈めることができる重さや、遠くへ飛ばせる重量で決めます。

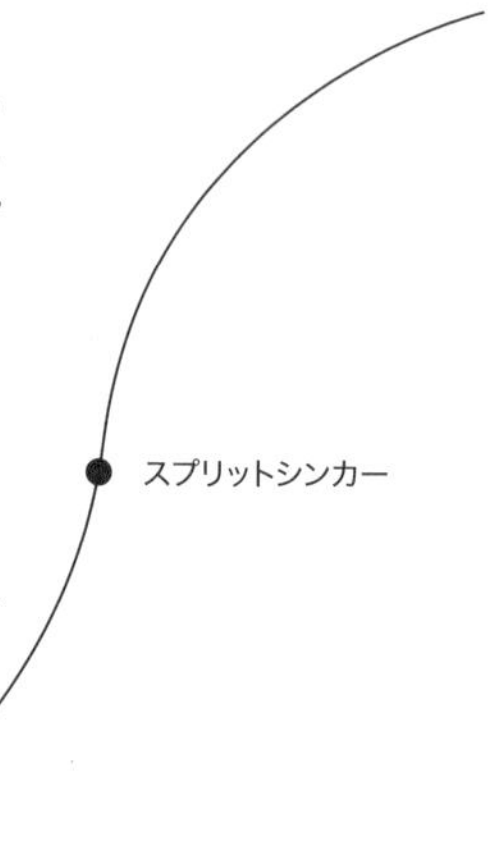
スプリットシンカー

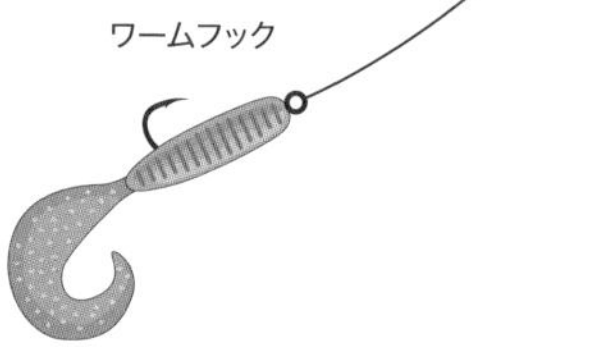
ワームフック

ワームからシンカーまでの距離は30cmくらいを基準として上下させます。ボトム付近でワームをよりゆっくりと沈めたいときは広く、キビキビと動かしたいときは狭くします。

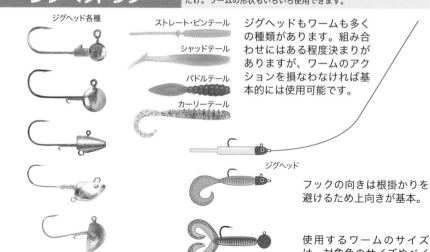

ダウンショットリグ

ボトムから一定の距離を保って狙うのが得意な仕掛け。根掛かりが多い場所などでも活躍する。

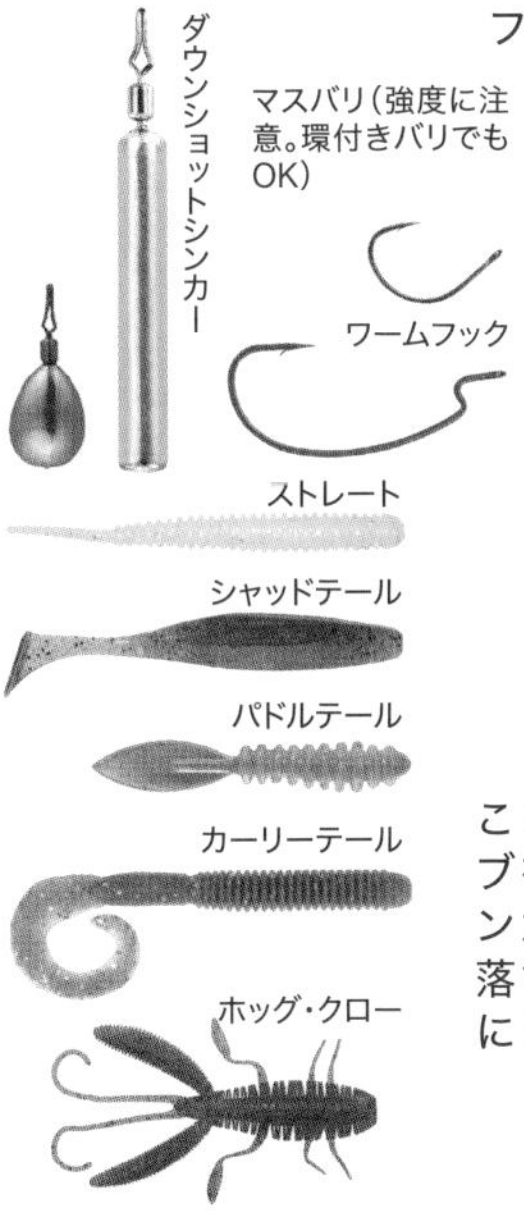
ダウンショットシンカー
マスバリ（強度に注意。環付きバリでもOK）
ワームフック
ストレート
シャッドテール
パドルテール
カーリーテール
ホッグ・クロー

フックの結び方

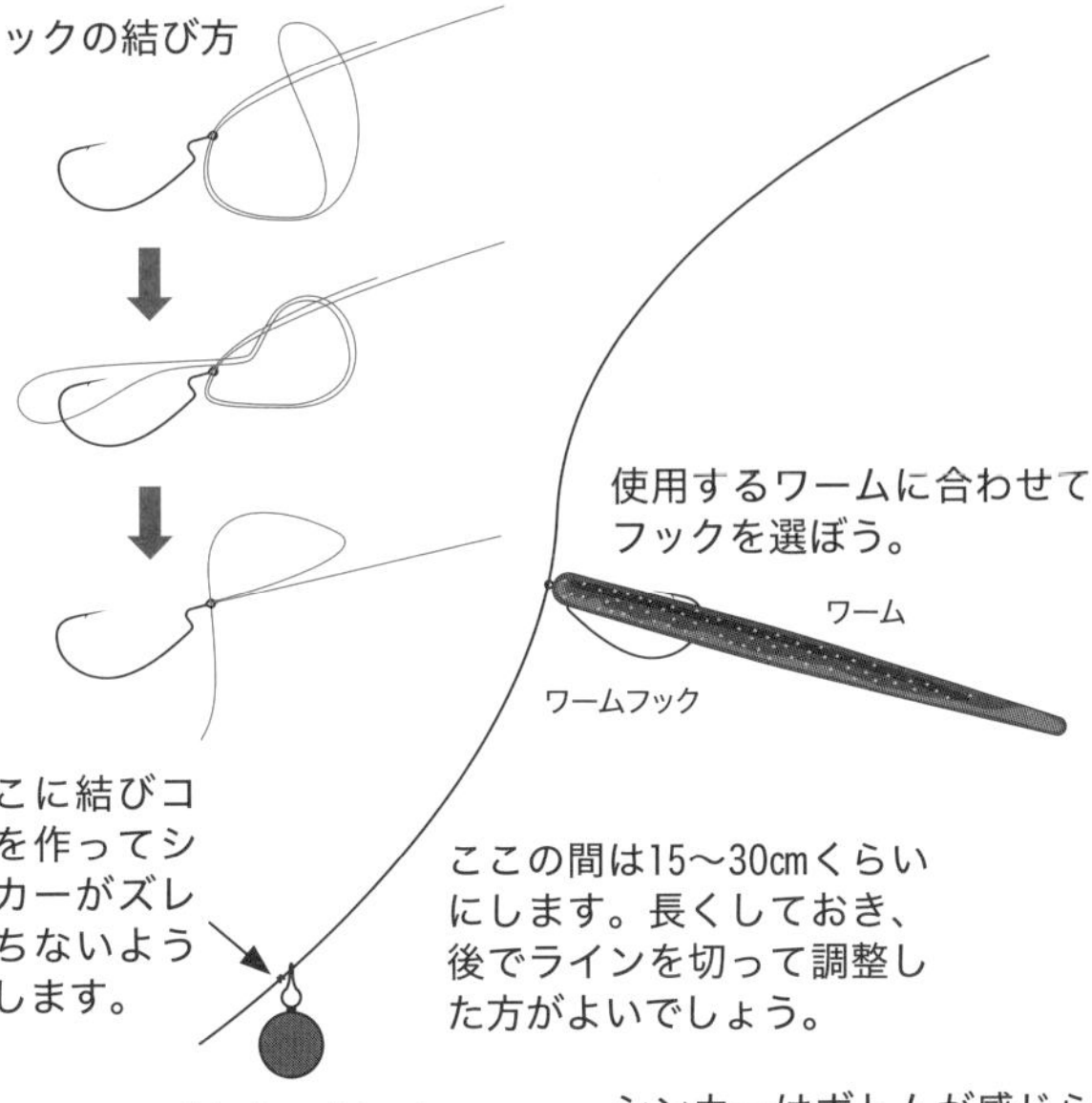
ワーム
ワームフック
ダウンショットシンカー

使用するワームに合わせてフックを選ぼう。

ここに結びコブを作ってシンカーがズレ落ちないようにします。

ここの間は15〜30㎝くらいにします。長くしておき、後でラインを切って調整した方がよいでしょう。

シンカーはボトムが感じられる重さにします。

テキサスリグ

ボトムを的確に狙うことができるので、主にロックフィッシュ狙いで使用する仕掛けです。

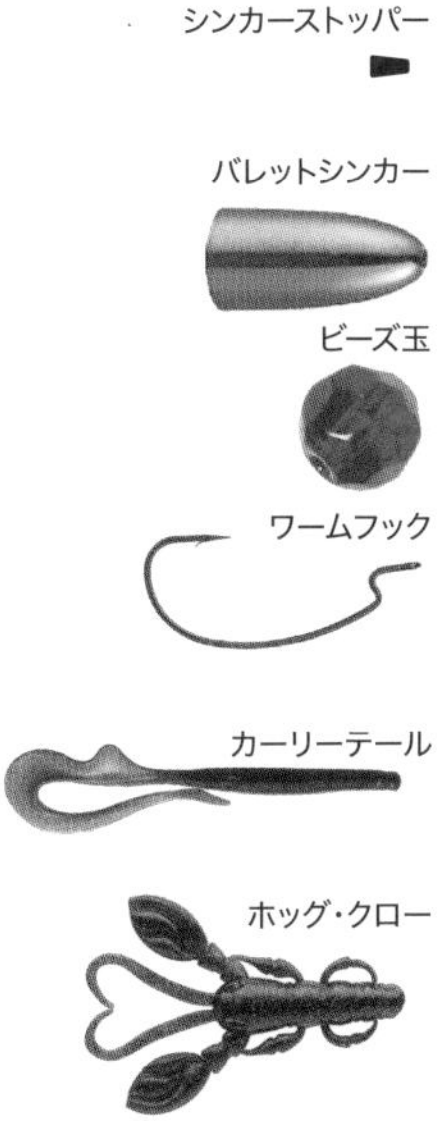
シンカーストッパー
バレットシンカー
ビーズ玉
ワームフック
カーリーテール
ホッグ・クロー

ダイレクトにボトムが狙える仕掛けですが、根掛かりも多くなります。対策として、フックポイント（先端）をワームの中に差し込んで使います。

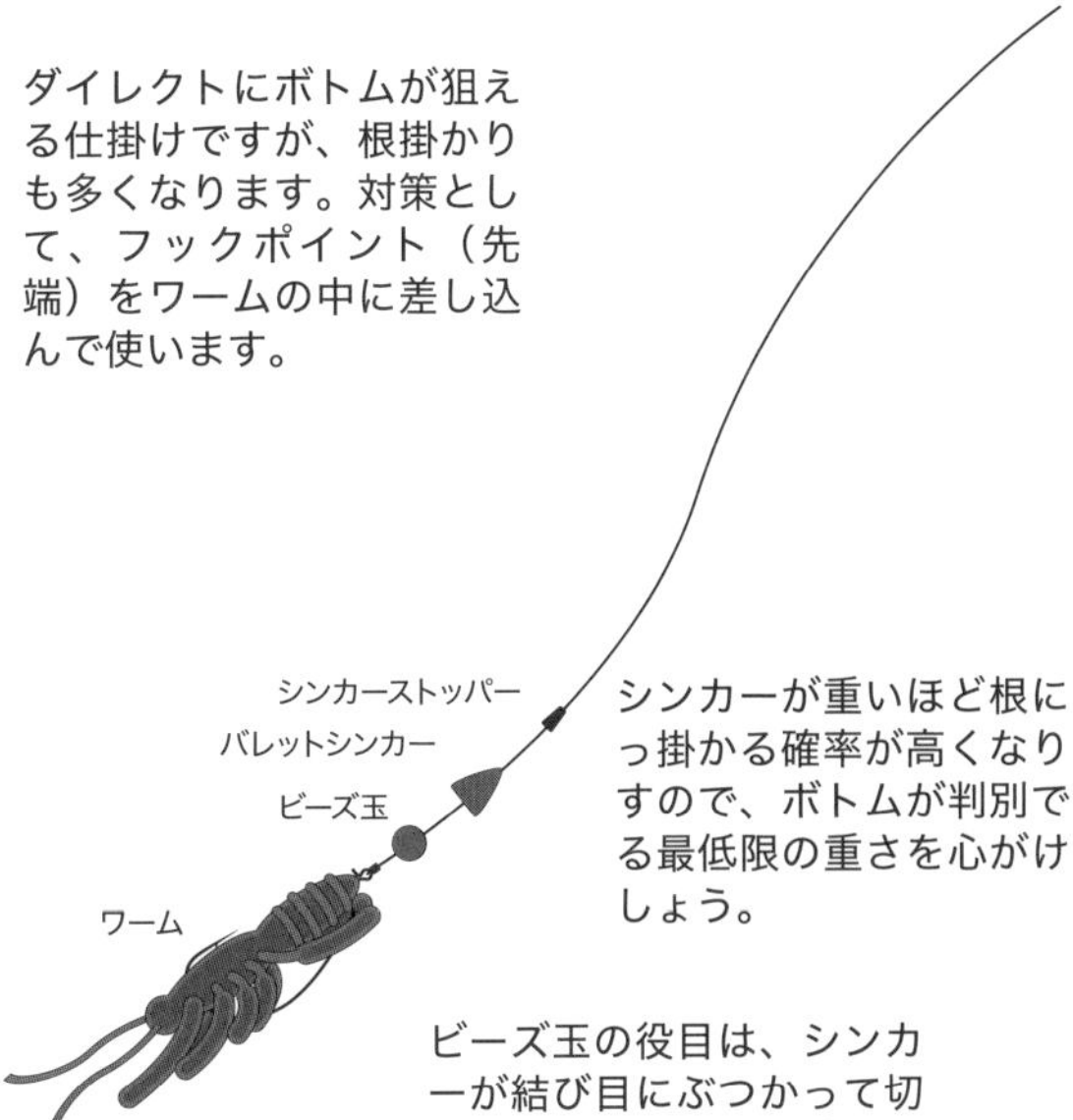
シンカーストッパー
バレットシンカー
ビーズ玉
ワーム

シンカーが重いほど根に引っ掛かる確率が高くなりますので、ボトムが判別できる最低限の重さを心がけましょう。

ビーズ玉の役目は、シンカーが結び目にぶつかって切れやすくなることを防ぐことです。

キャロライナリグ

スプリットショットリグと似ていますが、こちらはキャストの飛距離を伸ばす役目がメインになります。

ソルトルアーでは、アジやメバルを狙ったMキャロで主に使われます。

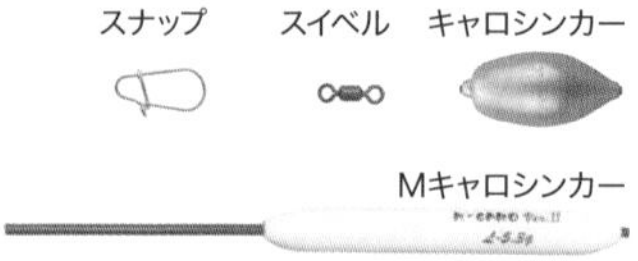
スナップ
スイベル
キャロシンカー
Mキャロシンカー

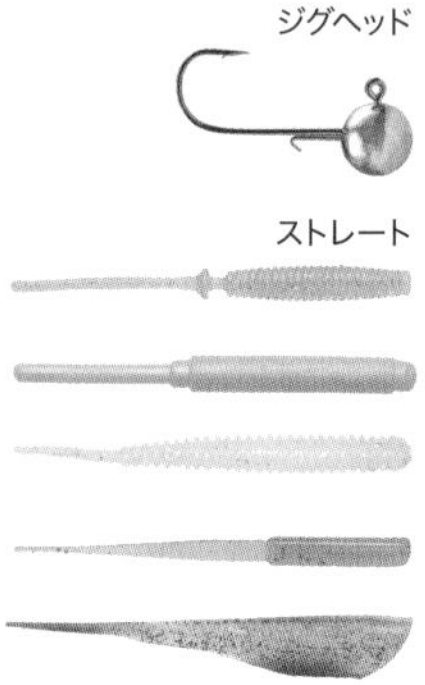
ジグヘッド
ストレート

キャロシンカーが重すぎると沈みが早くなるので、上層～中層は狙いにくくなってしまいます。中層より上を狙いたいときは、海中では沈みが遅いタイプが使いやすくなります。

アジングやメバリングで使う場合のティップリーダーは、フロロカーボンの4～8lb（1～2号）をセットします。

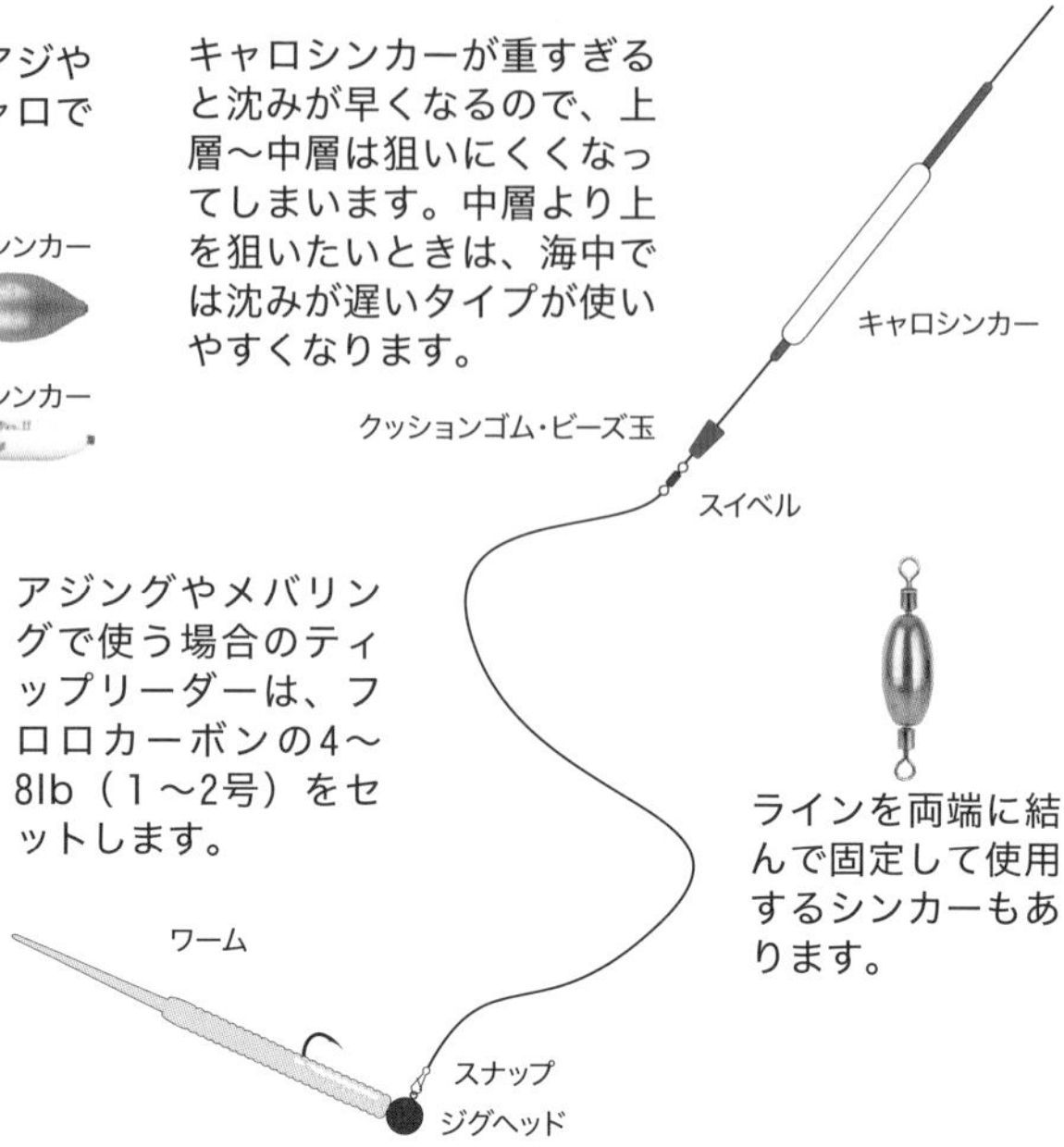
キャロシンカー
クッションゴム・ビーズ玉
スイベル
ワーム
スナップ
ジグヘッド

ラインを両端に結んで固定して使用するシンカーもあります。

フリーキャロライナリグ

上記のキャロライナリグも一種のフリーキャロライナリグですが、こちらはよりシンカーを動きやすくしたもの。先端はワーム＋フックのみになります。

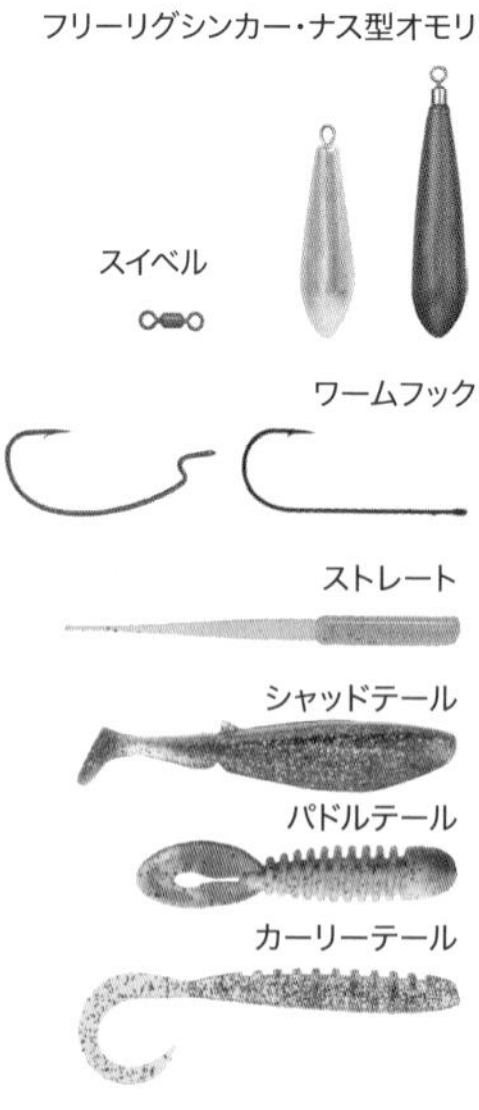
フリーリグシンカー・ナス型オモリ
スイベル
ワームフック
ストレート
シャッドテール
パドルテール
カーリーテール

基本はボトム付近を狙う仕掛けです。

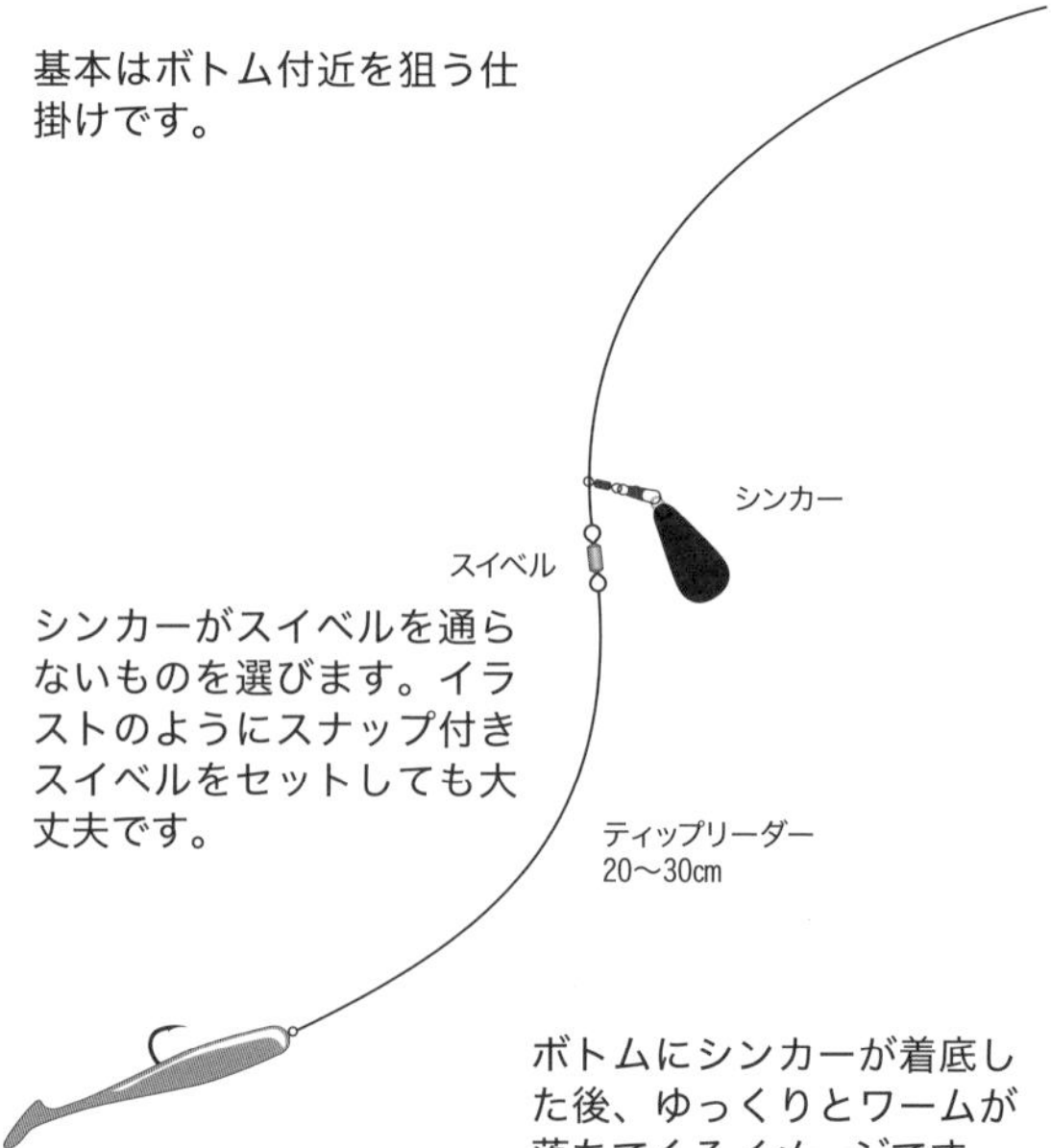
シンカー
スイベル
ティップリーダー
20～30cm

シンカーがスイベルを通らないものを選びます。イラストのようにスナップ付きスイベルをセットしても大丈夫です。

ボトムにシンカーが着底した後、ゆっくりとワームが落ちてくるイメージです。

三叉キャロライナリグ

親子スイベルを使って分岐させ、根掛かりをより回避しやすくしたり、ワームをよりナチュラルに動かすための仕掛け。

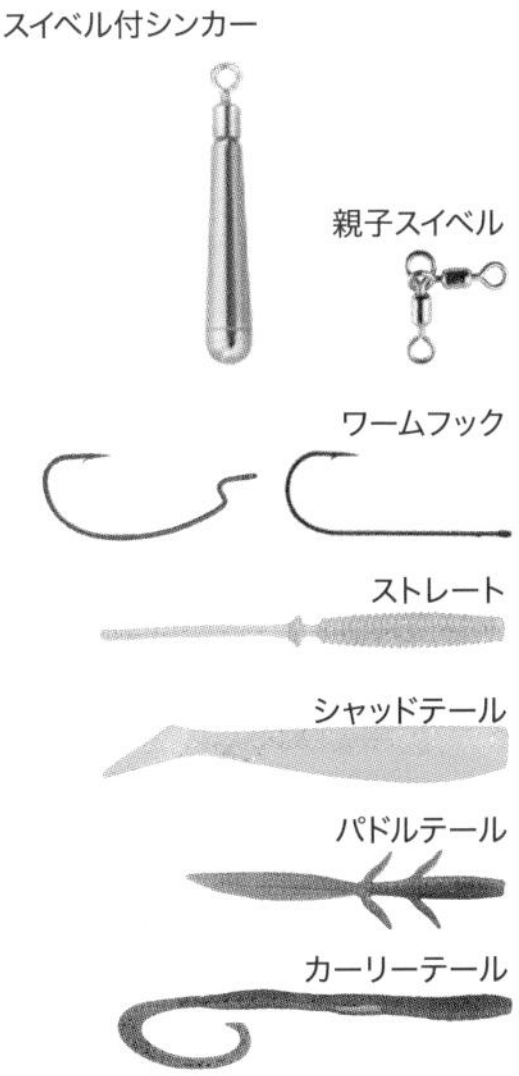

スイベル付シンカー
親子スイベル
ワームフック
ストレート
シャッドテール
パドルテール
カーリーテール

オフショアではバチコンとも呼ばれる仕掛けです。根が荒く流れがない場所で使う場合は、根掛かりしやすいので注意。

リーダー同士の長さにより、仕掛けが絡まる場合がありますので、シンカーのリーダーの長さを徐々に短く調整してください。

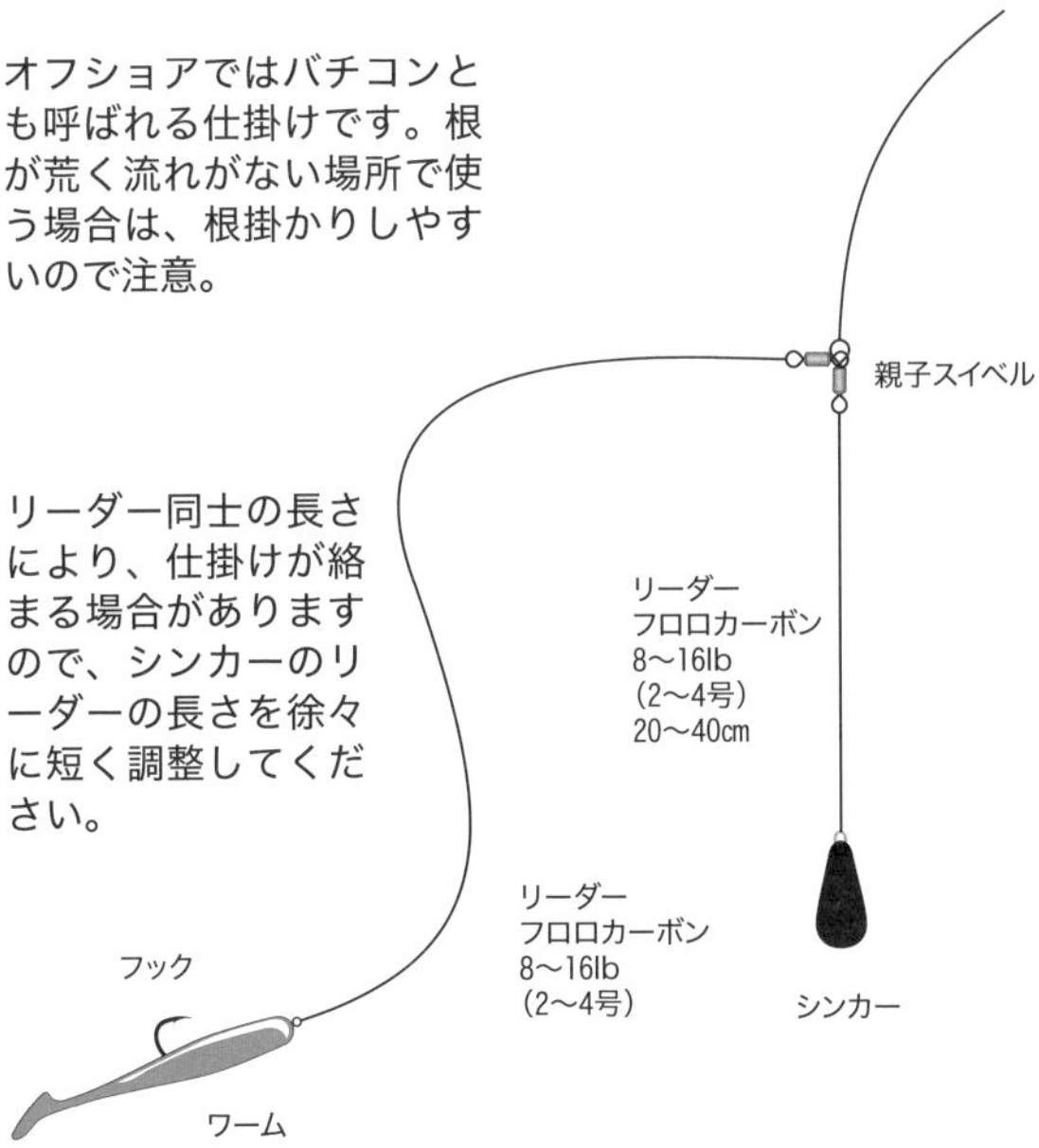

親子スイベル
リーダー
フロロカーボン
8〜16lb
(2〜4号)
20〜40cm
リーダー
フロロカーボン
8〜16lb
(2〜4号)
シンカー
フック
ワーム

フロートリグ

遠投したいときや、浅い場所や浅いレンジを狙うときに使う仕掛け。遠浅の場所でも根掛かりを気にせず使えます。

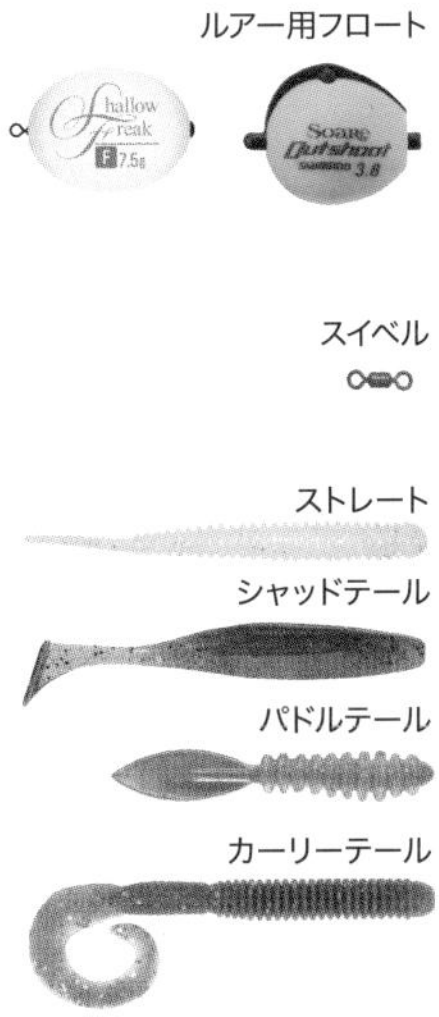

ルアー用フロート
Shallow Freak
F 7.5g
SOARE Outshoot SHIMANO 3.8
スイベル
ストレート
シャッドテール
パドルテール
カーリーテール

ウキ釣りのように、狙うレンジを固定したり、遠くに飛ばしたいときに使う仕掛けです。

こちらの仕掛けは、特に浅いエリアを攻略するのに特化しています。

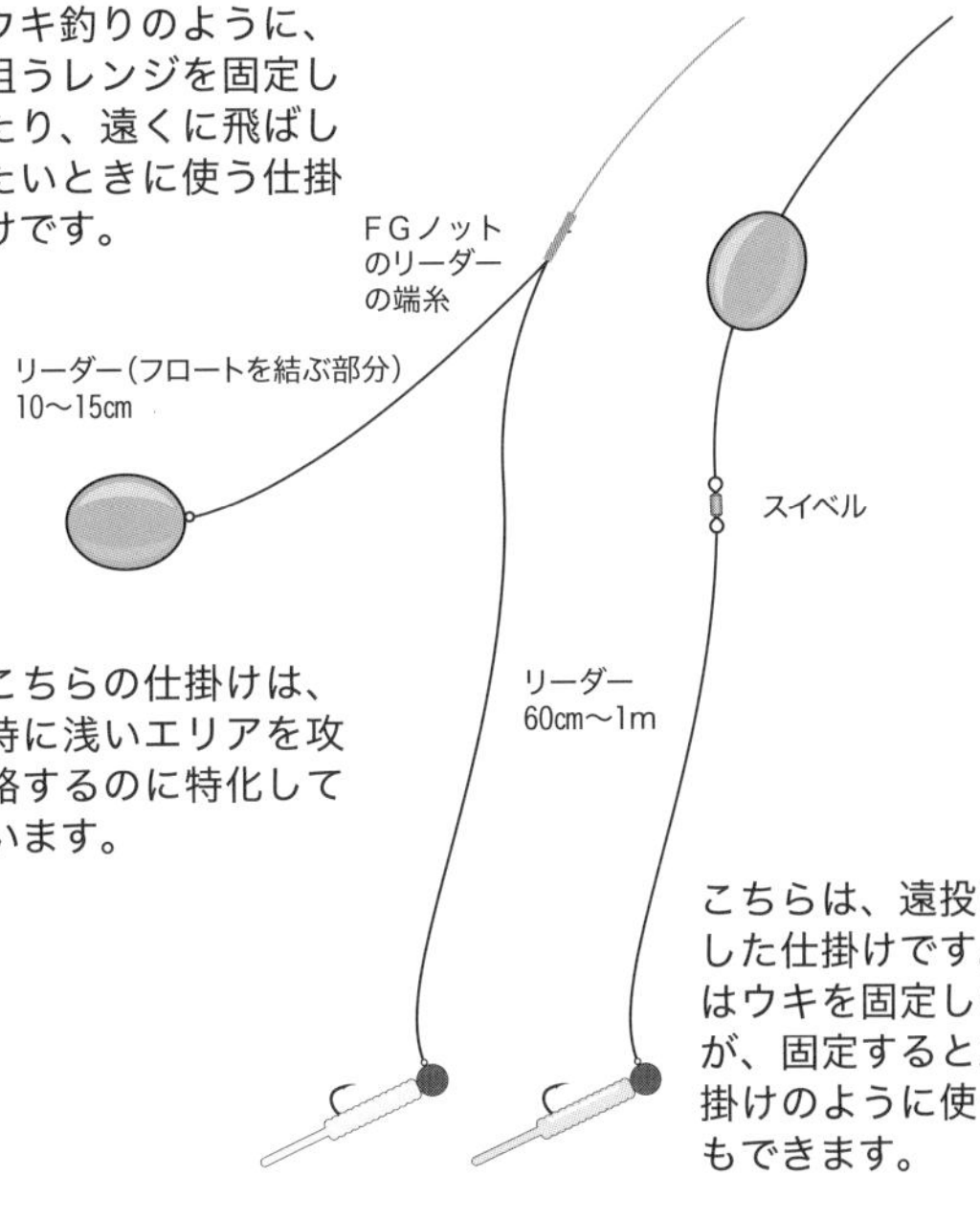

FGノット
のリーダー
の端糸
リーダー(フロートを結ぶ部分)
10〜15cm
スイベル
リーダー
60cm〜1m

こちらは、遠投に特化した仕掛けです。基本はウキを固定しませんが、固定すると左の仕掛けのように使うこともできます。

直（ジカ）リグ

ボトムべったりを狙うための仕掛け。ダイレクトにアタリが伝わりやすいので、根に潜られる前にボトムから魚を引きはがすことができます。

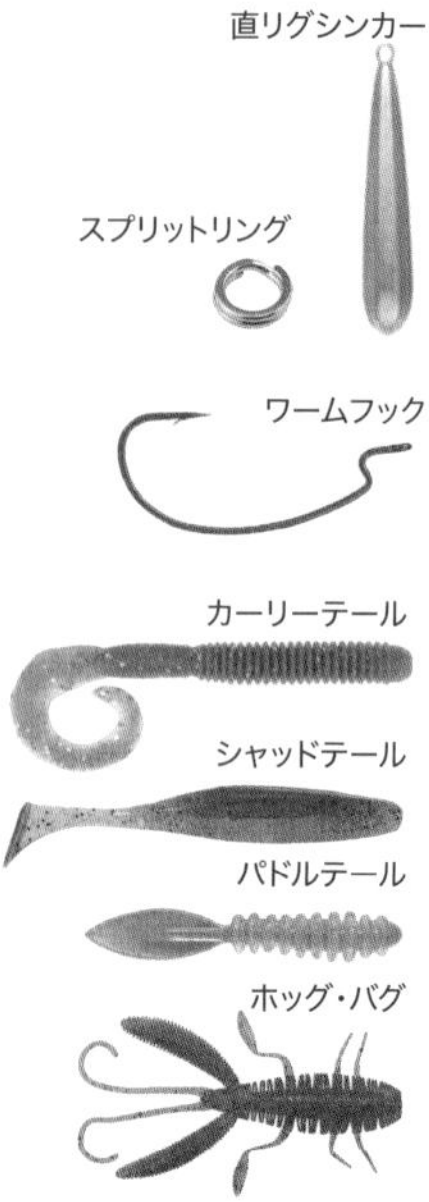
直リグシンカー
スプリットリング
ワームフック
カーリーテール
シャッドテール
パドルテール
ホッグ・バグ

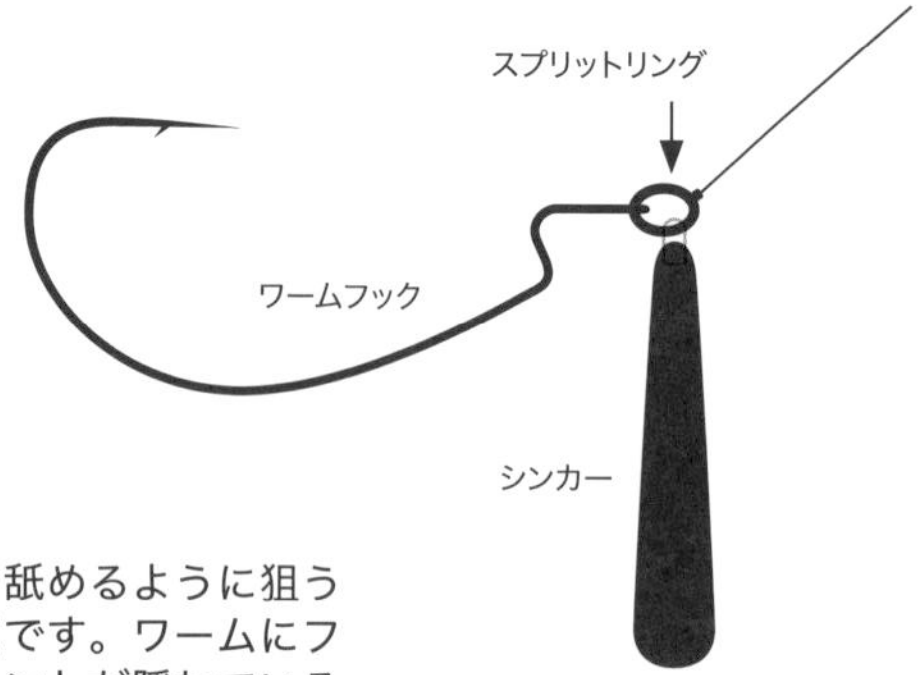
スプリットリング
ワームフック
シンカー

ボトムを舐めるように狙うのが得意です。ワームにフックポイントが隠れているので、意外と根掛かりも少なく外しやすいリグです。

基本はロックフィッシュ狙いなので、甲殻類をイミテーションしたワームを多様します。

ビフテキリグ

テキサスリグと同じ理論ですが、シンカーが丸みを帯びてワームを少し浮かせることで根掛かりを軽減し、魚が食いやすくしたものです。

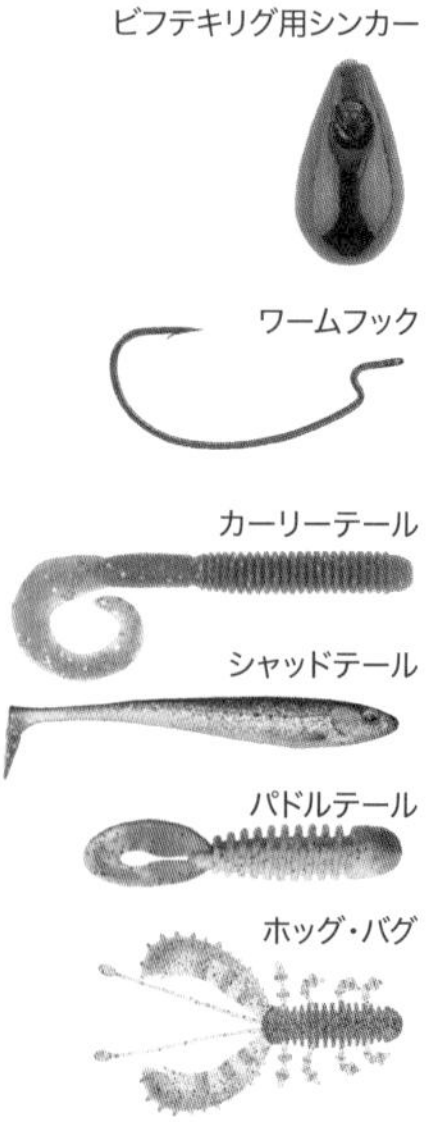
ビフテキリグ用シンカー
ワームフック
カーリーテール
シャッドテール
パドルテール
ホッグ・バグ

ビーフリーテキサスリグを略した呼び名です。

細かなアクションが得意です。

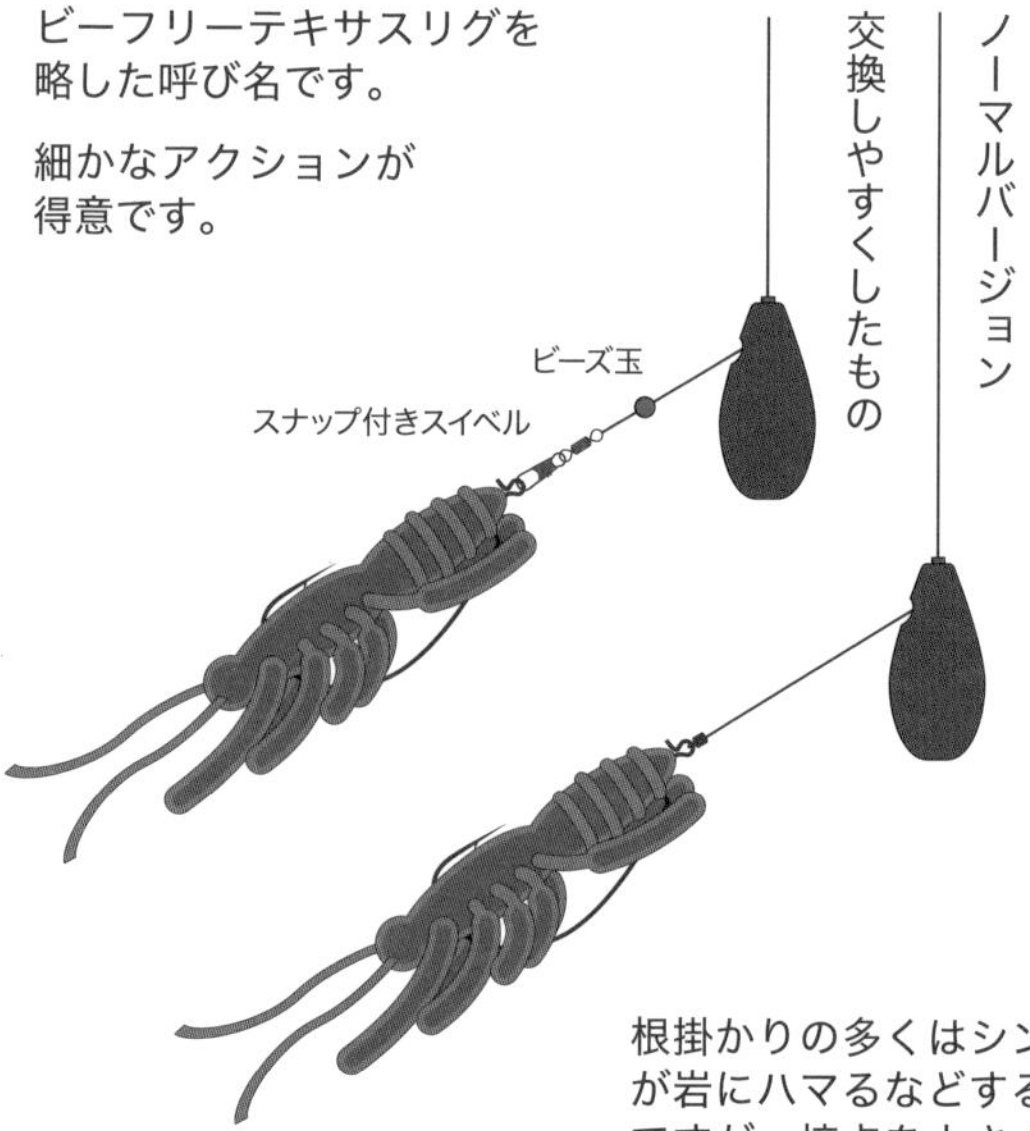
ノーマルバージョン
交換しやすくしたもの
ビーズ玉
スナップ付きスイベル

根掛かりの多くはシンカーが岩にハマるなどすることですが、接点を小さくすることで軽減しています。

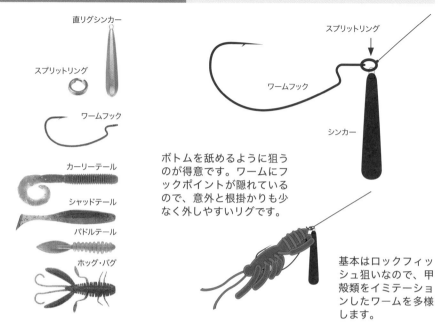

フリーリグ

ボトムのズル引きや、ボトムへシンカーだけを先にストンと落とし、後からワームがユラユラと沈んでいくことを演出しやすい仕掛け。

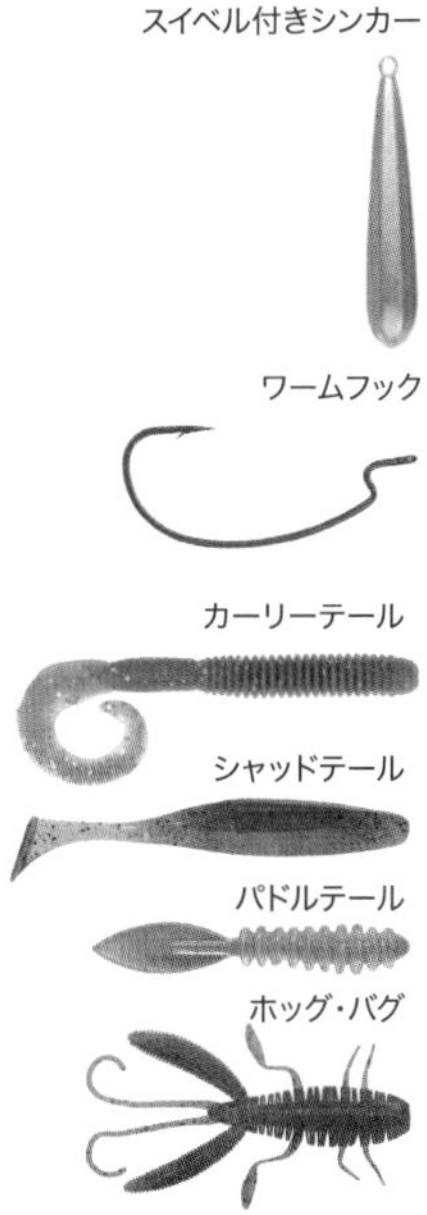
スイベル付きシンカー
ワームフック
カーリーテール
シャッドテール
パドルテール
ホッグ・バグ

ここにシンカーストッパーをセットすれば、任意の遊動幅を設定できます。

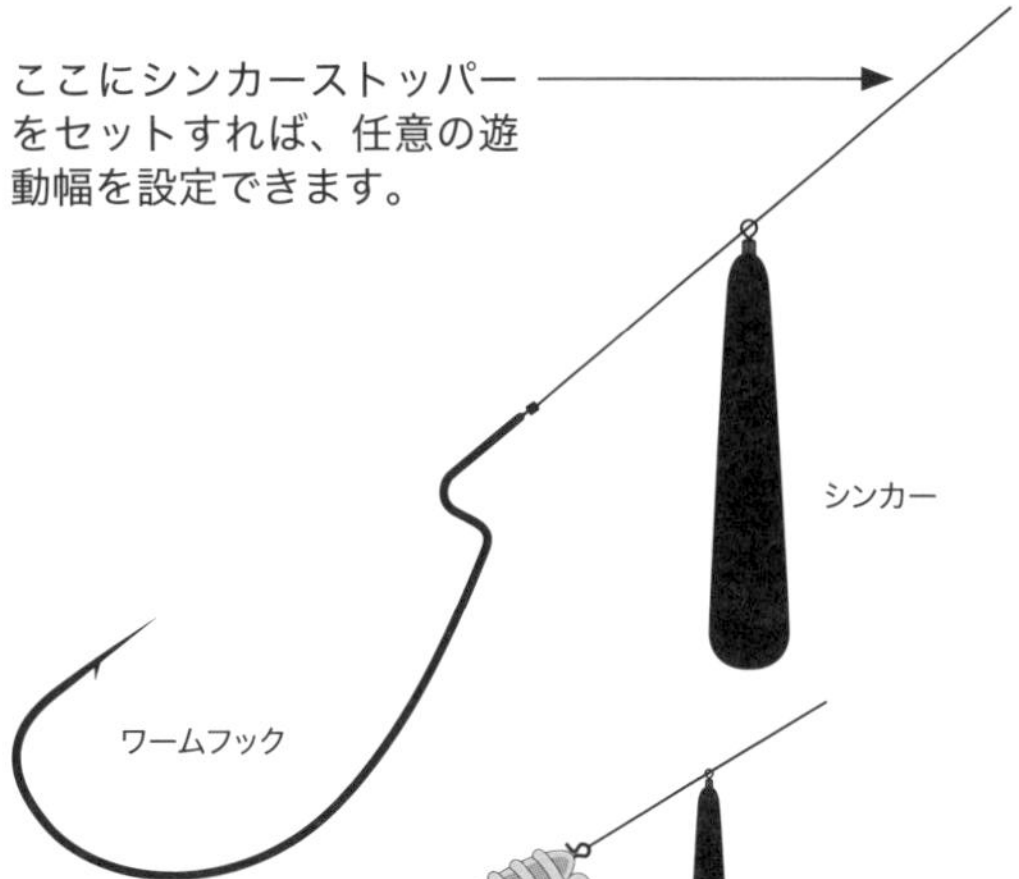
シンカー
ワームフック

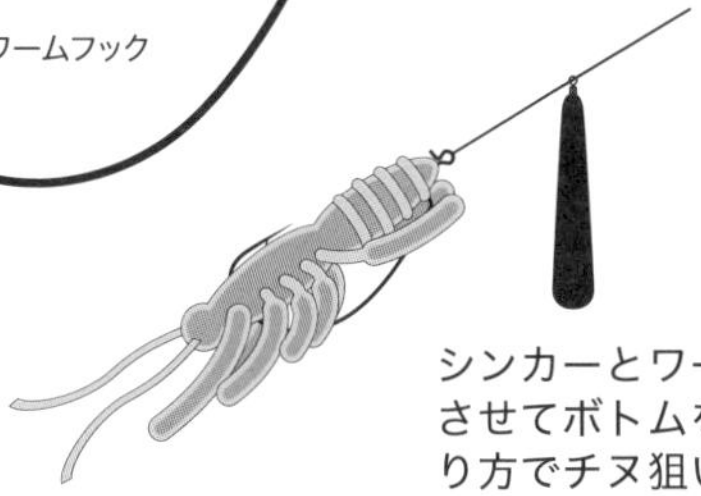

シンカーとワームを一体化させてボトムをズル引く釣り方でチヌ狙いにも有効な仕掛けです。

ブレードリグ

アピール効果の高いブレードを取り付けた仕掛け。フックやジグヘッドにセットされているものや、後付けできるものがあります。

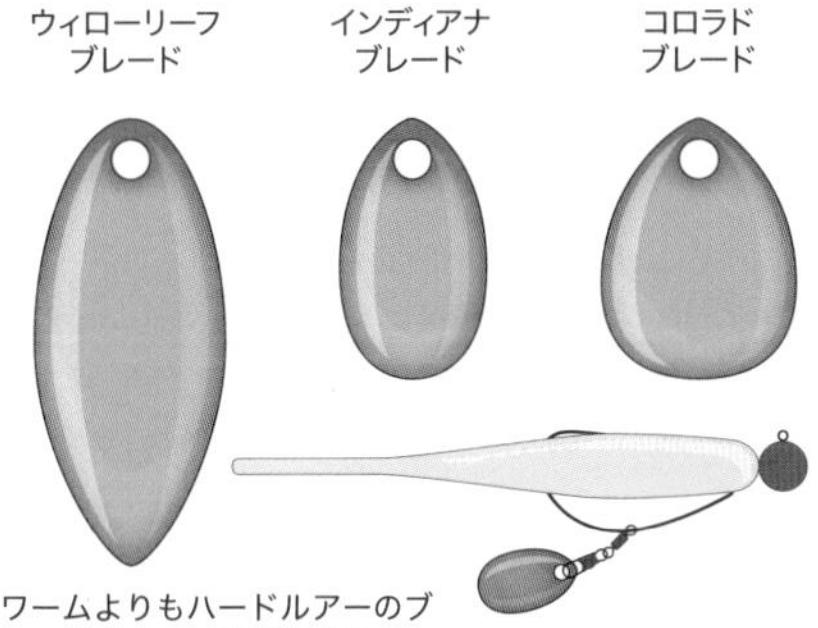
ウィローリーフ
ブレード
インディアナ
ブレード
コロラド
ブレード

ワームよりもハードルアーのブレードチューンが盛んです。

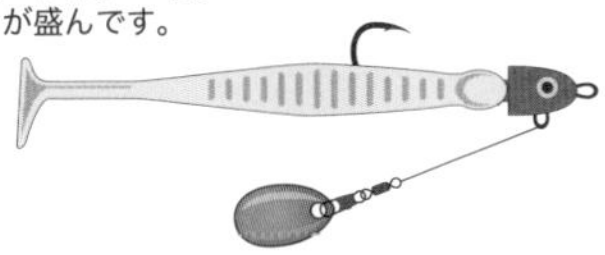

DECOY
TRAILER
BLADE
Willow Leaf
#3
DECOY
4/0

ブレードチューンは自分で工夫して取り付けることもできますが、後付けできるアイテムが商品化されていますので、まずはそれを参考にするとよいでしょう。

ブレードの特徴

●ウィローリーフブレード
幅が細く細かな回転を起こし効果の大きいフラッシングを生みます。早く引いてもブレードアクションを損ないません。この中では一番アピール力が大きいタイプです。

●インディアナブレード
ウィローとコロラドの中間的な存在。両方のバランスがミックスされており、オールラウンドで使いやすいブレードです。

●コロラドブレード
速引きすると不規則なアクションになるため、ゆっくりとルアーを引いて使うタイプ。大きな波動を生み、光だけではなく水流を起こすアピールも兼ね備えています。リフト＆フォールも得意です。

シンカーの重量

COLUMN

ルアーを使う上で、重さに迷ったら、シンカーの役割について思い出してみましょう。

シンカーは、重いほど早く沈むため、深い場所ではシンカーを重くしてボトムまでの到達時間を短縮します。しかし、重いと食ってきた魚に違和感を与えやすく、なおかつ根掛かりが多くなってしまいます。

シンカーは重いほど使いやすいのですが根掛かりのリスクが増えるため、潮の流れなどに影響されずにボトムまで沈めることができる、最低限の重さが最適な重量になります。

キャスティングも同様で、重いほど飛ぶように感じますが、使用するロッドが軟かいと飛ばしにくくなります。扱いやすい重量はロッドの硬さ、ラインの太さ、シンカーの重量によって決まります。

section 7

ハードルアー一覧

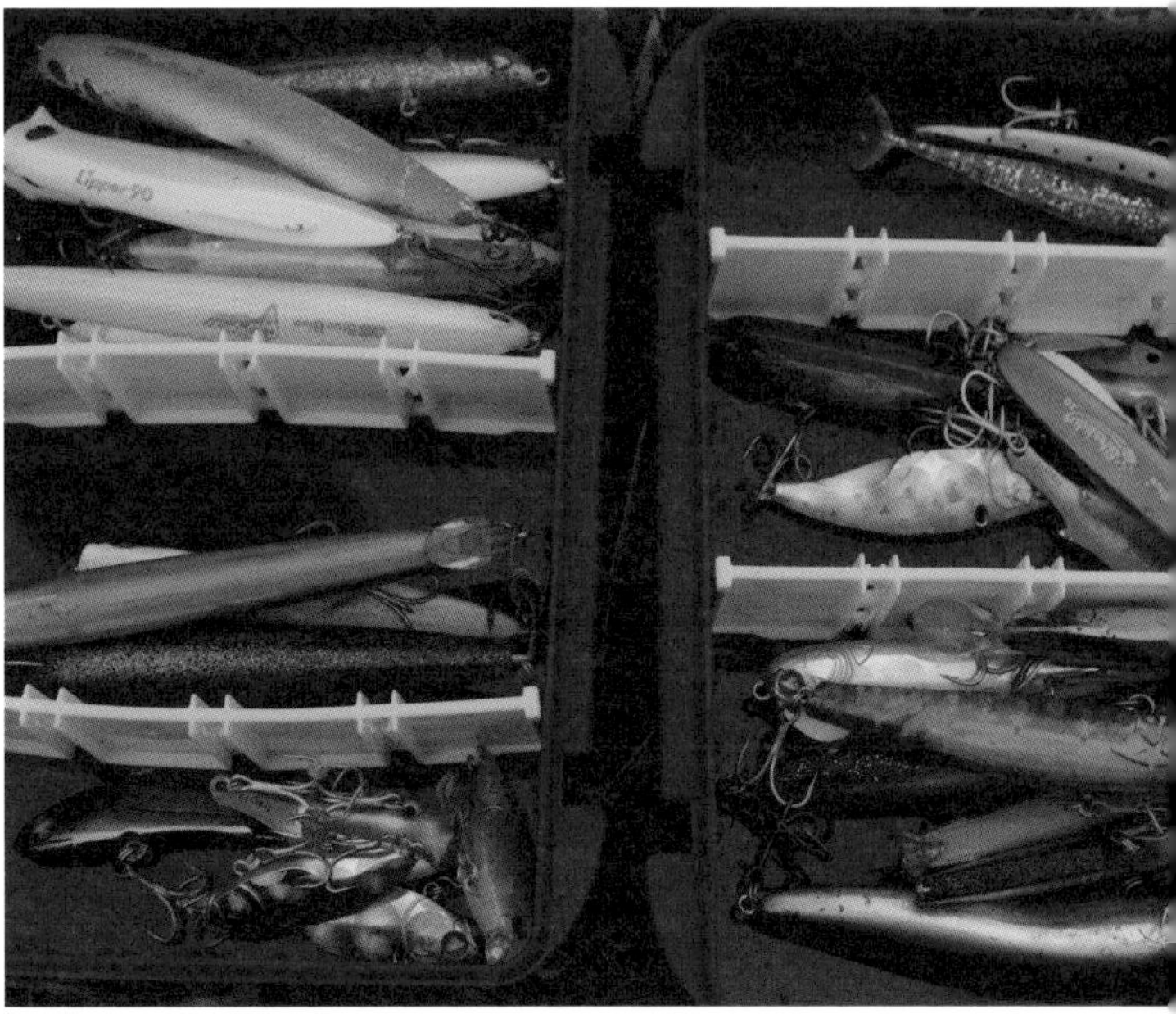

ソルトルアー ではメインになるハードルアー。よく使われるものを紹介するので、特性を理解しましょう。

よく使われるハードルアー

ミノー

多くの人がルアーと聞いたときにイメージする、最も一般的なルアーで、引くと設定されたレンジまで潜行して、まるで魚が泳ぐようなアクションでターゲットを誘います。

使い方はリトリーブのみでターゲットを誘う、いわゆるタダ巻きが基本で、誰が使っても同じアクションが得られるように作られています。ときどきジャークやトゥイッチを組み合わせるのも効果的です。

特徴的なのは、魚の口にあたる部分に設けられたリップ。

潜舵の役目を果たすものが取り付けられており、引かれるとこれが水流を受けることで、海中に潜っていき、設定された一定のレンジをトレースするようになっています。

このリップの大きさや形状によって、水面下のどれくらいまで潜るかということが変わり、水面下30㎝～3mくらいのレンジ設定となっているものが多いです。

一般的に大きく長いリップが設けられているものは深くまで潜っていき、小さなリップのものは浅いレンジを潜行する仕様となっています。

近年はリップをボディと一体化させたリップレスと呼ばれるタイプも増えています。

リップはキャスト時に空気抵抗となるため、リップレスにすることで、キャスト時の飛距離アップに繋がるということが主な理由です。

サイズは5～20㎝くらいが主流で、ターゲットに合わせたサイズを選ぶことで、さまざまな魚を狙うことができます。

ミノーは見た目が同じ商品で

7

ミノー

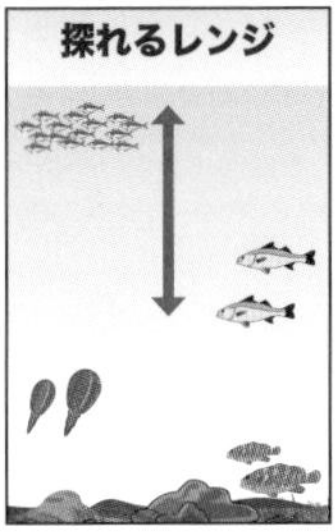

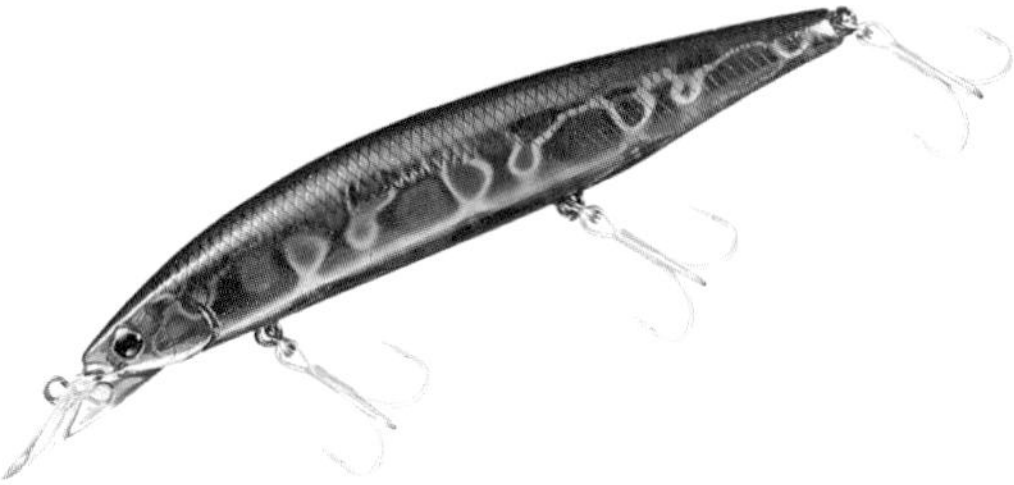

リップレスミノー

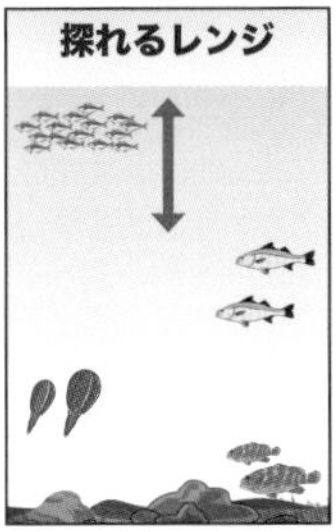

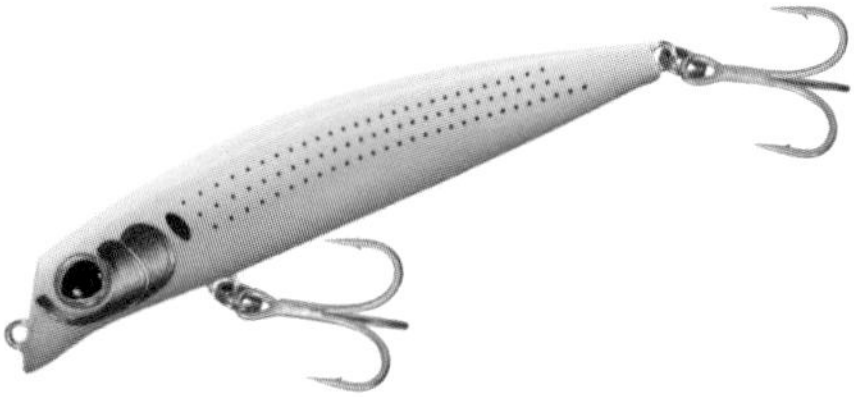

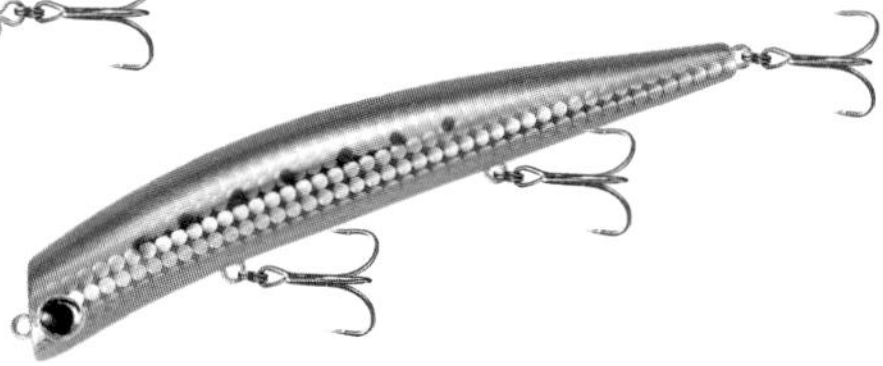

もフローティングタイプとシンキングタイプが用意されていることが多く、内蔵されているシンカーの重量の設定で、海に入れたときに浮くか沈むかが異なります。

フローティングタイプは一定の速度で引くと、設定されたレンジをトレースする仕様になっており、シンキングタイプは任意のレンジまで沈めて引くことによって、さらに深い場所を攻めることが可能になります。

一般的にシンキングタイプの方が重量が重いため、フローティングタイプよりキャストでの飛距離が伸びます。

浅いレンジを攻めるときやナイトゲームでは主にフローティングタイプが使われ、深い場所を探るときや、デイゲームではシンキングタイプが有効な場面が多いです。

ペンシルベイト

リップのない棒状のルアーの総称で、いくつかの種類があります。リップがないため、引いても水中に潜っていかず、主に表層付近を攻めるために使用されます。さまざまなターゲットに有効で5cm程度の小型のものから、30cmほどの大型のものまであります。

シンキングペンシル

ソルトルアー（海のルアーフィッシング）では出番の多いルアーで、引くとヨレヨレと動きます。名前にはシンキングが付いていますが、表層を攻めるのに適したルアーです。

ミノーと比べると、一見「本当にこれで釣れるの？」と思えるようなアクションですが、この動きが弱った小魚を再現していて、タダ巻きでもよく釣れます。

また、波動がナチュラルなため、他のルアーで魚がスレてしまったときなどに投入しても高い釣果を得ることができます。

リップがないため、飛行姿勢が安定しやすく、ミノーよりもキャストでの飛距離が出しやすいという特徴もあります。

シンキングという名前の通り、海に入れると沈んでいきますが、沈下速度は穏やかで、リップがないため、リトリーブスピードが速いと浮き上がります。

ヘビーシンキングペンシルというタイプもあり、サイズに対して重量が重いのが特徴。キャストでの飛距離が必要な場面や、沈めて狙うような状況で使用されます。

シンキングペンシル

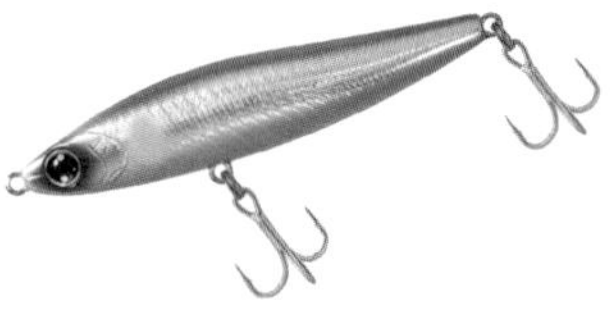

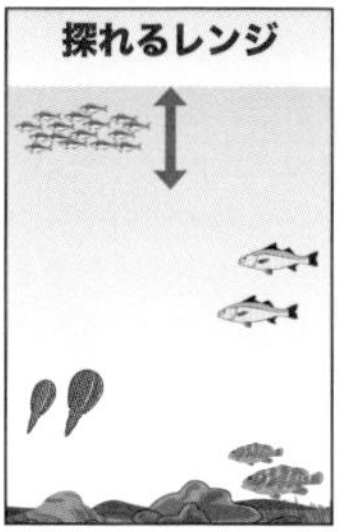

フローティングタイプ

沈むタイプのペンシルはシンキングペンシルですが、浮くタイプのことをフローティングペンシルとはほとんど呼びません。

ソルトルアーでは単純にペン

斜め浮きするフローティングタイプのペンシル。

シルやトップウォータープラグと呼ぶことが多いです。

　海に入れると当然浮きますが、浮き姿勢が大きく分けて斜め浮きと平行浮きの2種類あり、アクションや使い方が違います。

　ソルトルアーで主に使われるのは斜め浮きのタイプで、海に入れると頭を海面から出したような状態で浮きます。垂直に近い状態で浮くタイプもあり、斜め浮きタイプと分ける場合もありますが、基本的な使い方は同じなので、ここでは区別しません。

　斜め浮きタイプは主にドッグウォークのアクションでターゲットを誘うために使われます。

フローティングタイプのペンシル

ダイビングペンシル

　大型青物狙いで使われることが多く、15〜30㎝と大型のものがメイン。海に入れると斜め浮きするタイプで、アクションの基本動作はドッグウォークに似ていますが、操作が若干異なります。

　ダイビングペンシルは海中でのスイムアクションが重要視されており、ラインにテンションを掛けて引くと頭を海中に突っ込み、S字カーブを描きながらスイムします。

　スイム距離をそのときの状況に合わせるのが使い方のコツで、引き具合で調整しながらターゲットにアピールします。

ダイビングペンシル

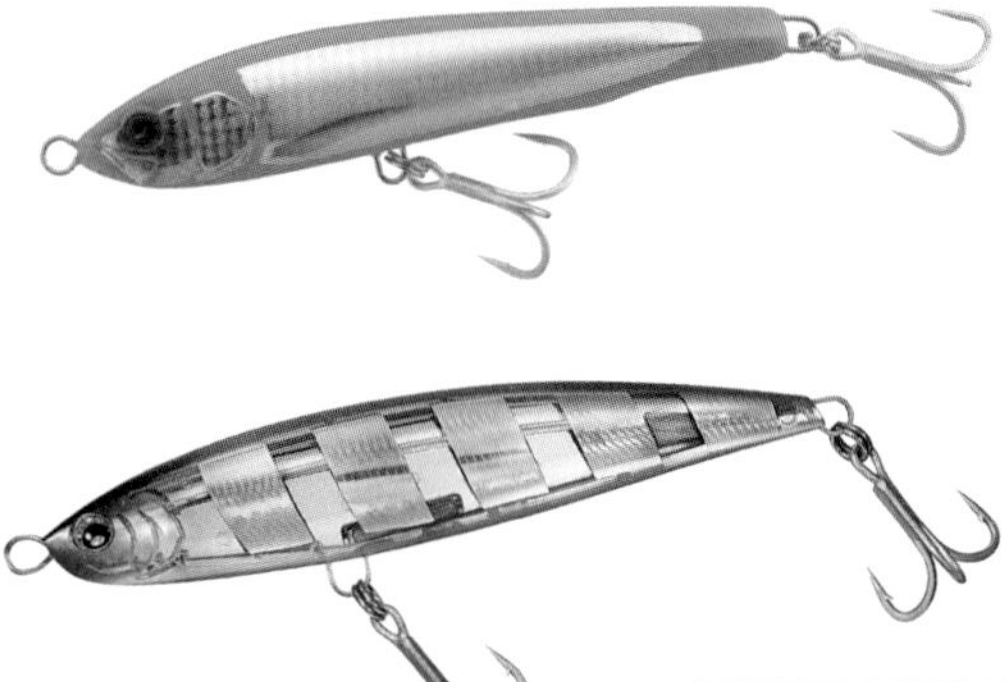

ポッパー

トップウォータープラグの一種で、魚の口にあたる部分にカップが設けられています。

ラインにテンションを掛けたり抜いたりすることで、このカップが水面を捕らえ、カポン、カポンという音とともに水しぶきを上げ、ターゲットに猛アピールします。

海に入れて、ラインのテンションを抜いた状態だと斜め浮きし、ラインにテンションを掛けると頭を海中に突っ込み、音と水しぶきを上げます。

操作法はドッグウォークと似ていますが、もっと簡単でロッドを使ってラインにテンションを抜いたり掛けたりするだけです。

アピール力が非常に強く、広範囲のターゲットにアピールできるので、パイロットルアー的に使う人も少なくありません。

また、ポッパーとペンシルの特徴を融合させたものも多く、音と水しぶきを上げながらドッグウォークしたり、ダイビングペンシルのようなアクションをするものもあります。

サイズはメバルやチヌ(クロダイ)用の5cm程度のものから、ヒラマサやGTを狙うための30cmクラスの大型のものまで幅広く揃っています。

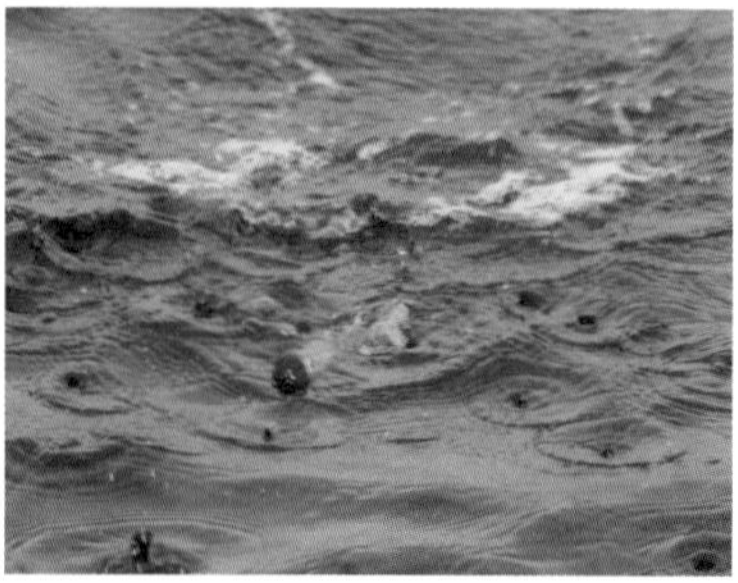
音と水しぶきでターゲットにアピールする。

バイブレーション

金属製（メタル系・鉄板系）

樹脂製

バイブレーション

引くとブルブルと小刻みな振動を発するルアー。

主にミドルレンジを狙うのを得意としますが、ミノーよりも少し深いレンジを探れるというイメージがよいでしょう。

使い方はタダ巻きでＯＫ。ときどきジャークやフォールを組み合わせるのもよいでしょう。

海に入れると沈むタイプのルアーで、キャスト後、任意のレンジまで沈めてから引きはじめるのが基本ですが、リップが付いていないため、あまり速いリトリーブでは浮き上がってしまうので注意が必要です。

アピール力が非常に高いうえ、サイズの割に重量があるものが多く、キャストで飛距離も出しやすいため、パイロットルアーとして選ぶ人が多いです。

ボディは樹脂製と金属製のものがあり、ソルトルアーでは金属製のものが人気が高いです。

金属製のものは鉄板系などと呼ばれ、鉄の板をボディで挟んだような形状をしています。一般的に樹脂製のものより振動が強いものが多く、フラッシング効果が高いのが特徴です。また重量も重くなるため、キャストでの飛距離も伸びやすいです。

樹脂製のものは引き抵抗が軽く、扱いやすいのが特徴です。

3～40g程度のものがあり、アジ・メバルからシーバス、ヒラメ、青物と多くのターゲットに有効なルアーです。

幅広いターゲットを狙える。

スピナー（スピンテールジグ）

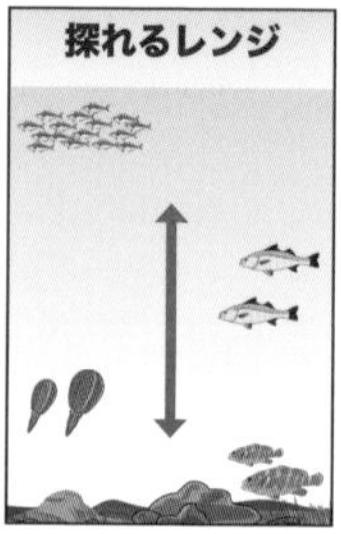

ブレードの形状

コロラド　ウィロー

スピナー

ブレードと呼ばれる、金属製の回転板を備えたルアーで、引かれるとブレードがクルクル回転しながら光を反射して、高いフラッシング効果が得られるため広範囲のターゲットにアピールすることができます。

ボディは鉛などの金属で整形されたものが多く、スピンテールジグやスピンテールとも呼ばれます。

ブレードは光を反射するフラッシング効果だけでなく、回転することで波動も発するため、アピール力はかなり強め。

海に入れると沈むタイプでボディサイズの割に重量があるため、キャストでの飛距離も出しやすいです。

使い方はタダ巻きが基本で得意とするのはミドルレンジ。バイブレーションと同じくらいと考えるとよいでしょう。

重量は15〜30gくらいが主流で、シーバスやヒラメ狙いなどでよく使われますが、青物をはじめ多くのターゲットに有効なルアーです。

ブレードは形状によって、ウィロー、コロラド、インディアナの3種類がありますが、インディアナを採用しているモデルはほとんどありません。

ウィローは引き抵抗が少なく、フラッシングが強め、コロラドは波動が強めで、引き抵抗がやや強いという違いがあります。

ブレードはアピール力が強いため他のルアーと組み合わされることも多く、単体でも販売されています。カラーもシルバーやゴールド、ブロンズなどあり、形状と併せて選べる幅が広いアイテムの一つです。

メタルジグ

金属の塊りのようなシンプルなルアーですが、そのシンプルさゆえに使い方も幅広く、ボトムから表層まで全てのレンジを探ることができる万能ルアーです。

あらゆるターゲットに有効で、使い方次第でいろいろな攻め方が可能になります。

また、サイズの割に重量がある上、形状的にも空気抵抗となるものがほとんどないため、キャストでの飛距離はあらゆるルアーの中でもトップクラスとなります。

もともとは青物狙いのためのルアーで、ワンピッチ・ワンジャークと呼ばれる操作で誘うのが基本となりますが、タダ巻きでも十分によく釣れます。

形状は細長や幅広、厚みのあるものなどいろいろありますが、基本となるのはやや細長でフラットなもの。このフラットな面がフォール時に水の抵抗を受けてヒラヒラと舞うように落ちていき、高いフラッシング効果でターゲットにアピールするのです。

サイズは1～300g程度と非常に幅広いですが、ショアのルアーフィッシングで使うのは100gくらいまで。20～30g程度のものがいろいろなターゲットに使いやすいです。

40gくらいまでのものはフックがはじめからセットされているパターンが多いですが、それ以上のものは自分でフックを選んでセットする必要があります。

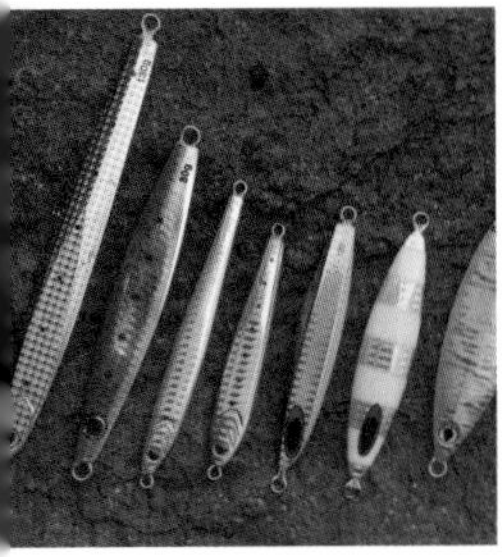
形状やサイズも豊富に用意されている。

クランクベイト

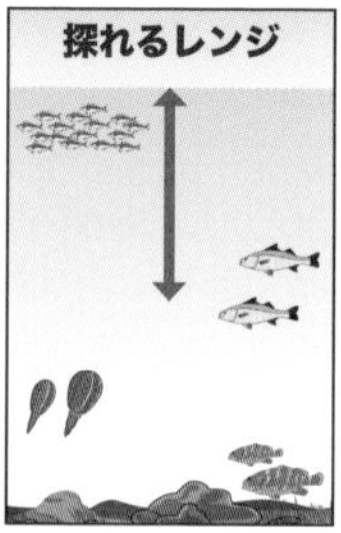

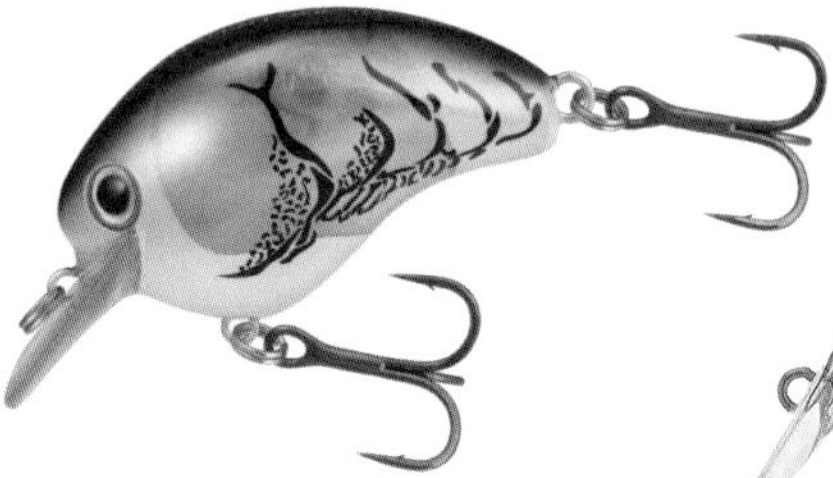

クランクベイト

　ミノーのようなリップを備えたルアーですが、ズングリとしたボディが特徴的。このボディは浮力を得るためのもので、引くと急潜行して、引くのを止めると、急浮上します。

　小型のものがメインで、5〜10g程度が大半を占めます。

　管理釣り場のトラウト狙いなどでは定番のルアーですが、ソルトルアーではターゲットはかなり限られます。チヌ狙いにも使いますが、広く認知されるようになったのはハゼ狙いです。

　ハゼは市街地にあるような小さな河川でも生息しているため、手軽に狙いやすいのが特徴です。

　ハゼクランクという名称で、ハゼ狙い専用にチューニングしたモデルが登場したことで、クランクでハゼを狙うことが全国に広まり、人気が上昇しました。

　クランクベイトは本来はトレブルフックを装備していますが、浅い砂泥部に生息するハゼを狙う場合、根掛かりして使いにくい面があります。そのためハゼ用のモデルはシングルフックを装備して根掛かりしにくいように工夫されています。

　リップで海底を突きながら砂煙を上げて誘うのがコツで、その様子がハゼのエサになる甲殻類が逃げるさまに似ているため食ってくるとか、縄張り意識が強いため攻撃してくるなどと言われています。

手軽なゲームを楽しめる。

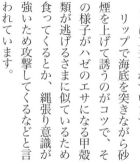

タイラバ

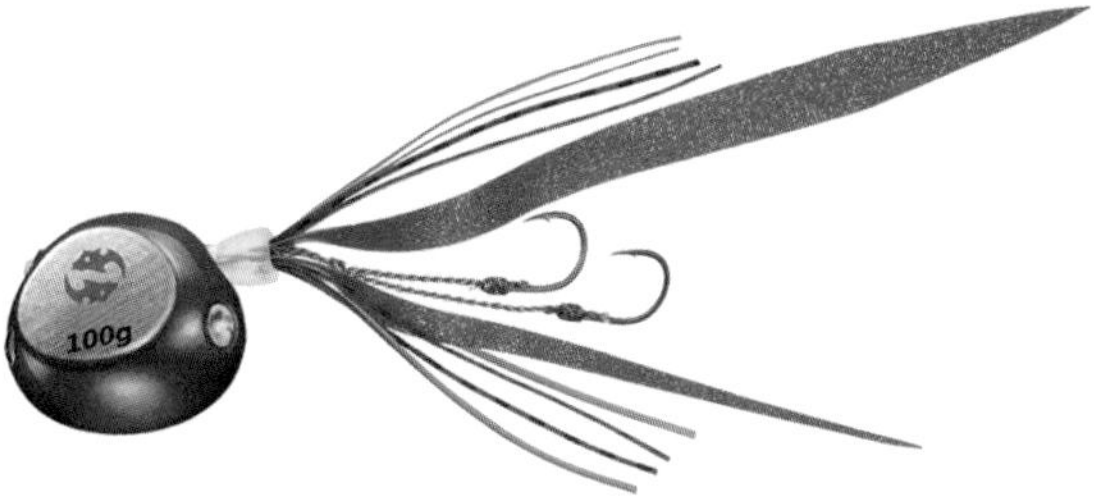

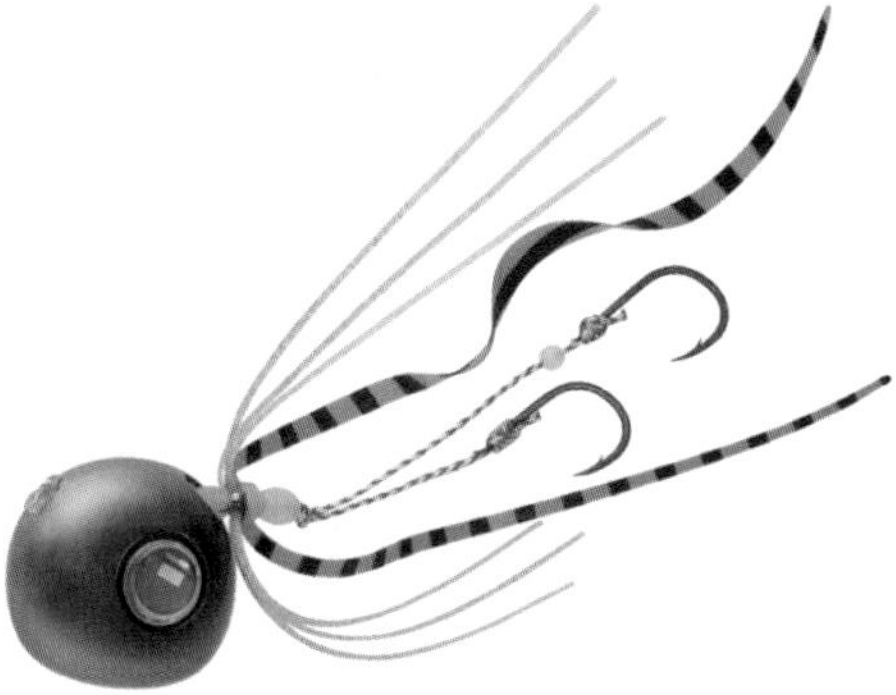

タイラバ

もともとはオフショア(船からの釣り)でマダイ狙いに使われるルアーですが、ショア用もあります。

タイカブラと呼ばれる漁具を釣り用のルアーとしてアレンジしたもので、見た目は何か海の生物に似ているというわけでもないのに、マダイだけでなく、根魚や青物など、ほかの魚も実によく釣れます。

ルアーの構造としてはシンプルで、ヘッドと呼ばれるオモリにフック、ネクタイ、スカートというパーツをまとめたユニットを組み合わせたものです。

もともとがオフショア用のルアーのため80g前後と重量のあるものが多いですが、中には30g程度のものもあるので、ショアからはそういった軽量なものが使いやすいでしょう。

使い方はタダ巻きのみというのが基本で、変にアクションを加えない方が実績が高いです。また、アタリがあった場合もアワセるのではなくて、向こうアワセでハリ掛かりするまで巻き続けるというのがセオリーです。

ヘッドとユニットがセットになったコンプリート商品の他にヘッドやネクタイなどの各パーツが単体でも販売されているため、消耗品を交換したり、自分好みにアレンジして使うことも可能となっています。

マダイはもちろん、いろいろな魚を狙える万能なルアー。

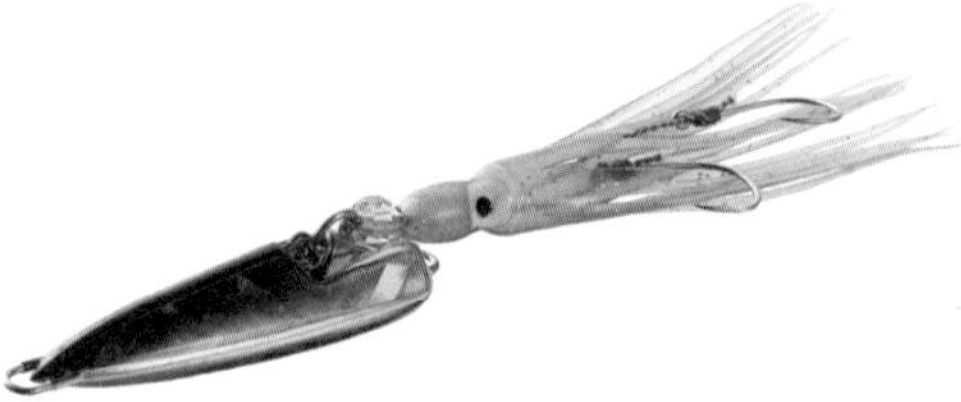

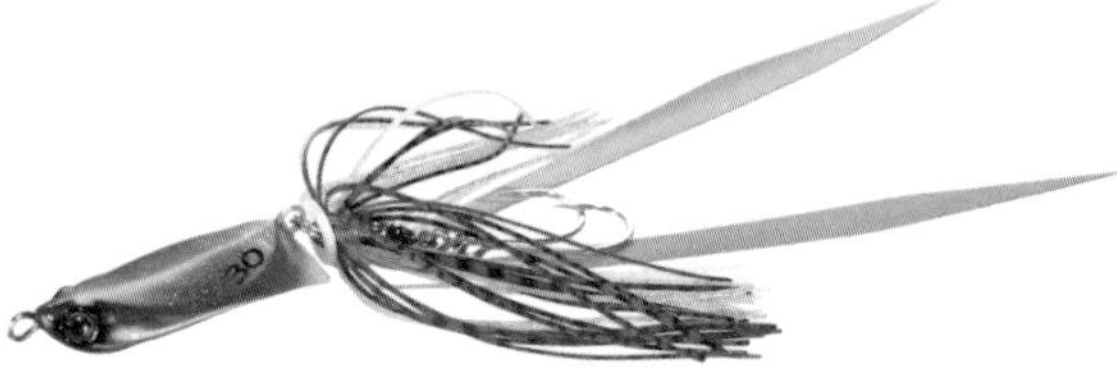

インチク

パッと見た目はタイラバとよく似ています。本来はタイラバがスカートやネクタイといったパーツが付いているのに対して、インチクはタコベイトと呼ばれるビニール製のタコのようなものがセットされていました。

また、タイラバはヘッドとユニットが分離する遊動式で、インチクは分離しない固定式となっていましたが、遊動式のインチクも登場しています。

つまり現在ではその違いはほとんどなくなっていますが、しいて挙げるならヘッドの形状。インチクは根掛かりしにくい形状になっています。

というのも、インチクはボトムを叩くように誘うのが基本になるため、どうしても根掛かりが多くなりがちです。

タイラバと同じような使い方ができる。

使い方は海底でルアーを持ち上げるようにして落とすというのを繰り返すのが本来のインチクの使い方ですが、ショアからの場合、斜め方向へ引かれるようになるため、このやり方では根掛かりが多くなってしまいます。

根掛かりが多い場合はタイラバと同じようにタダ巻きで誘うとよいでしょう。タイラバ同様に多彩な魚を狙うことができます。

足元から水深のある場所では足元にルアーを落とし、ゆっくり持ち上げる・落とすを繰り返すと根魚がよく釣れます。

エギ

エギ

アオリイカを狙うためのルアーで、餌木という漁具を釣り用にアレンジしたのがルーツ。

エビのような見た目をしていますが、他のルアーとの大きな違いは、食わせるのではなくて、イカに抱かせるということ。

エギにはカンナと呼ばれるハリ先が多い独特の形状のフックが取り付けられており、イカがルアーを抱いたときに足に引っ掛かるようになっています。

また、ボディも布張りとなっているものがスタンダードで、これはイカが抱いたときに離しにくくするためと言われています。

エギのサイズは全長や重量ではなく、号数で表します。メーカーや商品によって異なりますが、2〜4号くらいがラインアップされています。

その中でよく使用するのは、2・5〜3・5号で、秋のイカのサイズが小さいときは小さなものを、大型が狙える春は大きなエギを使うというのが基本です。

アオリイカはジャークとフォールを繰り返す独特のアクションで狙っていく（詳しくはP102参照）ため、エギのアクションは他のルアーと全く異なります。リトリーブでは釣ることができないので、アオリイカを狙うときは、必ず基本のアクションを身に付ける必要があります。

アオリイカ狙い専用のルアー。

COLUMN バックラッシュ

ベイトリールのバックラッシュの原因は、放出されるラインの速度とスプールの回転に差が出たときや、スプールが逆転した場合に起きます。トイレットペーパーをホルダーにセットした状態で、強く引っ張ると再現することができます。これは、リールのブレーキ調整や、スプールを指で押さえて回転を調整するサミングで防ぐことができます。

スピニングリールでは不意にスプールが逆転することはありませんが、ライン放出時に下に巻かれたラインと一緒に放出されて絡まるバックラッシュが起きます。スピニングリールの原因は、巻き取り時にラインが緩く巻かれたことで起きますので、できるだけテンションを掛けてラインを巻き取るか、たまにラインを指でつまんで締めながら巻き取りましょう。

section 8

ウェアと小物

服装は自由ですが、安全面や機能面にもこだわりたいところ。より適切なウェアと道具を揃えよう。

釣りに適した格好とは？

フィールドを堤防に限定するなら特に服装を気にする必要はありませんが、より適したスタイルがあります。

ポイントは三つ

○機動性

ルアーフィッシングにおいて動きやすさは非常に重要です。なぜなら、ラン＆ガンというルアーの基本戦術があるから。

より活性の高いターゲットを探して狙うことが基本となりますので、なるべく動きやすい服装を選びましょう。

キャスト時に腕の動きの妨げになりにくいものを選ぶとよりよいでしょう。

靴は堤防ならスニーカーでOK。サンダルなどは怪我の原因になりますので避けましょう。磯に挑戦するなら磯靴は必須です。

○怪我対策

いついかなるときも安全を最優先して釣りを楽しみましょう。

ルアーは基本的にハリがむき出しになっているので、自分のルアーはもちろん他人のルアーで怪我をすることもります。

フックから身を守るために服装はなるべく長袖、長ズボンを着用し、通気性の良いものを選びましょう。

○日焼け、虫除け

夏場に限らず虫対策や日差しへの対策は怠らないようにしましょう。

集中力が乱されると釣果にも影響してきますので案外大切です。

ライフジャケット

釣り中は必ず着用しましょう。海の事故で死亡原因の大半がライフジャケット未着用です。

海は楽しい場所であると同時に危険な場所でもあることを忘れてはなりません。

ライフジャケットには浮力体が固形式と膨張式のものがあります。固形式のベストタイプはポケットも多く、道具をサッと取り出せて便利です。膨張式は動きやすいというメリットがあります。

膨張式のライフジャケットは肩掛けタイプと腰巻きタイプがあり、肩掛けタイプは意識を失っても頭部側を浮かしてくれるので安心です。

ライフジャケット

固形式のベストタイプ

膨張式の肩掛けタイプ

膨張式の腰巻きタイプ

一方腰巻きタイプは、釣りの動きを妨げにくいメリットがあります。

膨張の方式に手動膨張式と自動膨張式がありますが、できれば自動膨張式を選びたいところ。海に落ちて意識を失っても、自動で膨らんで命を守ってくれるので安心です。

ウェーダー

堤防ではそうそう使いませんが、遠浅のサーフや河口などでは、魚がいる場所までルアーが届かない場合もあるため、ウェーダーを履いて海水に足元だけ浸かりながら釣りを行います。

ブーツ一体型や、ストッキングタイプなどがありますが、海ではブーツ一体型が人気で、靴底は砂浜主体ならラジアル、岩場などではフェルトピンがおすすめです。

ウェーダー

帽子

本来の使い方である日差しから頭部を守る効果もありますが、ルアーのフックから頭をガードする役割もあります。

熱中症対策や防寒の意味もあるので、着用しましょう。

帽子

偏光グラス

海面のギラツキを抑え、海中を見やすくするためのアイテムです。

海中を観察して魚の動きや潮の流れを知ることで、より釣りに役立てることができます。

偏光グラスにはカラーがあるのと、可視光線透過率で明るさが違うので、自分の視力に合わせて選びましょう。

不意に飛んでくるルアーや、紫外線から目を守る役割も兼ねています。

偏光グラス

プライヤー

魚からフックを外す、スプリットリングを開ける、リグの交換と多種多様な用途で使える必須アイテム。

歯が鋭い魚が掛かったときのためにロングノーズタイプを選ぶとよいでしょう。

プライヤー

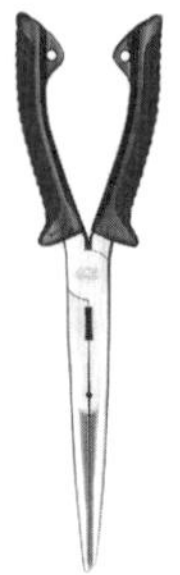

ラインカッター

ＰＥラインは専用のハサミやカッターで切らないと切断面がきれいになりません。これもソルトルアーでは必須アイテムです。

ラインカッター

フィッシュグリップ

魚をリリースする前提なら是非使ってほしいアイテム。魚を素手で触ると熱で弱ってしまいます。またヒレや歯で怪我することが防げますし、毒を持つ魚からも守ってくれます。

フィッシュグリップにはハサミタイプと魚の口を掴むタイプの2種類あります。魚のサイズに合ったものを使いましょう。

フィッシュグリップ

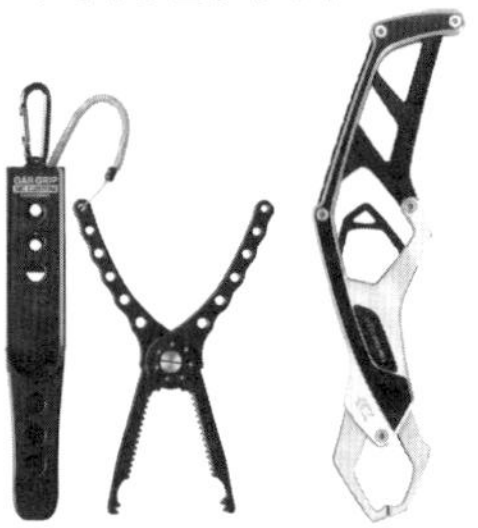

ランディングネット

大物が掛かったときに、陸に上げられるかバラすかを二分するほどに重要な役割を持つのがランディングネット。自分のフィッシングスタイルに合ったものを選びましょう。

ライト

ナイトゲームの必需品です。意外と電池や充電の切れが早いものなので予備の電池やモバイルバッテリーを持っておきましょう。

手元が照らしやすいヘッドライトタイプがベスト。３００ルーメンほどの明るさがあるものが実用的です。

ライト

水汲みバケツ

汚れた手を洗ったり、魚を一時的に生かしておいたり、血抜きをしたりとなにかと便利。釣り場を汚したら、水汲みバケツで洗い流して帰りましょう。

クーラーボックス

魚を持ち帰りたいならクーラーボックスは必要です。ターゲットとする魚のサイズ以上の幅を持ったものを選びましょう。

クーラーボックス

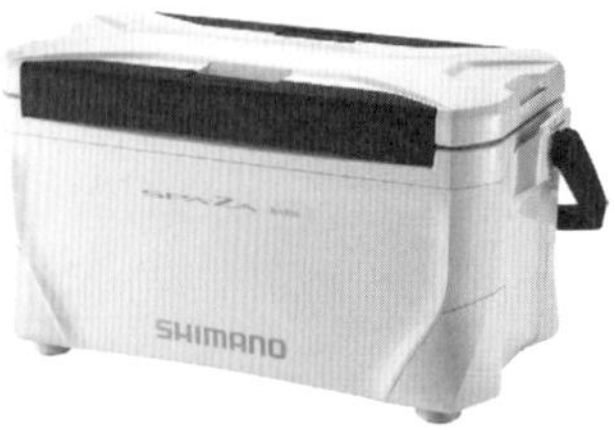

section 9

基本のアクション

ルアーは釣り人が動かすことではじめて、魚を誘うことができます。基本のアクションを身に付けましょう。

基本のアクション

リトリーブはルアーフィッシングのアクションの基本。単純な動作ですが、意外に奥が深いので、正しいやり方を理解しよう。

ほとんどのルアーは海中に入れただけではアクションしません。釣り人自身が何かしらの操作をすることによってはじめて命を吹き込まれ、まるで生きているのかのごとくアクションするのです。

ルアーフィッシングにはいくつかの基本になるアクションがあり、それを組み合わせてターゲットに誘いをかけます。

この項ではその基本のアクションを紹介します。

リトリーブ

最も基本となる操作がリトリーブ。リトリーブとは、リールのハンドルを回しラインを巻き取る動作のこと。

本来の意味は「回収する」ということで、ルアーを回収するようにラインを巻き取る動作を指していますが、実際のルアーフィッシングの世界ではルアーを動かす意志をもってラインを巻き取ることをリトリーブと呼んでいます。

リーリングという場合もあり、その違いはかなりあいまいになっていますが、厳密に言えばリーリングはただラインを巻き取るだけで、そこにルアーを動かす意志が含まれないという意見が多いようです。

本書ではルアーを動かすためにラインを巻き取る動作のことをリトリーブと表記します。

多くのルアーは引かれるとアクションするようにできています。リトリーブすればラインの先に繋がれているルアーは引かれるため、アクションするのです。

リトリーブだけでターゲットを誘うことを「タダ巻き」といいます。ただラインを巻き取るだけ、を略したものです。

リトリーブスピード

リトリーブはただリールのハンドルを回せばよいというわけではありません。リトリーブの基本となるのは一定の速度でハンドルを回すということ。

これは基本中の基本であってスピードに変化を付けることも多々ありますが、まずは一定速度と認識しておきましょう。

海中を泳いでいる魚たちもある程度一定の速度で泳いでいます。ときどき、何かに驚いたように速く動くことはありますが、常にスピードが上下しているということはありません。

一定といってもいったいどれくらいのスピードでリトリーブすればよいのでしょうか?

これは周囲の明るさや、水温、魚の活性などそのときの状況によって変わってくるため、一概には言えませんが、リールのハンドルを1回転/秒を基準にするとよいでしょう。

これをスタンダードとして、速く巻くことをファストリトリーブ(速巻き)、ゆっくり巻くことをスローリトリーブ(遅巻き)、極めてゆっくり巻くことをデッドスローなどといいます。

一般的には周囲が明るいときや水温が高いとき、魚の活性が高いときはファストリトリーブが効果的と言われており、逆に周囲が暗いとき、水温が低いとき、魚の活性が低いときにはスローリトリーブが有効と言われています。

リトリーブ時はルアーが浮き上がらないように竿先を下げて行うのが基本。

周囲が明るいときはルアーを偽物だと見抜かれないように速く移動させ、周囲が暗いときには魚に発見してもらうためにゆっくり動かします。また、水温がある程度高いときは魚は活発に動けますが、水温が低いときは変温動物である魚は動きが鈍くなってしまうため、ルアーもゆっくり動かします。活性が高いときは、我先にとエサを追いかけるため、速く動かし、活性が低いときはあまりエサを追おうとしないためゆっくり動かすというわけです。

ただしこれらも1つのセオリーに過ぎません。必ずしもこのパターンが成立するわけではなく、そういう傾向にある、というくらいに認識しておきましょう。

潮の流れとリトリーブ

リトリーブするときはルアーが潮下から潮上の方向へと移動するようにラインを巻くのが基本になります。

海中の食物連鎖の底辺になるプランクトンは潮に乗って流されてきます。そのため魚はエサを探しているときは、潮上を向いていることが多いのです。

フィッシュイーターは多くの場合、自分の視界の中を横切るものや、遠ざかっていくベイトを捕食しようとします。

厳しい自然界の掟が支配する海の中では、自分に向かって突進してくるものは基本的に敵です。自分を襲うために向かってくるという判断になります。

海の中では仲間が「やあ、久しぶり！　元気してた?」と向かって来ることなどないのです。

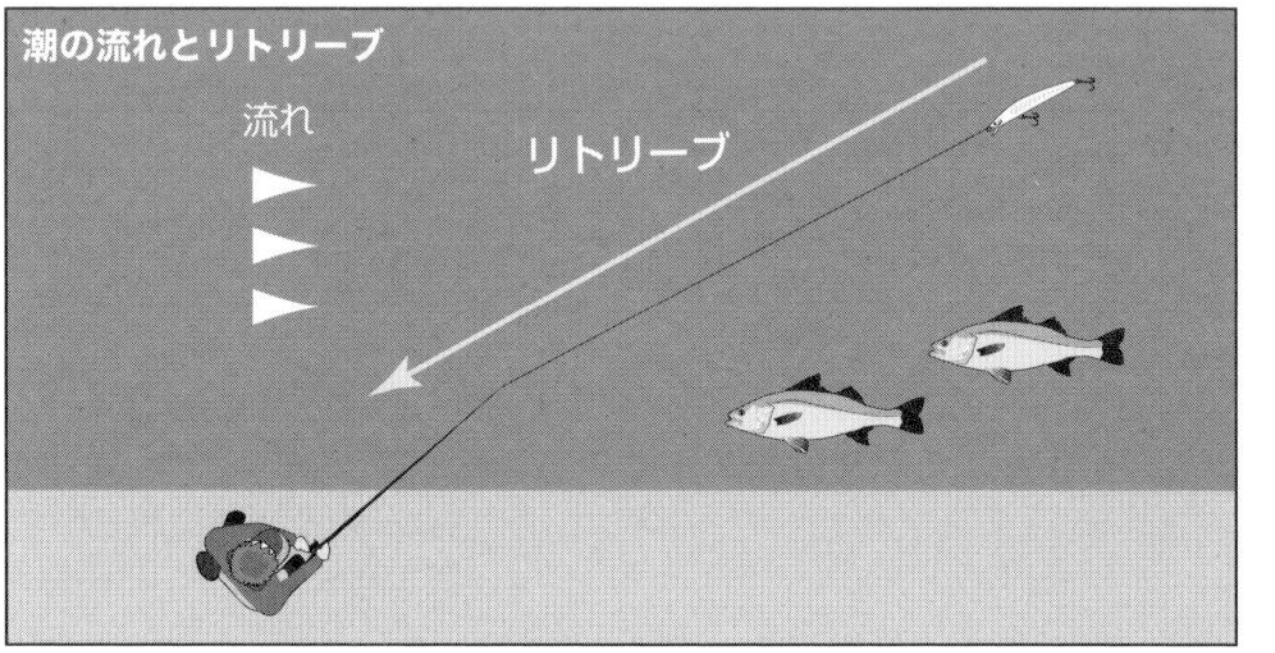

それゆえ、ルアーも魚に向かうように引くとターゲットに警戒される要因になってしまいます。

潮下から潮上に向かって引くことで、ターゲットに気づかない、またはターゲットから逃げようとするベイトを演出することができるのです。

また、潮下から潮上に向かって引いた方がルアーは潮の抵抗を受けてよくアクションするというメリットもあります。

ちなみにアオリイカのように見えているターゲットを狙う、いわゆるサイトフィッシングでは、潮の流れに関係なく、ルアーがターゲットを横切る、または追い抜くような状態になるように引くのが基本になります。

ただし、これらはあくまでリトリーブしてルアーを積極的にスイムさせるときの話です。

ルアーを流れに乗せて流して狙う釣り方もあります。潮上を向いていると流れてくるものは自分に向かってきますが、流れてくるものは弱ったベイトである可能性が高く、エサとなりうるのです。

泳いで向かってくるものとは根本的に違うので、潮下にルアーが向かうような釣り方をする場合は、流す・泳がせるを明確に分ける必要があります。

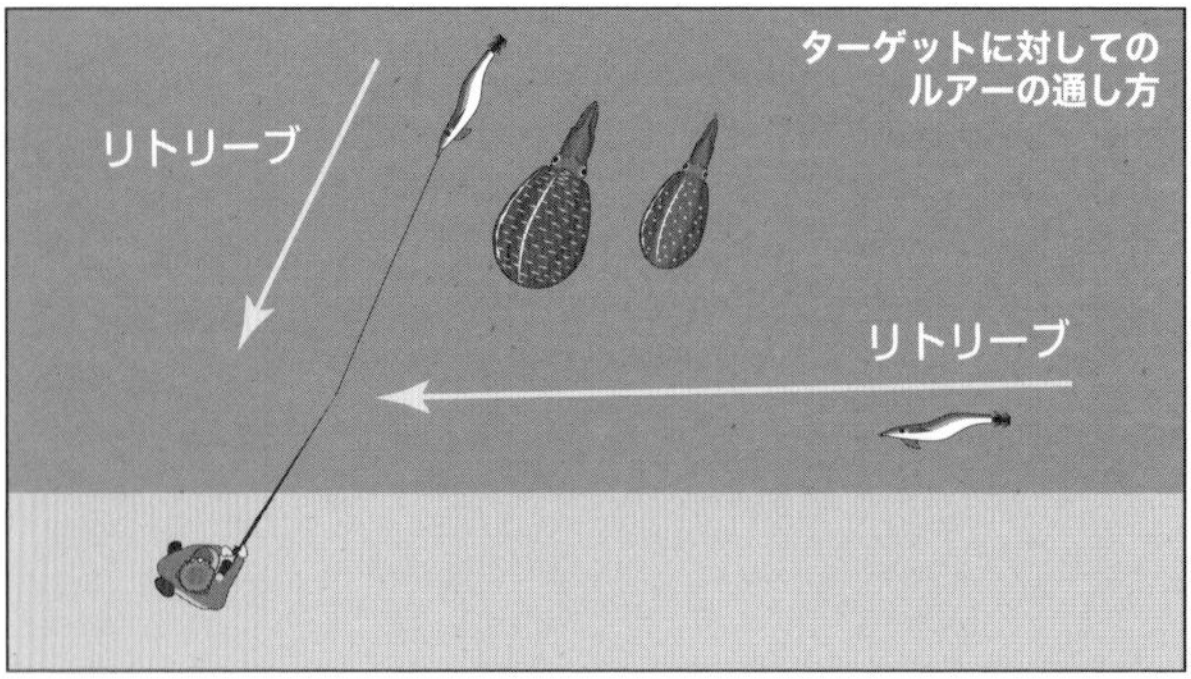

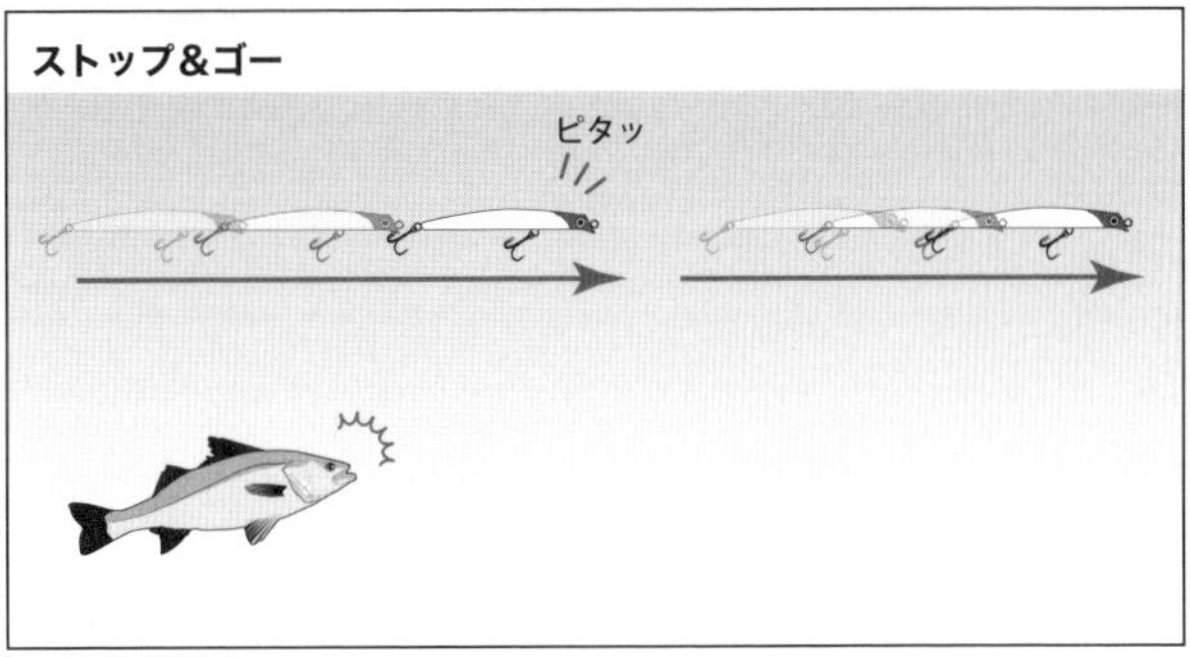

ストップ&ゴー

リトリーブの途中でルアーを止めたり、引いたりするアクションをストップ&ゴーと呼びます。

リトリーブしていると魚がルアーの後ろから追いかけてくることがあります。興味を示して追ってきますが、結局食わないということも少なくありません。

そのような魚に「食わせの間」を与えるのがストップ&ゴーです。

やり方はリトリーブの途中でリールのハンドルを回す手を止めて、ルアーをストップさせ、再びハンドルを回してラインを巻き始めるだけです。

コツはメリハリをつけて行うこと。止めるときはピタッと手を止めます。止める時間はいろいろと試してみるとよいですが、1〜2秒くらいはしっかりと止めておきましょう。巻き始めるときはスッと巻き始めます。

止めたときには食わなくても、止まっていたルアーが急に動き出すことで魚が反射的に口を使うこともあります。これをリアクションバイトと呼びます。

リアクションバイトを狙う上でも巻き始めは小魚がターゲットの存在に気づき、慌てて逃げるように速やかにリールのハンドルを回すのが効果的です。

頻度は1回のキャストで2〜3回程度。あまり頻繁に巻いて止めてを繰り返すのではなく、リトリーブを基本として、ときどきストップを入れるというふうにするとよいでしょう。やり過ぎは逆効果になる場合もあるので、注意しましょう。

沈むタイプのルアーで重量があるものは、何秒も止めていると沈んでいってしまうように思えますが、ラインにテンションが掛かっている状態では、そう簡単には沈んでいかないので心配する必要はありません。

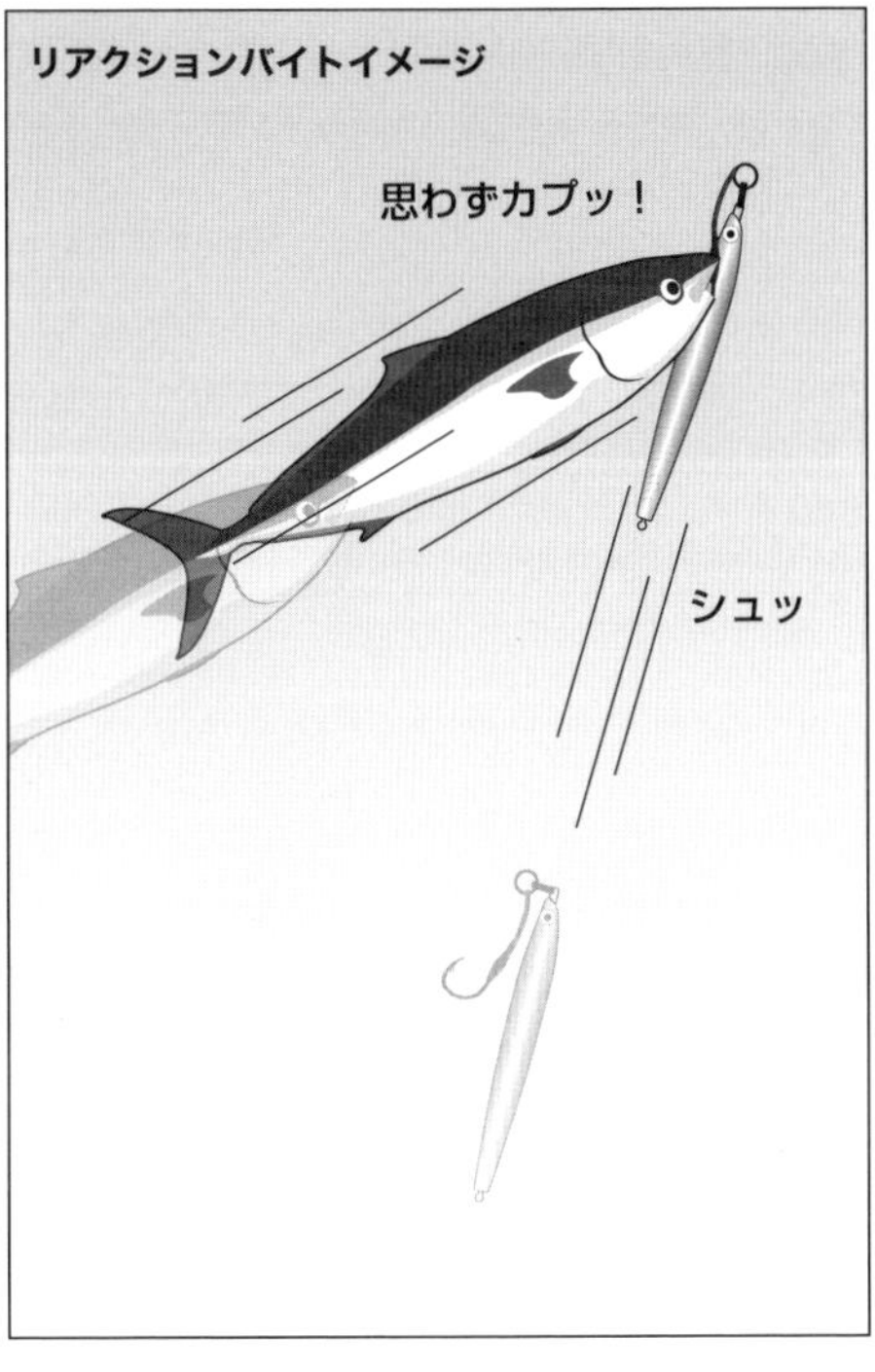

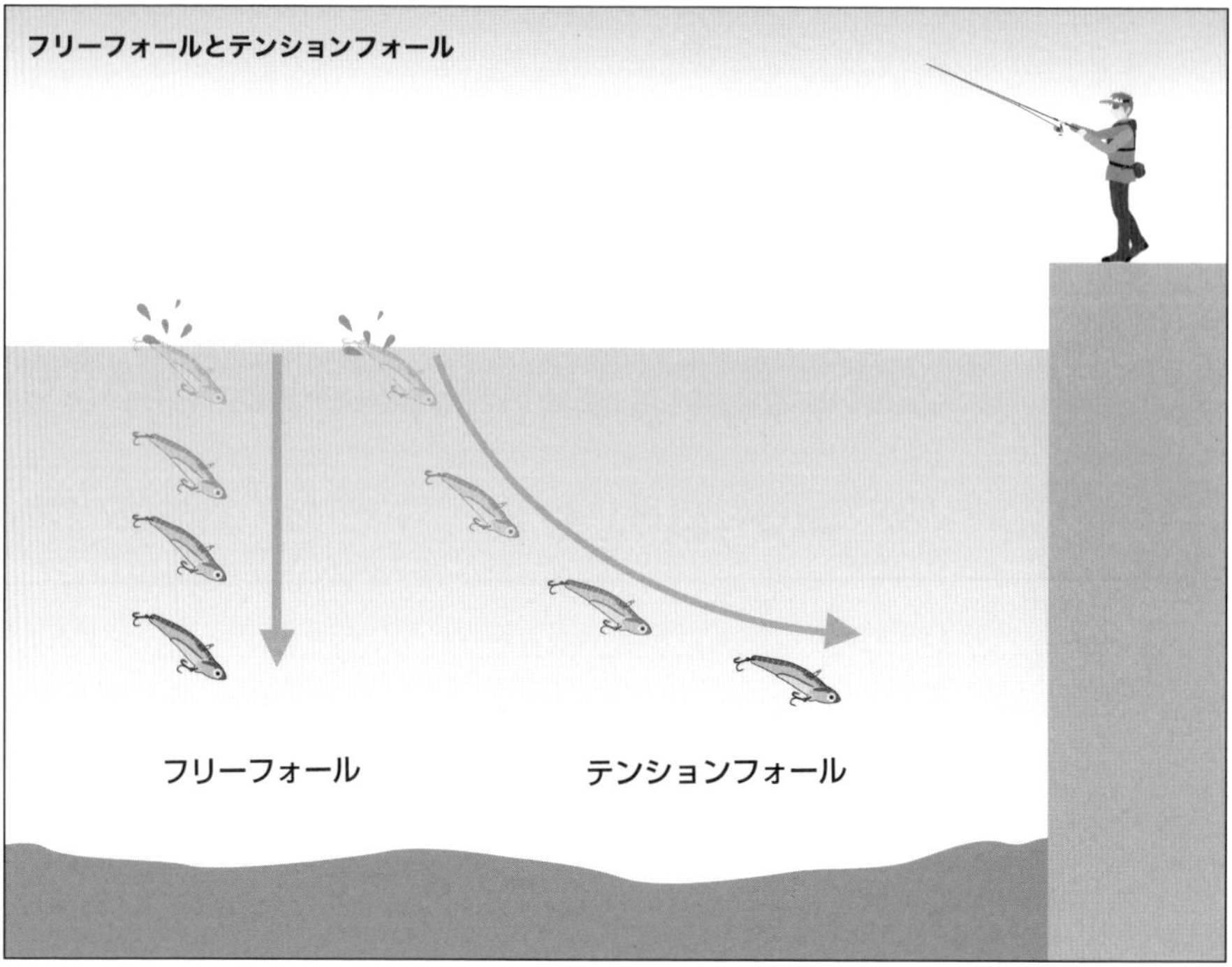

フォール

ルアーを沈めることをフォールといいます。魚は上から落ちてくるものに興味を示す習性があります。弱って沈んでくる生物を捕食しているからだと考えられます。実際にフォール中にアタってくることは非常に多いです。ただルアーを沈めるだけのアクションですが、食わせる上でとても重要な要素になるので理解して実践できるようになりましょう。

フォールの種類

フォールには大きく分けて二つの方法があり、それがフリーフォールとテンションフォールです。厳密にいうとカーブフォールと言われるものもありますが、本書ではテンションフォールとカーブフォールは同じものとして解説します。

フリーフォールはラインにテンションを掛けずに沈めていく方法で、特徴としては、

○フォールスピードが速い

○ルアーが真下に沈む

ということが挙げられます。

フォールスピードが速いため、ルアーを海底まで沈めたいときや潮流が速いときなどに使われます。また、ルアーが真下に沈むため、ルアーがどこにあるか把握しやすいというメリットもあります。テンションを掛けないといっても手放しでラインを放出してはいけません。軽くスプールに指を添えるなどして、ラインが出過ぎないようにする必要があります。

テンションフォールはラインにテンションを掛けて沈めていく方法で、特徴としては

○フォールスピードが遅い
○ルアーが手前に沈む

などが挙げられます。

ラインにテンションを掛けるためにはスプールを押さえてラインの放出を止めます。

ルアーはラインに引かれるようにゆっくりと手前にカーブしながら沈んでいきます。沈むスピードは想像以上に遅いです。特に潮流が速いときは、なかなか沈んでいかないと思ってよいでしょう。じっくりとターゲットにルアーを見せたいときなどに有効なフォールです。

フォールの基本はフリーフォールでカーブフォールは状況に応じて使い分けるとよいでしょう。

ジャーク

ロッド操作でルアーを大きく動かすことをジャークといいます。

ロッドは上方向が基本ですが、横方向やときには下方向へも動かします。

やり方は上方向の場合はロッドを立てるように自分の方へ近づけるとよいでしょう。ルアーを引っ張るというよりロッドを曲げるというイメージで行うと、曲がったロッドが戻ろうとする反発力で勝手にルアーを跳ね上げてくれます。ジャークとフォールを組み合わせるパターンも多いです。

トゥイッチ

ロッドとリールの操作でルアーにイレギュラーな動きを与えるアクション。ルアーのフラッシング（光の反射）を高めたり、リアクションバイトを狙う効果があります。また連続して行うことでルアーを軽くダートさせて小魚が暴れている様を演出することも可能です。

ロッドは上、斜め上、斜め下、下とあらゆる方向へ動かすやり方がありますが、まずは右利きの人は左斜め上に構えるとやりやすいです。

ロッドを左斜めに構えてリトリーブ中に手首を使って軽くロッドの先を跳ね上げ、同時にリールのハンドルノブを下げる。これを連続して2~3回行います。

コツは手首のスナップを効かせ、リールハンドルノブを下げる反動を利用してロッドを跳ね上げること。

トゥイッチもやり過ぎは逆効果になることもあるので、ほどほどにしましょう。

ボトムバンプ

海底に潜むロックフィッシュ(根魚)を狙うために必須のアクション。

キャスト後、ルアーをフォールさせてボトムタッチ(着底)を確認できたら、ロッドを軽くチョンチョンと煽ってルアーを海底で跳ね上げながらラインを巻き取っていきます。

あまり大きく跳ね上げる必要はなく、障害物を乗り越えていくイメージで、なるべく海底から大きく離さないようにすることがコツになります。

ときどき上方向への大きなジャークをしてフォールを加えるのも効果的です。

ボトムタッチを見極めることは、ビギナーにとって最初の難関となります。ルアーが海底に着いても、潮流でラインが流されるため、完全にラインの放出が止まることはありません。フォール中にラインの放出が一瞬フッと止まることがあるので、それがボトムタッチの合図です。どうしても判断できない場合は、ルアーの重量を重くすると分かりやすくなります。

ボトムバンプ
大きくジャーク
大きくフォール
チョンチョンと
軽くロッドを煽る
ボトム
タッチ

ドッグウォーク

トップウォータープラグ(ペンシルやポッパーなど、海面でターゲットを誘うルアー)を使う上での必須のアクション。

頭を海面から出したような状態で浮くルアーを使用します。

浮いているときにラインにテンションが掛からないようにします。その状態から、ロッドを斜め下に振り下ろすような動作でラインにテンションを掛けます。スッとルアーを引くようなイメージでロッドを動かしたら、すぐにラインのテンションを抜く、これを繰り返していきます。

テンションを掛けるとルアーが水を掴んで、頭を水中に突っ込み、クルッと弧を描き、テンションを抜くと再び水面から頭を出します。しっかりとテンションを抜いた状態を作ることがコツです。ルアーが海面を滑ったり、飛び出したりしないように丁寧に操作しましょう。

斜め浮き姿勢

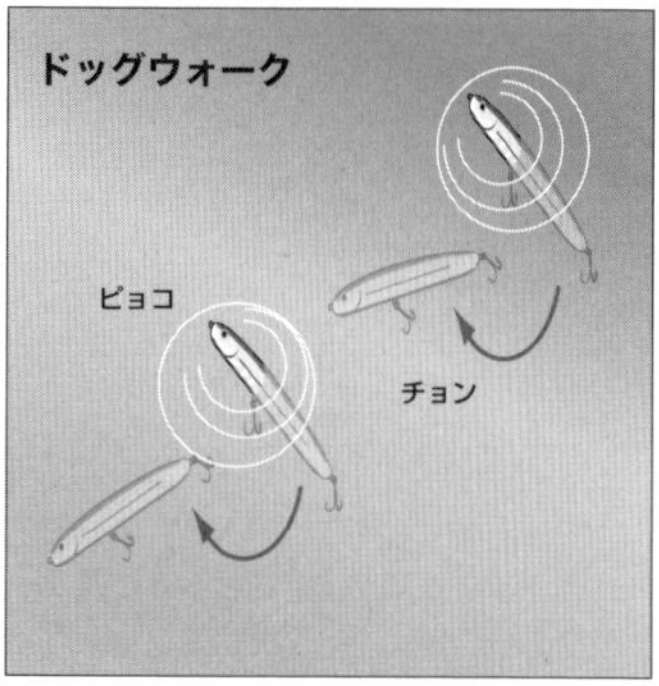
ドッグウォーク
ピョコ
チョン

section **10**

魚が釣れる場所（ポイント）

魚が釣れる場所には必ず法則があります。魚を釣るための法則を守っていれば必ず釣果は伸びます。

魚の居場所を探す

釣り禁止と漁獲のルール

誰にも縛られず、自由気ままに釣りがしたいと思うのはアングラーならあるでしょう。しかし、我々は同時に人間社会の一員でもあります。

堤防でも磯でも船でも法律やルールは存在し、釣り場はアングラーのものではなく、あくまで場所を借りて釣りをさせてもらっているということを忘れてはなりません。

どういったところが釣りをしてはいけない場所なのかを知っておきましょう。

釣り禁止・立ち入り禁止

立ち入り禁止、釣り禁止の場所で釣りを行うのは当然ご法度。

釣り禁止の看板が見にくい場所にあるケースもあるので、釣り開始前に堤防全体を散歩してみるとよいでしょう。ついでに釣果を得られるヒントを見つけられるかもしれません。

マナー知らずの釣り人が、ニュースに流れますが、この行為は場合によっては軽犯罪法違反になります。絶対にやめましょう。

また埠頭には貨物船へ荷物を積むため、大型のクレーンが設置されている場所がありますが、これもソーラス条約により立ち入り禁止です。

ソーラス条約は国際テロの阻止を目的とする国際条約なので、知らずに入った場合でも言い訳は通用しません。

橋の上から釣り糸を垂らす光景は、なんとなく絵になりますが、これも道路交通法で禁止されています。交通の妨げになる可能性があるからです。

釣りがOKでも釣りを行ってよい時間に指定がある釣り場も存在します。

橋の下は釣果が期待できる絶好のポイントですが、場所によっては仕掛けを投げる行為が禁止されていることもあるので、注意看板がないかチェックしておきましょう。

釣り公園では投げ釣り禁止となっている場所も多く、ルアーも含まれますので注意しましょう。

特定の魚を釣る行為

資源保護の観点から漁獲が禁止となっている魚も存在し、サイズや季節によって釣っても大丈夫な許容範囲が変わる複雑なケースも存在します。有名なのはタコ、サケ、マス、クロマグロなどが挙げられます。

地域によってはキジハタやアオリイカもサイズの制限や釣りをしてよい期間が設けられてい

る場合があります。

もし意図せず釣ってしまったら、魚を傷つけないようにリリースしましょう。

遊漁券が必要な場所

河川では遊漁券を購入しなければ釣りができないケースがあります。一見ソルトルアーには関係ないようにも見えますが、河口を攻略したいというケースもあるので一緒に覚えておきましょう。

遊漁券の価格や発売方法は各漁協によって変わってきますので、事前に購入方法や価格を調べておきましょう。スマホを利用した遊漁券もあります。

釣り禁止の場所にはこういった看板が設置されています。一見すると見当たらないという場合もあるのでポイント探しついでにポイントを散歩してみるとよいでしょう。

釣りOKでも無理は禁物

たとえ釣りOKな場所でも無茶な行動は避けましょう。

一人で磯に行くなど、危険度の高い行動は釣りに慣れていてもNGです。

テトラの上で釣りをする人も多いですが、最初のうちは足場がしっかりした堤防などで釣りを楽しみましょう。

サーフは離岸流に近づきすぎると非常に危険です。離岸流は岸から沖に払い出される流れですので、知らずに近づいて流されてしまうと簡単には岸には戻れなくなってしまいます。

磯やテトラの上で釣りをしたいという人は、経験者と一緒にアドバイスを受けながら釣りを楽しむとよいでしょう。

情報を鵜呑みにしないこと!

釣果情報もたまには落とし穴となってしまいます。

釣果情報を上げたアングラーが釣り禁止と知らなかった、または知っておきながら釣りをしていたケースも考えられ、いざ釣り場に来てみれば釣り禁止だったということもあります。

また情報が古い場合は、「昔は釣りがOKだったけど、現在では釣り禁止」ということも考えられます。

初めていく場所では、事前に複数の情報を調べておいたり、釣具店でアドバイスを聞くついでに釣り禁止エリアの情報も仕入れておくとよいでしょう。

捕食している小魚の種類が分かればこっちのもの。サイズやおおよそのカラーを合わせれば釣れる可能性は急上昇。

ベイトの種類と居場所

「魚がどこにいるのか」を考える最短ルートはベイトがどこにいるのかを考えることです。

対象の魚がどんなものを捕食しているのかは、ターゲットによっても変わってきますので、ここでは主にベイトとなるエサの種類と行動パターンを整理してみましょう。

プランクトン

多くの釣りは、このプランクトンを起点にしてターゲットの居場所を予測していくパターンが有効です。

なぜなら、プランクトンがいる場所には、それを捕食する小魚がいて、その小魚を捕食するフィッシュイーターが存在するといった食物連鎖が発生する可能性が高いからです。

ではプランクトンが溜まる場所はどこなのかといえば、ズバリ流れが溜まるポイント。もっとわかりやすくいえば流れが変化する場所。

例えばカケアガリと呼ばれるポイント。

海底で坂になっている場所を指すのですが、この坂が流れを変化させ、プランクトンを巻き上げ、それを食べに小魚が寄るわけです。

こういった流れが変化する地形や障害物は海のいたるところに存在します。

ベイトフィッシュ

フィッシュイーターと呼ばれる魚が捕食する小型の魚はベイトフィッシュと呼ばれ、どのルアーを選ぶかの選択肢として重要視されています。

ベイトフィッシュとなる魚は数多くいますがカタクチイワシ、キビナゴ、コノシロ、サヨ

鳥が低空飛行しているなら、ベイトフィッシュがいる。その下にターゲットが潜んでいるかもしれない。

リ、イナッコ（ボラ）、キス、アジなどがベイトフィッシュの代表魚として挙げられます。

鳥はベイトセンサー

ベイトを見つける方法の一つに「鳥山」というものがあります。これは表層に浮いた魚を鳥たちが寄ってたかって襲いかかる様子のことです。

小魚が鳥に襲われるリスクを犯してまで表層に出てくる理由は主に二つ。表層に浮いているプランクトンを食べたいか、下から捕食者たちに追い回されているか。

どちらにせよ、アングラーたちに取っては絶好のチャンスといえるでしょう。

ただ、鳥が高い位置に存在している場合は捕食できそうな小魚を探している途中。あるいは狙いを定めている最中なので、一旦様子を見てみましょう。

まずはルアーを通してみよう

どうしてもベイトがいるかわからない。という場合はとにかくルアーを投げてみましょう。

これは釣るためというより、探すためです。バイブレーションなどのアピール力が強いルアーがこういったときに役に立ちます。

このように広い範囲を探るのに優秀なルアーをサーチベイトと呼びます。

ルアーを引いていると、時々ベイトフィッシュがスレ掛かりすることがあります。それは今フィッシュイーターが何を食べているのかという大ヒントともいえます。

魚の居場所は？

ベイトが溜まる場所に魚がいることは前述しましたが、他にはどのような場所に魚はいるのでしょうか？

カケアガリ（ブレイク）

海底で急に深くなるなどの坂のことを指します。

潮流が変化しやすく、プランクトンを巻き上げる効果もあるのでベイトを寄せやすく、また弱ったベイトが流されやすいため、多くの魚種に対応できる万能なポイントです。

多くのフィッシュイーターはカケアガリの下で、ベイトが泳いでくるのを待ち構えることがありますし、回遊魚は基本カケアガリに沿って移動をしますのでそれらを狙えます。

カケアガリ自体はどこにでもあり、足下がカケアガリなっていることも少なくありません。なので、足下で魚がヒットすることは珍しいことではないのです。

ストラクチャー

ストラクチャーとは直訳すると構造物のことで、海中にある障害物がそれにあたります。カケアガリと同じく潮の変化が発生する要因であり、プランクトンが溜まりやすい場所です。

障害物に身を隠すことで天敵から身を守ったり、逆にベイトから身を潜めて捕食する行動を取るパターンも存在します。

ストラクチャーの定義はいくつかありますが、主に次のようなものがあげられます。

○岩

○テトラ

○沈み瀬
○海藻
○橋脚
○堤防

魚によっては、穴やストラクチャーの隙間をすみかとしているものも存在します。主に根魚がこれに該当します。

海底の岩陰に潜む魚たち。

自分が立っているテトラや堤防自体もストラクチャーです。

具体的には堤防（ケーソン）にあいている横穴やくぼみ、テトラの中、岩の間などがあります。ロックフィッシュやメバリングでは定番スポットです。

ストラクチャーの横を通るような軌道でルアーを通してみましょう。

状況によってはシーバスやチヌが潜んでいることもあります。大きめの堤防で、ケーソンの穴が深い場合などはすぐ脇にルアーを通してみましょう

明暗部

分かりやすい例でいえば常夜灯回り。夜、常夜灯の光で植物性プランクトンが光合成して増殖するため、それを補食しに動物性プランクトンや小魚が集まり、食物連鎖が引き起こされます。

また、理由は違いますが日中も明暗部もポイントになりやすいです。

日中の場合は影に潜んで外敵から身を守ったり、そんなベイトフィッシュを狙いに来たり、気温が高いときは少しでも水温が低い場所に避難するためと理由はさまざまです。

潮目

潮目とは、海面に現れる海水の境い目のことを指しています。海の中は、場所によって流れの速さや水温、塩分の濃度などが異なります。そのような異なるそれぞれの流れのことを水塊（すいかい）と呼んでおり、この水塊がぶつかることによって海中に境い目ができます。これを潮境（しおざかい）と呼びます。この潮境が海面に現れたものが潮目です。

海をよく見てみると、光の反射やわずかな色の変化が帯状に伸びている箇所があります。それが潮目です。

こういった潮目ではプランクトンが巻き上げられたり、遊泳力の弱い生物が潮目に溜まったりします。それを狙ってフィッシューイターも集まってくるのです。

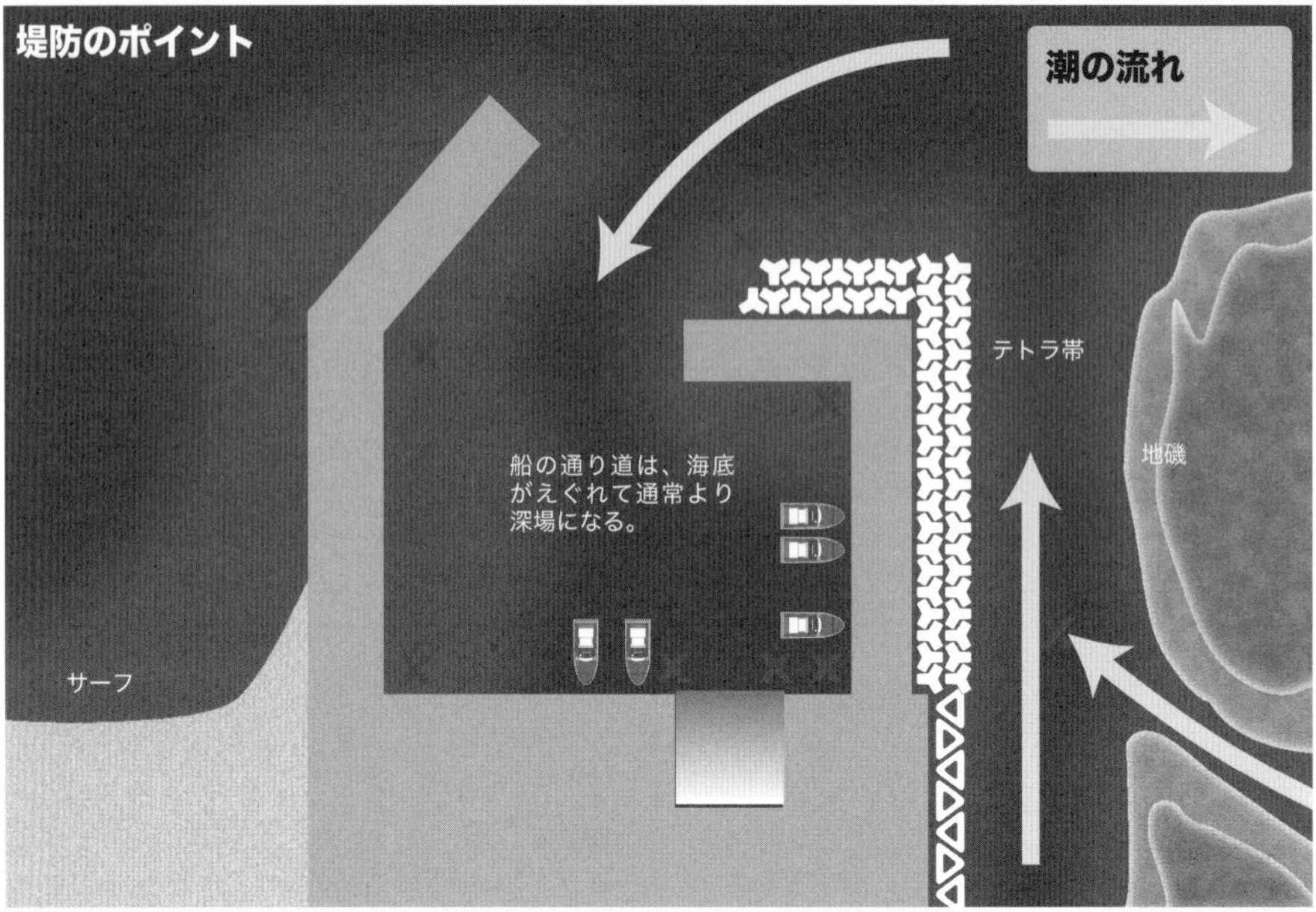
堤防のポイント
潮の流れ
テトラ帯
地磯
船の通り道は、海底がえぐれて通常より深場になる。
サーフ

潮の流れで魚は移動する

誰でも気軽に釣行できる堤防ですが、釣りをしやすいという以外にも釣れる大きな要因があります。

それはストラクチャーの多さ。釣りは潮の変化を読むもの。これはルアーでもエサでも同じことです。では、具体的にどんな場所が釣りやすい場所なのかを整理してみましょう。

釣れやすいポイント

潮の流れで重要なポイントを決めるとしたら以下の3点になります。

○流れに変化がある場所
○潮通しが良い
○潮と潮がぶつかる場所

重要なのが流れの変化。堤防の先端が高確率で釣れやすいポイントとされるのは、まさに流れが分岐する場所だからです。

これは堤防のコーナー、障害物などでも同じことがいえます。釣れる場所とされるのは流れの

同じ状況の釣り場なんてない。今日釣れたポイントが潮の流れや天気、水温が変化して釣れなくなることはよくあることです。その日の状況に合わせた戦術を考えることが重要。

変化があるものです。

例えば堤防の入り口。船が出入りする場所ですが、ここも海から潮が流れ込むエリアなので釣果が高いです。また、船の通り道は海底がえぐれて深くなり、カケアガリになりやすいメリットもあります。

河口も流れが変化するポイントです。川の合流地点はもちろんですが、川と海が合流するところは潮目ができやすく特に釣果が期待できます。

このように、堤防の先端や角などの流れの変化が起きそうな場所を探し、有望なポイントを攻めていくと、効率良く釣果を上げていくことができます。

魚によって判断すべし

「潮通しの良い場所は釣れる」これ自体はほとんどの釣りでいえることで、間違いではありません。

ただ、流れの速さによっては、ポイントを変えたほうがよいパターンもあります。

分かりやすいのはライトゲーム。これは単に流れが速いと軽量なリグでは流されるというだけではありません。

アジやメバルの主食はプランクトンです。プランクトンは遊泳力が非常に弱いので潮に流されていきます。

潮流が速いとそれだけ早く流されますので、それだけアジたちにとっては捕食しづらくなってしまいます。

ならアジたちはどうするか、流れが緩い場所、もしくは深場の流れの変化がある岩などのヨレにたまったベイトを食べます。そのほうが簡単にエサが捕食できるからです。

同じ青物のブリやヒラマサはどうでしょう。大型青物は非常に遊泳力が高いので、流れの速い場所でも、ベイトの群れを見つけると襲いかかってきます。

つまりは同じ堤防でもターゲットによって釣り方を変えなければ釣れないということです。

魚の向きを予測する

潮の流れを読めば魚がどちらを向いているかを予測することができます。

基本的に魚は潮上に向かって泳いでいます。これはエラ呼吸のしやすさに影響しているからとされています。

もちろん捕食時や潮が緩いときなど、必ず潮上だけを魚が見ているとはいい切れないのですが、魚の向きがわかればルアーの通し方もだいたい決まってきます。

なぜなら、アングラーは魚にルアーを見つけてもらうことを真っ先に考えなければならないからです。

ターゲットにルアーを見せて、反応を観察し、ルアーをチョイスする。これがルアーフィッシング基本の流れです。

潮流によって魚の行動も違う

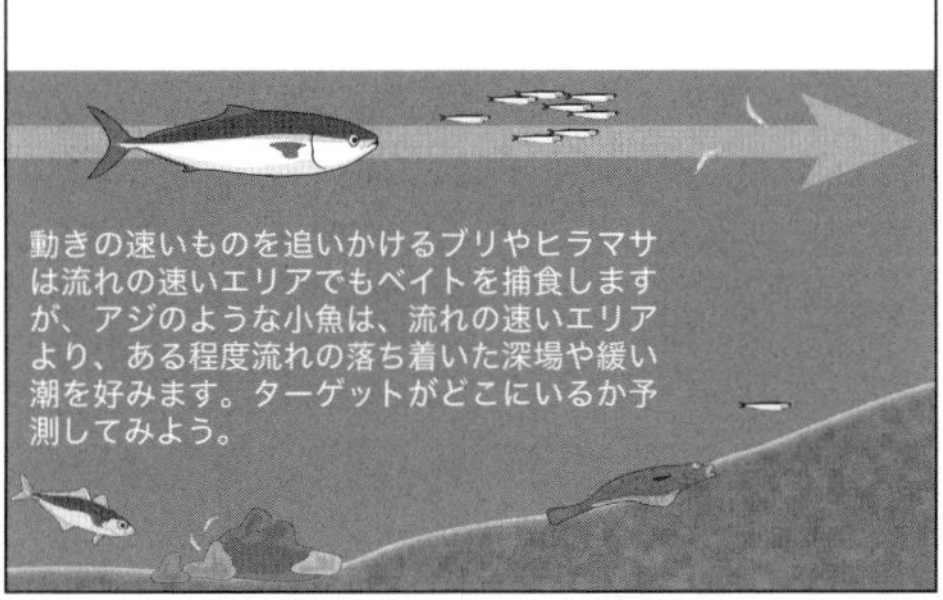
動きの速いものを追いかけるブリやヒラマサは流れの速いエリアでもベイトを捕食しますが、アジのような小魚は、流れの速いエリアより、ある程度流れの落ち着いた深場や緩い潮を好みます。ターゲットがどこにいるか予測してみよう。

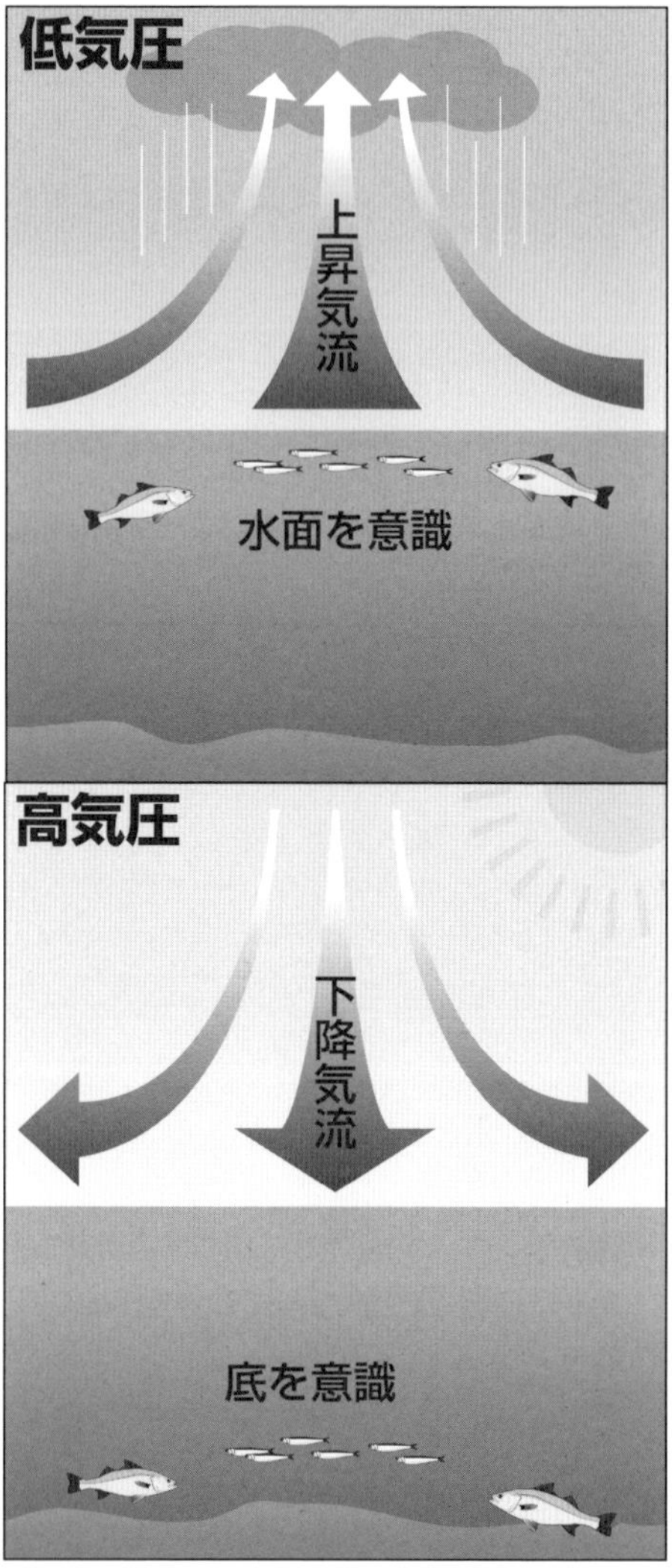
低気圧
上昇気流
水面を意識
高気圧
下降気流
底を意識

天気と魚の位置

天候と魚の関係性は気圧変化が主な原因です。気圧は高いところから低いところへと移動するため、低気圧の場合は上昇気流、高気圧の場合は下降気流が生まれます。

その空気の圧力は水中にも影響を及ぼします。そのため、一般的には低気圧だと水面に集まりやすくなるとされています。

潮位と時間帯

○潮汐

月と太陽の引力によって起こる潮汐力の影響で海面が一定の周期で上がったり下がったりすることを潮汐といい、その動きを記したものが潮汐表です。

潮回りには大潮、小潮、中潮、長潮、若潮の5種類があり、月の公転周期の間で一巡し、中潮が4回、それ以外が2回ずつ訪れます。

一般的に大潮は活性が高く釣りやすいとされ、小潮、若潮、長潮になると活性が低くなり釣りづらくなるとされています。

○まづめ

まづめとは太陽の日の出前後、日の入り前後の時間帯のこと。釣りにおいてゴールデンタイムと呼べる時間帯です。

対象魚によって実際のゴールデンタイムは前後しますが、最初のうちは単純に「まづめは釣れる」と考えてよいでしょう。

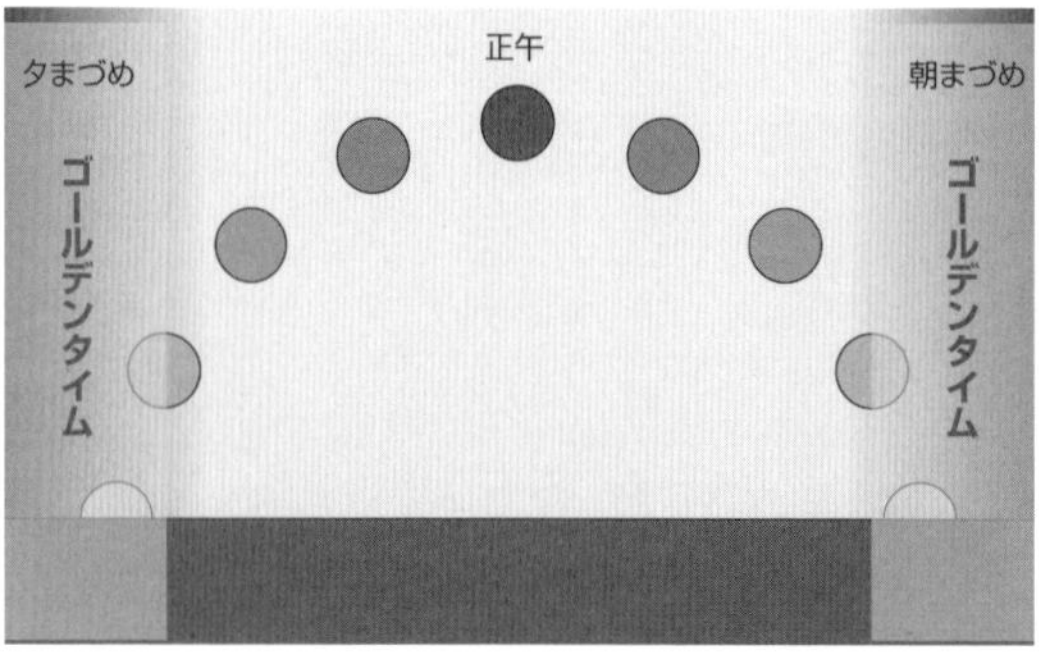
正午
夕まづめ
朝まづめ
ゴールデンタイム
ゴールデンタイム

section 11

対象魚別の狙い方

どこででも魚が釣れるわけではありません。魚種や場所に合わせてルアーを使い分け、ポイントを的確に狙いましょう。

アオリイカ

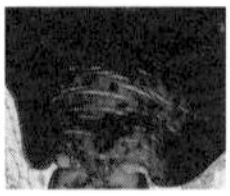
横長い線はオスの模様。

メスは丸い斑点模様。

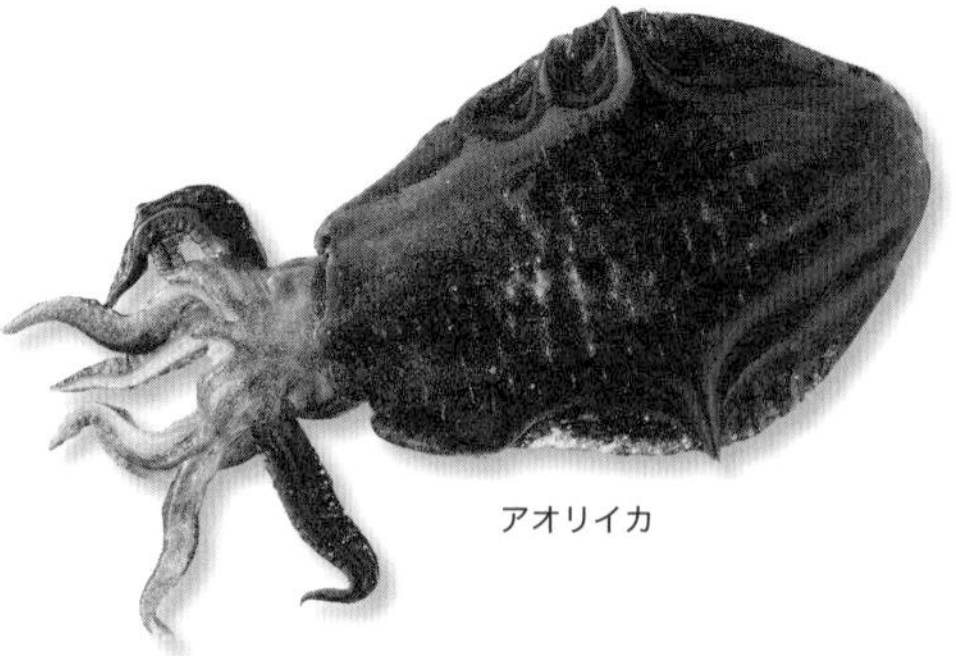
アオリイカ

エギング

通常、陸っぱりからルアーでイカを狙う場合はエギ(餌木)を使い、それをエギングと呼びます。エギングの対象はアオリイカがメインになりますが、イカ全般を狙うことができます。

アオリイカは日本の沿岸部に生息し、大きいもので胴長50cm以上、重さ3kg以上にまで成長します。胴が丸みを帯び胴の縁に沿って半円状の幅広いヒレを持つのが特徴です。引きが強く釣って面白く食べても最高の味でイカの王様とも呼ばれます。

狙う場所

○秋は小型狙い

春に生まれたアオリイカは、秋までは外敵が多い外洋より、安全で捕まえやすいエサが豊富な岸寄りの浅場に集まります。

護岸の足元やテトラ周り、係留船などの陰に群れている姿を見かけます。エギのサイズは狙うアオリイカのサイズに合わせて選び、500g以下の小さなイカには2・5号クラスのエギを使います。群れから少し離れたところにエギを落とし、アオリイカが追ってくるのを目で確認しながら狙ってみましょう。小さなイカほど警戒心が薄く狙いやすくなります。

○春先は大物狙い

春は産卵のために大型のアオリイカが接岸してきます。この時期のアオリイカは大きな群れを作らず警戒心が強くなっているため、小イカのように無防備ではありません。

ほとんどは目視できないほどの距離や深さを確保しながら、大きな岩などの障害物周りに縄張りを構え、食餌行動や産卵の準備をしています。ポイントは沖寄りのブレイクや水深のある場所の障害物周り。近くを狙う

場合は、産卵床となる海藻を目印にするとよいでしょう。

使うエギは3・5号を基準に選びます。複雑な地形と冬から春にかけて成長する藻場を狙うため根掛かりに注意しましょう。

狙い方

エギをキャスト後、エギの着水〜着底まではリールのベイルをオープンにしたままラインを送り出します。こうすることでラインが受ける水の抵抗を減らし、できるだけ着水地点の真下にエギを沈めることができるため、狙える距離を長く取ることができます。糸の出が止まりフケたときが着底の合図です。そのままにしておくとエギが海底を転がり、根掛かりするので着底したらすぐに次の行動を起こしましょう。

着底後はロッドを素早く大きく煽ってエギを飛び跳ねるように操作します。シャクリを1〜3回行った後、糸フケを巻き取ってラインを張り、そのまま再度着底させます。

エギが沈んでいくときにアオリイカが抱きつくことが多く、アタリはラインが張ったり引っ張られたり、着底前にラインの動きが止まったりしますので、おかしいと思ったら竿を素早く立ててアワせてみましょう。

アオリイカが掛かるとずっしりと重みが伝わってきますので、ラインのテンションを緩めずにリールでラインを巻き取りましょう。無理に引くと身切れしてしまうので、相手が引いたらそのまま、相手が引かなければラインを巻き取るようにします。

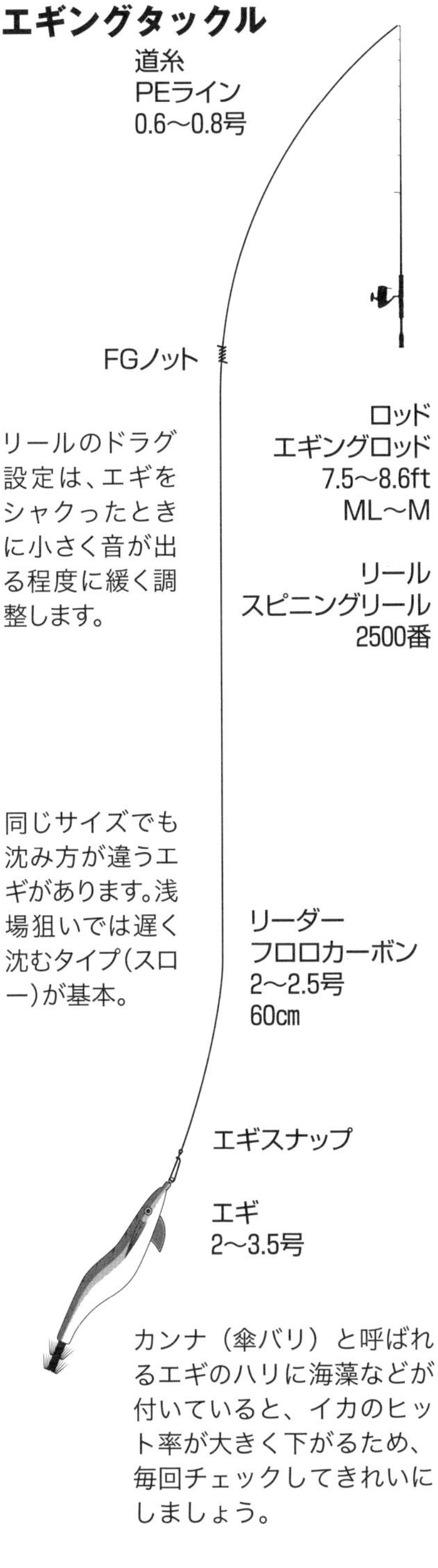

エギングタックル
道糸
PEライン
0.6〜0.8号
FGノット
ロッド
エギングロッド
7.5〜8.6ft
ML〜M
リール
スピニングリール
2500番
リールのドラグ設定は、エギをシャクったときに小さく音が出る程度に緩く調整します。
同じサイズでも沈み方が違うエギがあります。浅場狙いでは遅く沈むタイプ(スロー)が基本。
リーダー
フロロカーボン
2〜2.5号
60cm
エギスナップ
エギ
2〜3.5号
カンナ（傘バリ）と呼ばれるエギのハリに海藻などが付いていると、イカのヒット率が大きく下がるため、毎回チェックしてきれいにしましょう。

青物

ブリ、ヒラマサ、カンパチ

ターゲットはブリ

青物とは主にブリ、ヒラマサ、カンパチを指しますが、堤防から釣れるのは60㎝くらいまでのブリ（イナダ・ヤズ）が多くなります。ヒラマサやカンパチも釣れなくはないですが、堤防からでは数も少なくさらに小さなサイズになります。

青物は引きが強くて食べても美味しいことから全国的に人気の釣り物です。

ブリは秋から冬にかけて南下、春から夏の間は北上しながら成長し、産卵期を迎えるのは2〜6月ごろです。

エサとなるイワシなどの小魚を追って群れを形成するブリは、ときには湾内の意外な場所にまで入ってきます。堤防から狙う場合は、釣れているという情報をキャッチしたらすぐに行かないと群れが去ってしまうことがよくあります。

狙う場所

青物は回遊魚なので、基本的に外洋に面した場所を狙います。堤防の先端や、沖向きに面した場所の、潮が常時流れている場所がよく、ベイトとなる小魚がいればさらに釣れる確率が高くなります。

狙い方

堤防から遠い沖がポイントになりやすいため、できるだけ遠投できるルアーが活躍します。魚型をしたペンシルやミノー、ポッパーなども使えますが、メタルジグが最も使い勝手が良く人気です。

ルアーのサイズはエサとなるベイトのサイズに合わせるのが通常ですが、メタルジグは重量

ルアー釣り

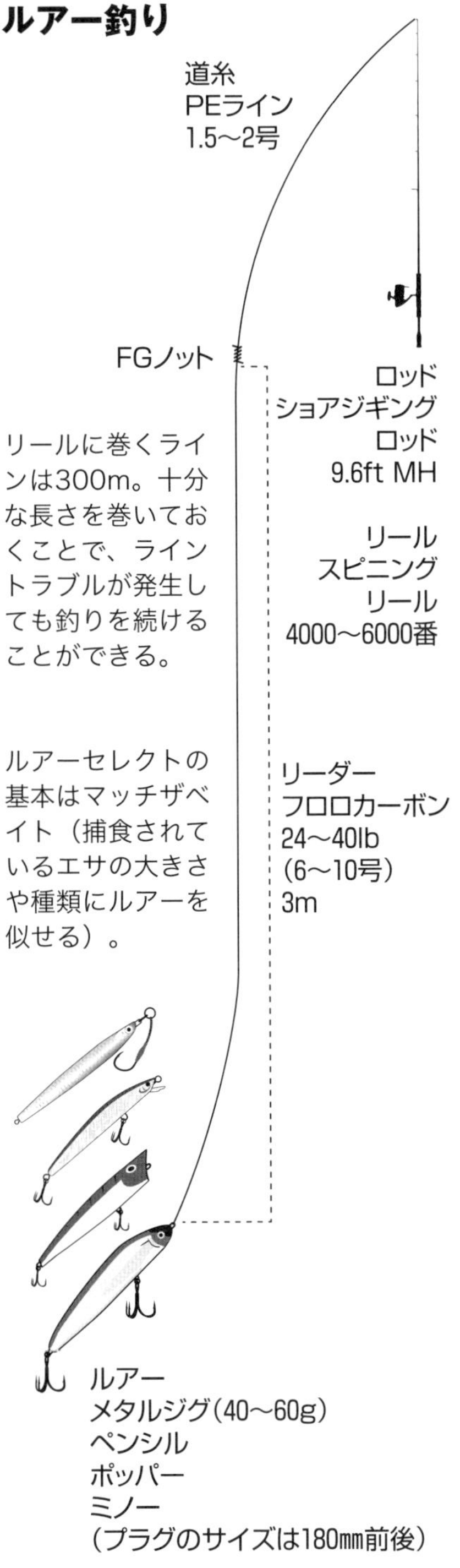
道糸
PEライン
1.5〜2号
FGノット
ロッド
ショアジギング
ロッド
9.6ft MH
リール
スピニング
リール
4000〜6000番
リールに巻くラインは300m。十分な長さを巻いておくことで、ライントラブルが発生しても釣りを続けることができる。
リーダー
フロロカーボン
24〜40lb
(6〜10号)
3m
ルアーセレクトの基本はマッチザベイト（捕食されているエサの大きさや種類にルアーを似せる）。
ルアー
メタルジグ(40〜60g)
ペンシル
ポッパー
ミノー
(プラグのサイズは180㎜前後)

に比例して飛ばすことができるため、狙う距離を目安に選ぶとよいでしょう。重量としては、20〜60ｇと幅広く使えますが、まずは40ｇを基本に使ってみましょう。

　メタルジグで狙う場合、できるだけ遠くへ飛ばしたあと、着水から着底までリールのベイルを開けたまま沈めます。着底するとラインの動きが止まるので、すぐにリールのベイルを起こして余分なラインを巻き取り、アクションを開始します。この動作が遅れると、根掛かりのリスクが上がります。

　アクションはワンピッチ・ワンジャークが基本。リールのハンドルを半回転させると同時にロッドを早く引き、さらにリールを半回転させるのと同時にロッドを戻しながら余分なラインを巻き取ります。これを連続して繰り返すだけです。はじめは難しいので、何度も練習して習得してください。

　どうしてもできない場合は、ただリールでラインを巻き取る「タダ巻き」や、ロッドでルアーを引いた後、リールで余分なラインを巻き取るという動作で対応してください。

　青物は動きが俊敏なため、ある程度早い動作でも食ってきますが、ルアーが偽物だということにも早く気づきます。

　ルアーの速度を変えたりすることで対応可能ですが、食わせるための一瞬の間を作ってあげるのも効果的です。

　食わせの間とは、単純に動きを一瞬だけ止める行為です。ルアー釣りでは「ストップ」とも呼ばれます。

アジ

マアジ

アジングで狙う

標準和名はマアジといいます。日本沿岸に広く分布しており、堤防や港湾部で簡単に釣れるため、初心者向けのターゲットとしてファミリーフィッシングでも人気が高い魚です。

アジをルアーで狙うことを「アジング」と呼びます。

夏は豆アジと呼ばれる小型が多く、秋ごろから釣れるサイズが上がっていきます。エリアによって異なりますが11月ごろがアジングのベストシーズンとなり、その後は春まで型狙いが楽しめるようになります。

アジングの良いところは、道具が少なく身軽なため、すぐに始めて、止めたいときにサッと後片付けできることです。

狙う場所

デイゲーム（日中）でも狙うことはできますが、メインは日が落ちてからのナイトゲームになります。

漁港周辺がメインフィールドです。常夜灯周辺、港内、沖向きの潮が流れている場所など、その日によってアジの居場所が変わりますので、探しながら釣ってみましょう。

狙い方

アジングの基本はジグヘッド＋ワームになります。ジグ単とも呼ばれるこの仕掛けを使い、浅～深いレンジまでくまなく探ります。

ナイトゲームでは、キャスト後浅いレンジから徐々に深く狙っていきます。やり方は、着水後5秒沈めて引きはじめる、次は10秒数えてというふうに、カウントダウンしながら違うレン

アジングタックル

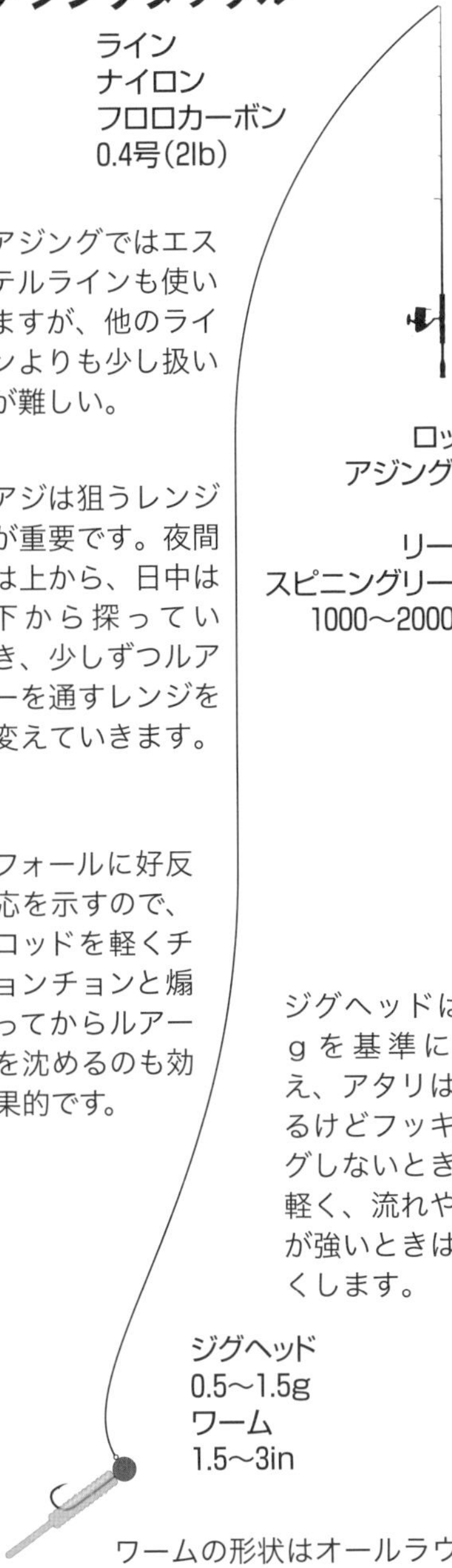

ライン
ナイロン
フロロカーボン
0.4号(2lb)
ロッド
アジング用
リール
スピニングリール
1000〜2000番
ジグヘッド
0.5〜1.5g
ワーム
1.5〜3in

アジングではエステルラインも使いますが、他のラインよりも少し扱いが難しい。

アジは狙うレンジが重要です。夜間は上から、日中は下から探っていき、少しずつルアーを通すレンジを変えていきます。

フォールに好反応を示すので、ロッドを軽くチョンチョンと煽ってからルアーを沈めるのも効果的です。

ジグヘッドは1gを基準に考え、アタリはあるけどフッキングしないときは軽く、流れや風が強いときは重くします。

ワームの形状はオールラウンドに使えるストレート系やピンテールからはじめましょう。ジグヘッドに真っすぐにワームを刺すことが重要。

ジを狙っていきます。そうして、アジの反応があるレンジを見つけ、そこを集中して攻めるのが手順です。

ジグ単の操作は、キャスト後任意のレンジまで沈め、ロッドを立てながらルアーを引いた後、ロッドをそのままにしてルアーをカーブフォールさせるというパターンがおすすめです。これは落ちてくるものに敏感に反応するアジに有効なアプローチになるだけではなく、アタリがあったときに即アワセしやすいというメリットもあります。

基本的に早い動作は行いませんが、軽い仕掛けなのでソフトに操作しながら、自分の思った動作で自由に狙ってみましょう。釣れないのに同じことを繰り返すことが釣れない理由となります。

イカ
ケンサキイカ、ヤリイカ

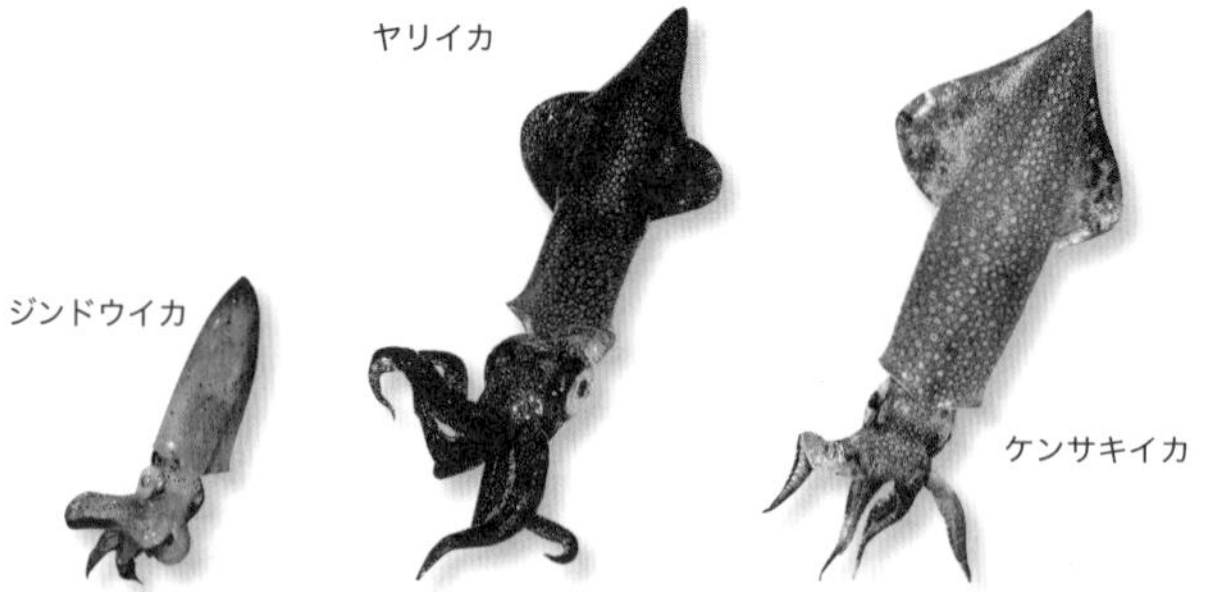

期間限定の釣り

筒のように長いイカ類の多くはツツイカ類に属します。

ツツイカが回遊して接岸する時期は種類によって変わりますが、堤防から狙えるのは12月から5月ごろまでとなります。それ以降は船釣りでよく釣れるようになります。

どのイカが釣れるかは地域によって偏っていますが、釣り方はほぼ同じです。

ヒイカとは、ヤリイカ科に属する10㎝程度の小型のイカでジンドウイカが標準和名です。

狙う場所

イカはどんよりした場所よりも潮通しが良い場所を好みます。プラスしてエサが豊富にある場所では多くの群れが入ってきやすくなります。

日中の場合は、群れがいてもすぐに移動してしまうことが多いため、ナイトゲームが主体と

夜間に狙う場合は、エサ釣りを行う人も多いため、混み合うことが予想されます。ウキがある場所が仕掛けが入っている目安となりますので、周囲にエギを投げないように注意しましょう。

エギングタックル

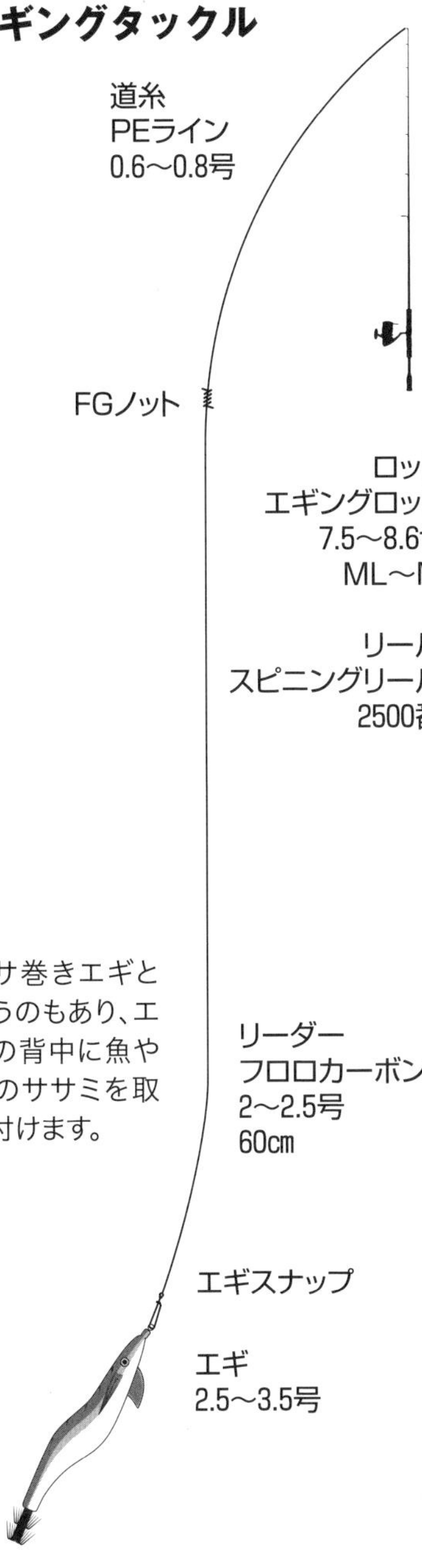
道糸
PEライン
0.6～0.8号
FGノット
ロッド
エギングロッド
7.5～8.6ft
ML～M
リール
スピニングリール
2500番
リーダー
フロロカーボン
2～2.5号
60cm
エギスナップ
エギ
2.5～3.5号

エサ巻きエギというのもあり、エギの背中に魚や鶏のササミを取り付けます。

ヒイカを狙う場合は、2号以下のエギを使います。エギではなくスッテを使っても狙うことができます。

なります。

アオリイカよりもさらに潮通しが良い場所がポイントになりやすいですが、一緒に釣れることも多くあります。

ベイトが多くいる場所では漁港の常夜灯周辺でも釣れることもありますが、水深が浅い場所にはあまり集まってきませんので、ポイントはできるだけ深い場所を選びましょう。

逆にヒイカを狙う場合は足元がメインとなります。通常のエギングではなく、足元を探るように狙っていきます。

釣り方

アオリイカのエギングと同じタックル、同じ釣り方で狙うことができます。エギをキャストして着底させた後、ロッドをシャクってエギを飛び跳ねさせ、フォールして誘う流れです。ただし、ツツイカ類はアオリイカに比べて浅いレンジにいる場合が多いため、使用するエギは沈みが遅いスロー系がおすすめです。同じレンジを狙いやすいダート系も有効で、どちらもアクションした後のフォールで食わせます。

ヒイカ狙いは、1・5～2号と小さいエギを使用しての釣りとなるのでタックルはアジング用やメバリング用がおすすめです。釣り方はアオリイカと同じで、ボトムまで一旦エギを落としてから狙います。ただし、ヒイカのレンジは定まらないので、ボトムから上層までくまなく探りましょう。ベイトが多くいるレンジも、ヒイカのいるレンジの参考になります。

カマス

アカカマス

カマスは群れで移動

熱帯や亜熱帯に広く分布する魚で種類がかなり多くいますが、日本沿岸に多いのはアカカマス、アオカマス、ヤマトカマス、オニカマスなどで、一般的に流通しているのはアカカマスで、釣りのターゲットとなるのもほとんどがアカカマスです。

肉食性で水深の浅い場所を好み、イワシやキビナゴなどの小魚を捕食しています。

シーズンはありますが、小魚の接岸によっては冬場に釣れることも珍しくありません。

カマス1匹、底千匹という言葉があり、1匹見つけたら、数釣りが楽しめる可能性が高いという意味です。逆に群れが回ってこなければ、全く釣れないという結果に終わってしまいます。情報を集めることが釣果を大きく左右する要因です。

狙う場所

漁港では船道などいつも海水が動いているところや、沖に面した場所がメインポイントになります。いる場合はすぐに釣れるので分かりやすい魚です。

大きな群れの場合が多いため、釣れ始めると次々とハリ掛かりして竿を曲げてくれます。釣れ始めてから慌てないためにも、保管するバケツやクーラーなど事前の準備を怠らないようにしましょう。

釣り方

メタルジグを使ったショアジギングで狙うのが手返しが良くおすすめです。

表層から中層までにいることが多いため、1尾釣れたら釣れたレンジよりも上層をメインに

狙うようにすると釣りやすくなります。

アクションは何でもよく、タダ巻き、速引き、ワンピッチ・ワンジャークなど、状況に合わせて行ってみてください。その中でよく釣れるパターンを見つけることが大切です。

注意点として、カマスは歯が鋭いためラインを切ることが多々あります。特に緩めた瞬間に切られることがあるので、フォールはあまり多用しない方が無難です。

メタルジグの上に専用のサビキを付けて狙うのも面白くおすすめです。

フックは平打ちタイプがよく、キラキラと反射してカマスの食いを倍増させます。フックには装飾されたサビキバリが有効で、メタルジグに加えて動きで誘って食わせます。

サビキバリもカマスの歯で切られてしまいやすいので、交換用の仕掛けは複数持って行きましょう。

メタルジグは小さめの方が扱いやすいのですが、カマスの口の中に収まってしまうとリーダーラインを切られるので、18g以上を使いましょう。フックセットは、メタルジグだけであればフロントのアシストフックだけでも掛かりますが、少しミスバイトが多くなります。

理想はリヤにトレブルフックをセットすることです。ただし、掛かった際にフックを外すのが大変なので、プライヤーを用意しておきましょう。できればフックのカエシ部分をプライヤーで潰して、バーブレスにして使用してください。

ジグサビキ釣り

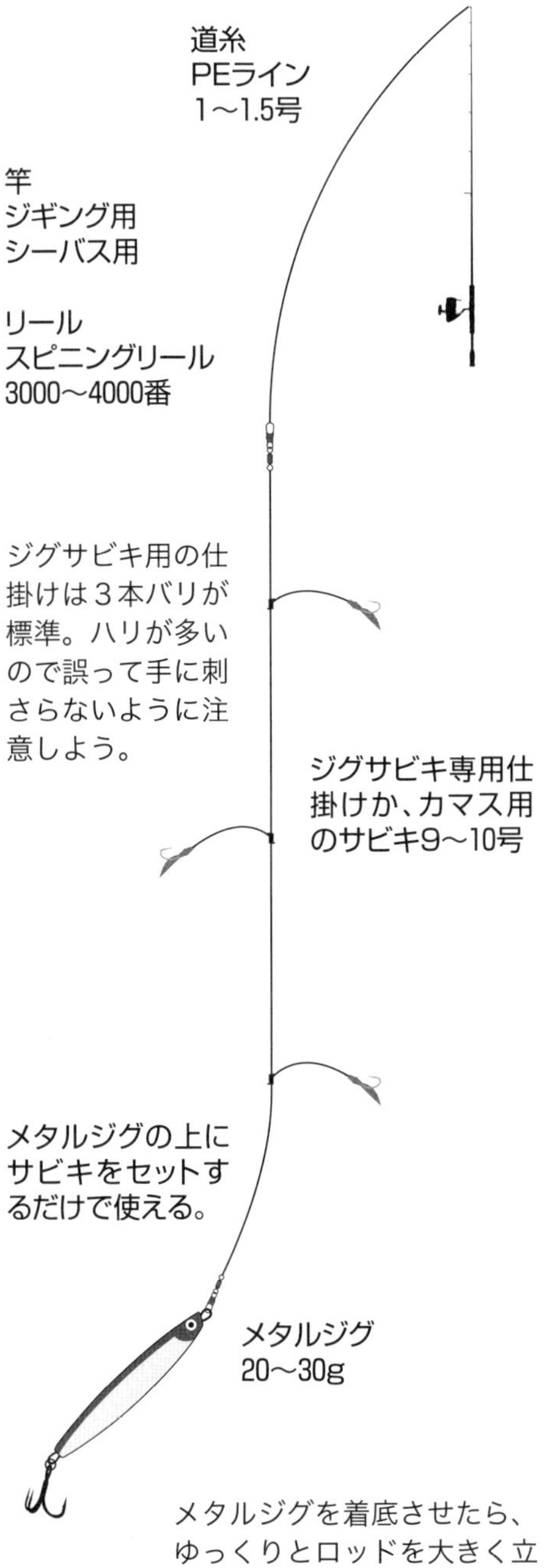
道糸
PEライン
1～1.5号
竿
ジギング用
シーバス用
リール
スピニングリール
3000～4000番
ジグサビキ用の仕掛けは３本バリが標準。ハリが多いので誤って手に刺さらないように注意しよう。
ジグサビキ専用仕掛けか、カマス用のサビキ9～10号
メタルジグの上にサビキをセットするだけで使える。
メタルジグ
20～30g

メタルジグを着底させたら、ゆっくりとロッドを大きく立て、スッと下ろす。これを繰り返します。

キス

シロギス

砂浜の女王

キスといえばほとんどが本種のシロギスで、アオギスが釣れることもありますがごく少数です。ホシギスは南方系で、種子島以南に生息します。

日中に狙うのが基本ですが、夜釣りで釣れることもあります。産卵は初夏から秋にかけて複数回行われます。この時期は浅場に寄ってくるためあまり飛ばさないルアー釣りでも狙うことができ、釣り入門としても最適です。

エサ釣りで知られているキス釣りですが、ワームを使うことでルアー釣りでも狙えます。

アタリが強く出るため初心者でも分かりやすく、サイズ以上に引きが強いため楽しめます。

狙う場所

砂浜の女王と言われるくらいなので、海水浴場のような砂浜を想像しがちですが、意外と漁港周辺でも狙えます。

砂浜や小粒の砂利、岩が点在する場所など、地面がフラットな場所に生息しています。ただし潮通しが悪く淀んでいるようなところではあまり釣果は期待できません。

砂浜を狙う場合は、仕掛けを引いてくるとザラザラとした感

触がして重くなる場所があります。そういう場所は海底が坂になっている（カケアガリ）場合があるので、念入りに探ってみましょう。キスは群れで行動するため、一度アタリがあった場所は数回狙ってみます。

　朝・夕のまづめ時や満潮時は波打ち際で食ってくることもありますので、仕掛けは最後まで引いて狙いましょう。

狙い方

　仕掛けを思いっきり投げたらロッドで仕掛けを引きながら狙います。アタリは明確で引きも強いためすぐに分かります。

　ただし、ワームで狙う場合はエサ釣りに比べて食い込みが悪いため、一度アタリがあっても掛からない場合が多くあります。そんなときはすぐに諦めずに、そのままゆっくりと仕掛けを引き続けましょう。追い食いを誘う作戦です。

　ジグヘッドの選び方は、キスの口は小さいので、できるだけフックの幅が狭いものを選びましょう。エサ釣りのキス専用ハリを使い、ガン玉をオモリ代わりにセットしても釣ることができます。

　使用するワームの長さや太さにも注意が必要です。キスは口が小さいためヒト呑みでエサを食べるわけではありません。スッと吸い込むように食べるため、口の中に入りやすいサイズが理想です。

　ワームを小さく切る必要はありませんが、できるだけ細いものの方がハリ掛かりは良くなります。ワームはメバリングやアジング用を使います。

ジグヘッドリグ

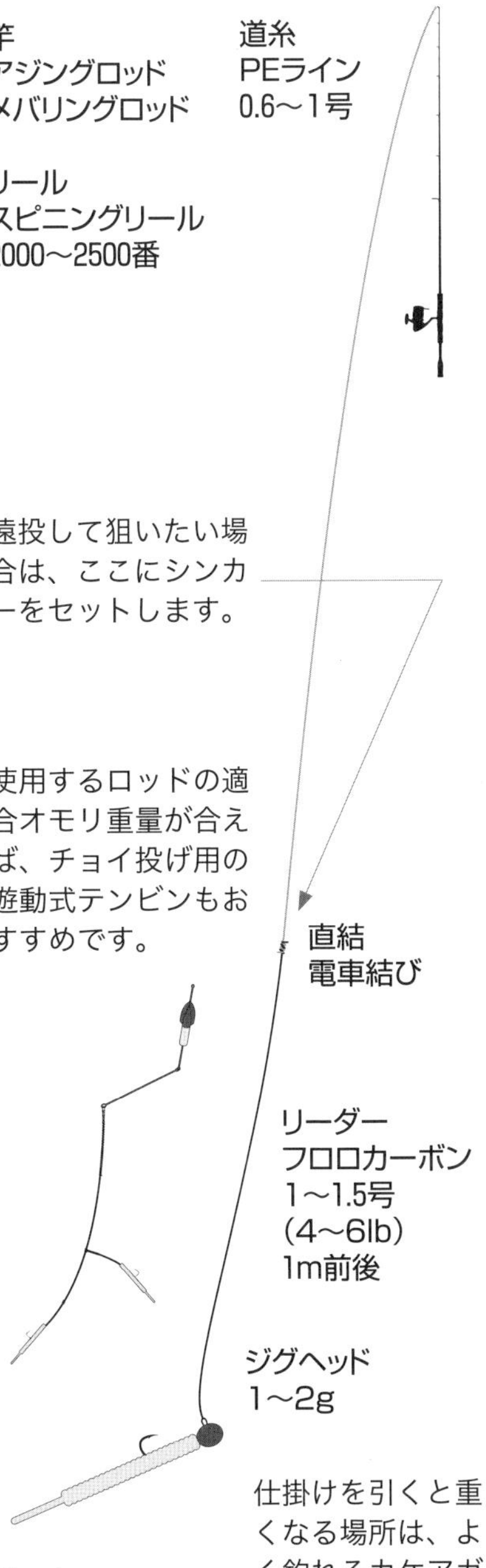

竿
アジングロッド
メバリングロッド
道糸
PEライン
0.6〜1号
リール
スピニングリール
2000〜2500番
遠投して狙いたい場合は、ここにシンカーをセットします。
使用するロッドの適合オモリ重量が合えば、チョイ投げ用の遊動式テンビンもおすすめです。
直結
電車結び
リーダー
フロロカーボン
1〜1.5号
(4〜6lb)
1m前後
ジグヘッド
1〜2g
ワーム
アジング用
ストレート系
2.5〜3.5in
仕掛けを引くと重くなる場所は、よく釣れるカケアガリになっていますので、何度も狙ってみましょう。

コウイカ モンゴウイカ

コウイカ

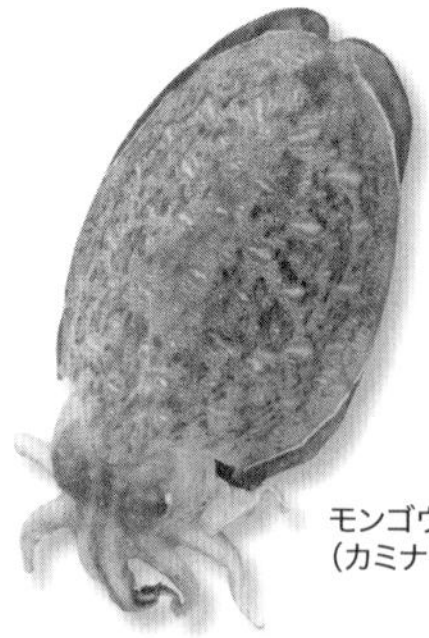
モンゴウイカ
（カミナリイカ）

春の風物詩

コウイカは春に接岸して産卵を行い一生を終えますが、地域ごとに1～3カ月の差がでます。釣り場を選ぶ際は釣具店などで情報を得て、選択しましょう。産卵は水深2～10mの内湾で行われ、岩や流木、藻場に卵を産み付けます。サイズは半年以上で15cmほどになり、その後はゆっくりとしか成長しないようです。同じ場所で釣れる似たような姿形をしたモンゴウイカの愛称で知られる標準和名カミナリイカは、コウイカよりも大型になり40cm以上にまでなります。名前の由来は背中のマークからきているといわれています。どちらのイカも多くのスミを吐くため、釣り上げた後には注意が必要です。また、吐いたスミはしばらく消えないため、早く洗い流しておきましょう。

狙う場所

コウイカは潮の流れが緩やかな湾内の砂泥底を好むため、アオリイカが少ない地域でも釣果を上げることができます。

真っ黒なスミを吐くため跡が残りやすく、真新しいスミ跡があれば好ポイントの証ともいえます。

モンゴウイカや小型が主体のシリヤケイカを総称してコウイカと呼ばれることもありますが、それぞれ釣れる最盛期は微妙に違ってきます。

エギング(アゴリグ)

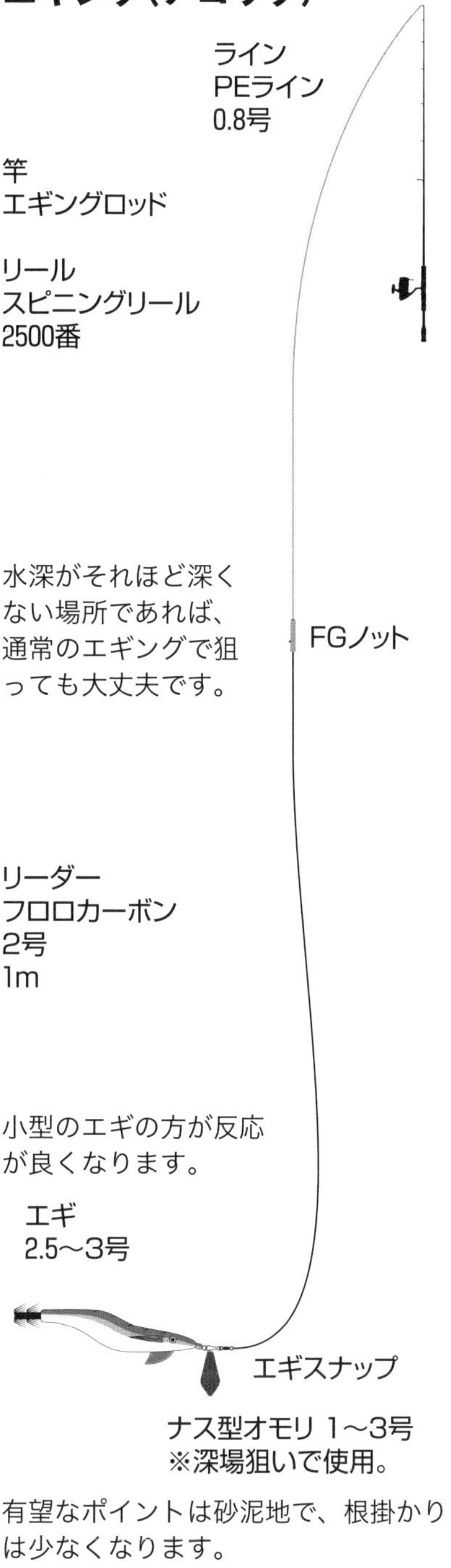
ライン
PEライン
0.8号
竿
エギングロッド
リール
スピニングリール
2500番
水深がそれほど深くない場所であれば、通常のエギングで狙っても大丈夫です。
FGノット
リーダー
フロロカーボン
2号
1m
小型のエギの方が反応が良くなります。
エギ
2.5〜3号
エギスナップ
ナス型オモリ 1〜3号
※深場狙いで使用。
有望なポイントは砂泥地で、根掛かりは少なくなります。

狙う場所はどれも同じようなところですが、コウイカやシリヤケイカは岸壁など港湾での釣果が良く、モンゴウイカはより流れの緩やかな場所や泥質が強いところでも釣れます。

狙い方

どのイカもボトムを中心に狙います。アオリイカのように上層までエギをシャクる必要はありません。

使用するエギはアオリイカと同じもので大丈夫ですが、よりボトムが狙いやすいように、オモリを併用する釣り方が好まれています。

アゴリグとも呼ばれる仕掛けを使い、ボトムを跳ねたり移動するエビやシャコに似せて狙います。

アタリはググッと重くなることが多く、強いアワセは必要ありません。重く感じたらロッドを立てて確認してみましょう。根掛かりであれば動くことはありません。

引くと動いて根掛かりではないことが分かったら、ラインを緩めないようにリールハンドルをゆっくりと回しながらラインを巻き取っていきましょう。

たまに、足1本だけに掛かっていることもあるので、取り込みは慎重に行います。

タモですくう際は足からではなく、頭側から行い、下からすくうように行います。頭からだと驚いて暴れさせて身切れで逃げられてしまいます。

何度も言いますが、陸に上げた後もスミを吐くので注意してください。

サバ

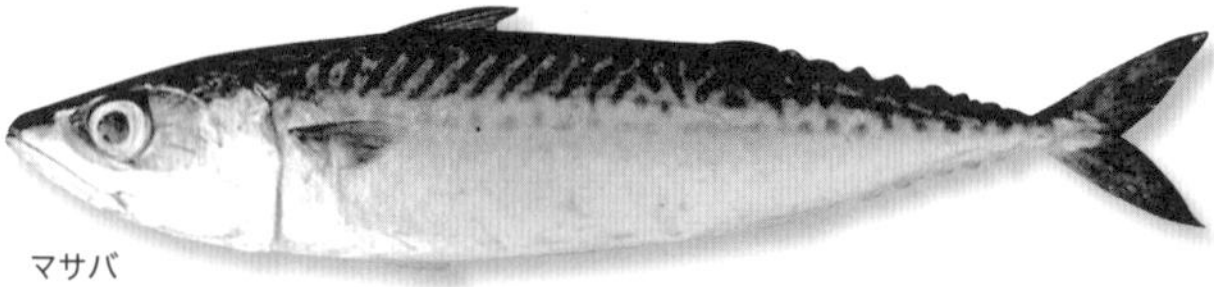
マサバ

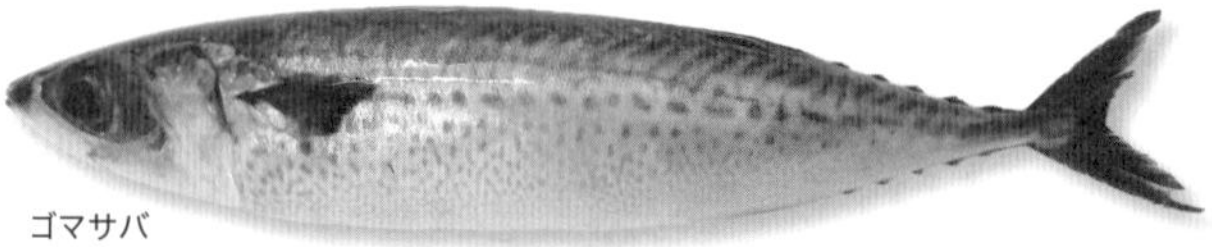
ゴマサバ

世界的な人気魚

世界的に多く食されている魚で、日本でも古くから食の面でなじみが深い魚種です。

日本沿岸ではマサバ、ゴマサバ、グルクマ、ニジョウサバなどが獲れますが、釣りのターゲットとなっているのはマサバとゴマサバで、どちらも陸から狙えますが地域によりゴマサバが多くなります。

ゴマサバはマサバと比べると脂質が少なく、味は劣るといわれていますが、季節による変化が少なく、年間を通して安定した味だといわれます。

サバは回遊魚で、潮通しの良い場所でよく釣れますが、堤防や港湾部にも小型のものが多く回ってくるため、釣りやすいターゲットの一つとなっています。

陸から釣れるのは30㎝くらいまでになります。春には10~20㎝の小型が群れて数狙えるシーズンになります。それを過ぎると型の良いサイズが釣れるようになり、陸からは10月くらいまで狙うことができます。

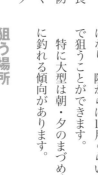

特に大型は朝・夕のまづめ時に釣れる傾向があります。

狙う場所

回遊魚のため、接岸情報が必要になります。やみくもに狙ってもハズレを引くことが多くなりますので、情報収集から始めましょう。

　サイズが小さい場合は、数日間と長く滞在する群れが多いので、焦らず計画しましょう。

　大型になるほど流れによる影響や時間帯など、接岸してくる条件が多くなり群れも小さくなるので、悠長に構えておけなくなります。そんなときは釣れている時間帯を優先して狙ってみましょう。


　釣れる場所は、小型が主体のときはサビキ釣りで数釣れるため、漁港一帯がポイントになります。

　型が良くなると場所を選ぶようになり、漁港の足元にはあまり寄ってこなくなります。潮通しの良い沖向きに釣り座を構えて狙ってみましょう。誰かが釣れると次々に掛かりますので、根気良く狙うのも必要です。

狙い方

　まずはルアーをキャストしたら、そのままタダ巻きで狙ってみましょう。

　サバの遊泳層は表層~中層になりますので、ボトムまで探る必要はありません。

　ルアーのアクションもさほど気にする必要はなく、タダ巻きで十分釣ることができます。釣れない場合はワンピッチ・ワンジャークなど、ルアーの見せ方を変えて狙ってみましょう。ジグサビキをセットするのもおすすめです。さらに食わないときは、フォールを多用してみるとよい場合があります。

　泳ぎの速い魚はイレギュラーなアクションに反応することが多いので、釣れないときはいろいろと試しましょう。

ショアジギング

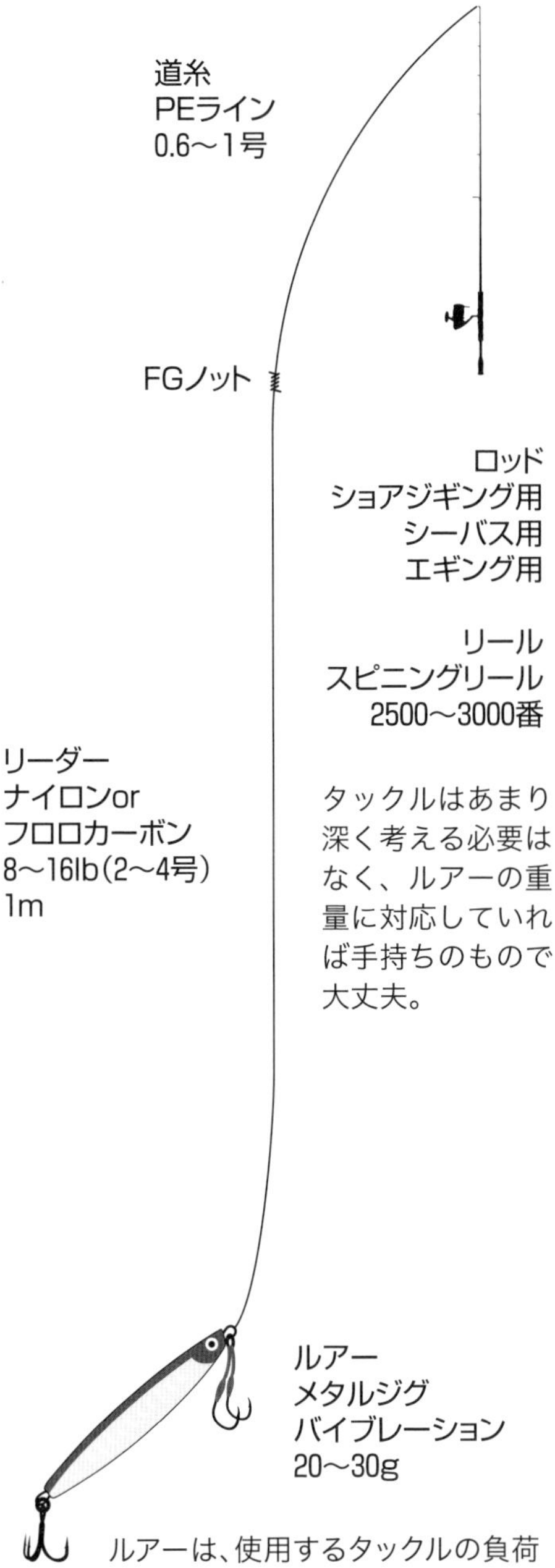
道糸
PEライン
0.6～1号
FGノット
ロッド
ショアジギング用
シーバス用
エギング用
リール
スピニングリール
2500～3000番
リーダー
ナイロンor
フロロカーボン
8～16lb(2～4号)
1m
ルアー
メタルジグ
バイブレーション
20～30g

タックルはあまり深く考える必要はなく、ルアーの重量に対応していれば手持ちのもので大丈夫。

ルアーは、使用するタックルの負荷に応じた重量のものを選び、キラキラと光を反射するものが海中で目立ちやすいのでおすすめです。

11

サワラ

サワラ

鋭利な歯を持つ

北海道南部以南の沿岸に生息するサバ科の回遊魚で、冬は外洋で過ごし、水温の上昇とともに接岸して春から初夏にかけて産卵します。

鋭い歯を持つ肉食魚で、カタクチイワシやイカナゴなどの小魚をメインに捕食しています。

細長く銀色の魚体の側面中心に黒灰色の丸い斑点が不規則に並びます。

出世魚であり、体長50cm程度までをサゴシ、それ以上をサワラと呼びます。

狙う場所

サゴシクラスなら身近な堤防の潮通しが良いエリアでも狙うことができますが、70cmクラスなら、実績がある場所の水深がある潮通しの良い沖堤防やサーフがおすすめです。

回遊魚を狙う場合のポイントはどれも似ており、基本は常に潮が速く動いている場所になります。漁港や堤防でいうと、先端やコーナー付近になります。

また回遊魚はいつ岸寄りに近づいてくるか分かりません。接岸していないタイミングで狙っ

ルアー釣り

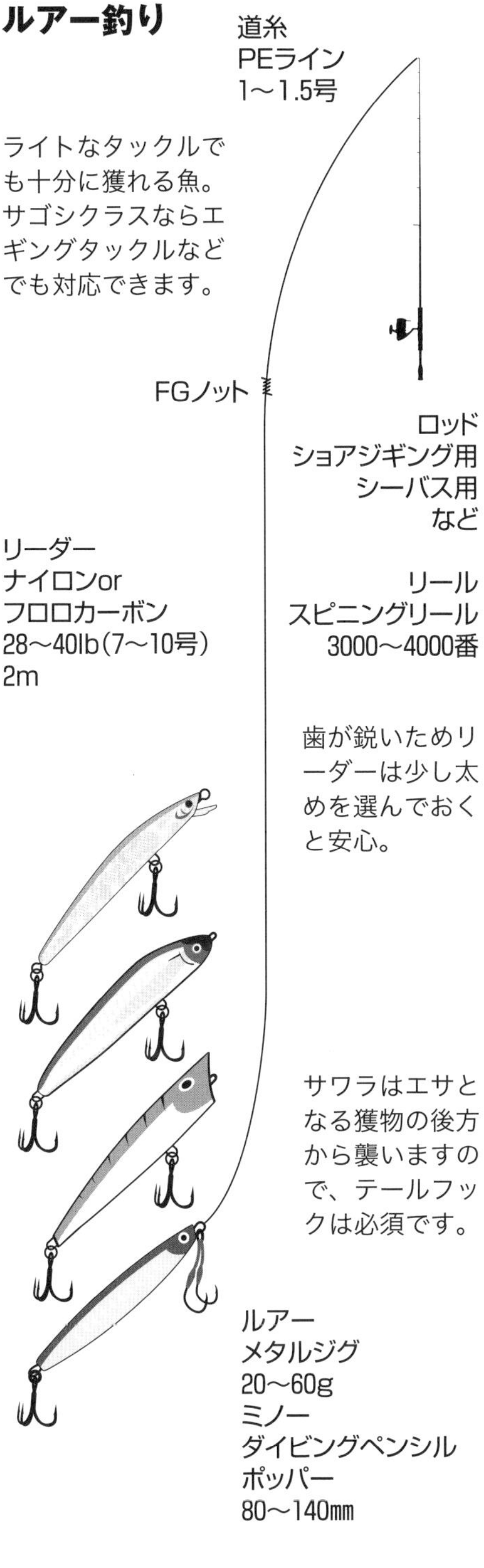
道糸
PEライン
1〜1.5号
ライトなタックルでも十分に獲れる魚。サゴシクラスならエギングタックルなどでも対応できます。
FGノット
ロッド
ショアジギング用
シーバス用
など
リーダー
ナイロンor
フロロカーボン
28〜40lb(7〜10号)
2m
リール
スピニングリール
3000〜4000番
歯が鋭いためリーダーは少し太めを選んでおくと安心。
サワラはエサとなる獲物の後方から襲いますので、テールフックは必須です。
ルアー
メタルジグ
20〜60g
ミノー
ダイビングペンシル
ポッパー
80〜140mm

ても釣れない可能性が高いので、釣れているという情報を得ることが大切です。

狙い方

まづめ時など活性が高い時間帯は表層付近にいることが多いので、表層に近いレンジをメタルジグやバイブレーションで速めのタダ巻きでチェックします。活性が低いときやどこにいるか分からない場合は、いったんボトムまでルアーを落としてから狙ってみましょう。

ルアーのアクションは、タダ巻きやワンピッチ・ワンジャークが基本です。

サワラは歯が鋭いため、ラインスラックが出るとリーダーに歯が当たって切られてしまうので気を付けましょう。もしもに備えてリーダーを太くしておくと安心です。遊泳するタナが変わりやすく、表層でアタることもあれば、ボトムで食ってくることもあります。そのため、広範囲が探れるショアジギングが有利になります。もちろんペンシルやミノーでも狙うことができますので、そのときの遊泳層に合わせたルアーをセレクトしましょう。

捕食はあまり上手くないので、ルアーを激しくアクションさせるとミスバイトが増えますが、遅いとルアーを見切ってバイトしてこなくなります。掛からないときはスピード調整に気を付けましょう。サワラがポイントにいると分かっているときは、あまりルアーを動かし過ぎないようにすることも釣るためのコツです。

シイラ

シイラ

万力と呼ばれる

シイラは熱帯・温帯海域に広く分布しており、成魚になると体長は２ｍを超え、重量は人間の子ども並みの40kgにもなる大型魚です。

体高があり、その引きの強さから「海のハンマー」や「万力」と呼ばれています。成長するにつれてオスは額が大きく張り出すのが特徴です。

ハワイではマヒマヒの名で知られており、クセのない白身はさまざまな料理に合うため重宝されています。

狙う場所

ほとんどは船から狙われますが、堤防や護岸から狙える地域もあります。陸っぱりで狙える回遊魚はオフショアと比較するとサイズが小さいのが一般的ですが、シイラは大型の接岸も見られるため、１ｍを超える良型を堤防から仕留めることができる魅力的な釣りとなっています。

南方系の魚なので特定地域の

みになりますが、毎年同じように接岸するため、同じ場所・同じ時期に狙うことができます。

狙い方

掛かったときに見せる豪快なジャンプが迫力満点なのですが、パワーがあり暴れ回るため強引に引き寄せられるタックルが必要となります。ただし根に突っ込む習性はありませんので、根でバラす心配はあまりありません。

ルアーはダイビングペンシルやポッパーなど表層でアクションするものをメインに使用します。メタルジグで狙うこともできますが、ルアーが沈むと群れもつられて沈み気味となってしまいます。シイラゲームの醍醐味は派手なジャンプでもあるので、トップ系のルアーで狙うことをおすすめします。

釣り方の基本は、ナブラ撃ちです。闇雲に探りながら狙うよりも、ナブラを確認してから狙うと、より高確率で掛けることができます。群れの進行方向を把握し、ルアー着水点がナブラに当たるように計算してキャストすることです。

距離や方向性を予想してキャストすることは意外と難しいので、事前に別の場所で練習しておきましょう。

またシイラは生きているときの体表は鮮やかな金色と緑で彩られていますが、死ぬと色は引いてしまいます。鮮度が落ちやすい魚でもありますので、釣れたらすぐにリリースするか、持ち帰る場合はすぐに絞めてクーラーに入れましょう。

ルアー釣り

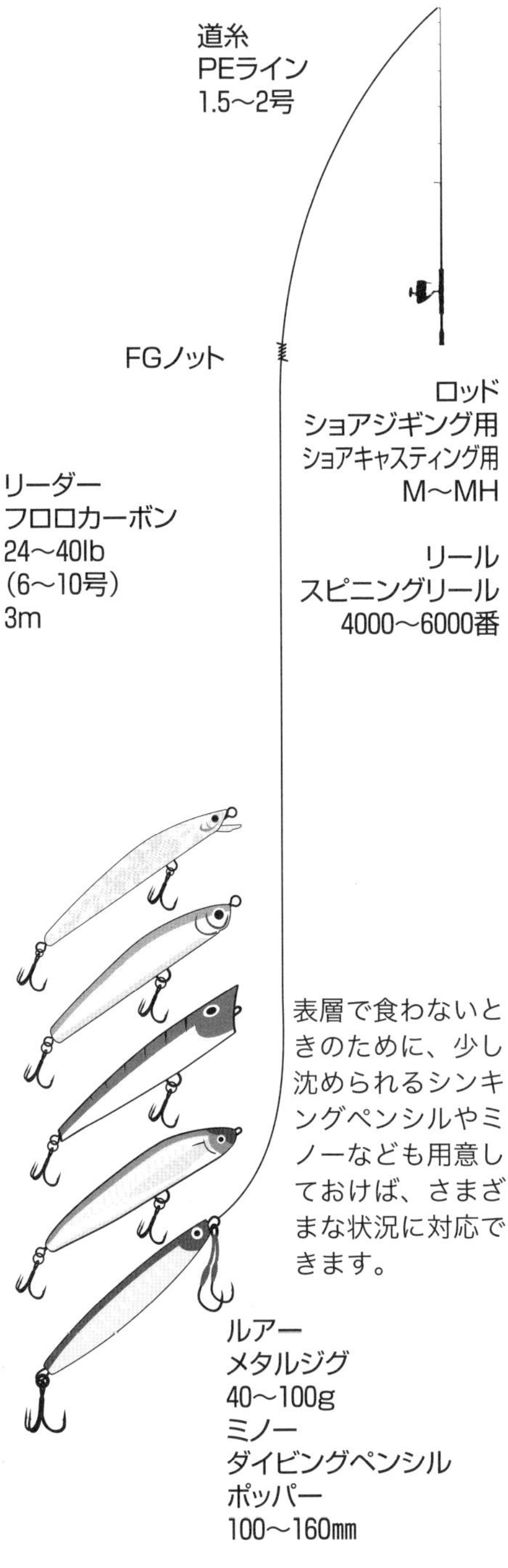
道糸
PEライン
1.5〜2号
FGノット
ロッド
ショアジギング用
ショアキャスティング用
M〜MH
リール
スピニングリール
4000〜6000番
リーダー
フロロカーボン
24〜40lb
(6〜10号)
3m
表層で食わないときのために、少し沈められるシンキングペンシルやミノーなども用意しておけば、さまざまな状況に対応できます。
ルアー
メタルジグ
40〜100g
ミノー
ダイビングペンシル
ポッパー
100〜160㎜

シーバス（スズキ）

シーバス
（マルスズキ）

ルアー釣りの人気魚

身近な場所で釣れるシーバス（スズキ）は、ルアー釣りの好ターゲットです。日本では海のルアー釣りの先駆け的な魚であり、釣り方の研究が進んでいるため、さまざまなルアーが販売されています。

多くのルアーがあるということは、それだけ狙い方も多いということです。その理由はシーバスの偏食性の高さにあります。

シーバスは、時期に合わせてベイトを変えて捕食します。例えば、主にイワシを食べているときにアジを見てもあまり興味を示しません。そういった時期的な偏食をルアー釣りでは○○パターンと呼んで、それに合わせたルアーを使います。

シーバスの代表的なパターンは、コノシロパターン、アユパターン、バチターン、イナッコパターン、アミパターンです。時期によって変わるメインベイトに応じた攻め方をすることで、より釣れやすいルアーで狙うことができます。

岸から狙うシーバスは、サイズを問わなければ通年狙うことが可能です。ベストシーズンは沿岸部で活発に捕食行動をとる春と秋で、夏になれば汽水域が狙い目となります。

狙う場所

サイズを問わず個体数が多いのが、居着き型のシーバスがた

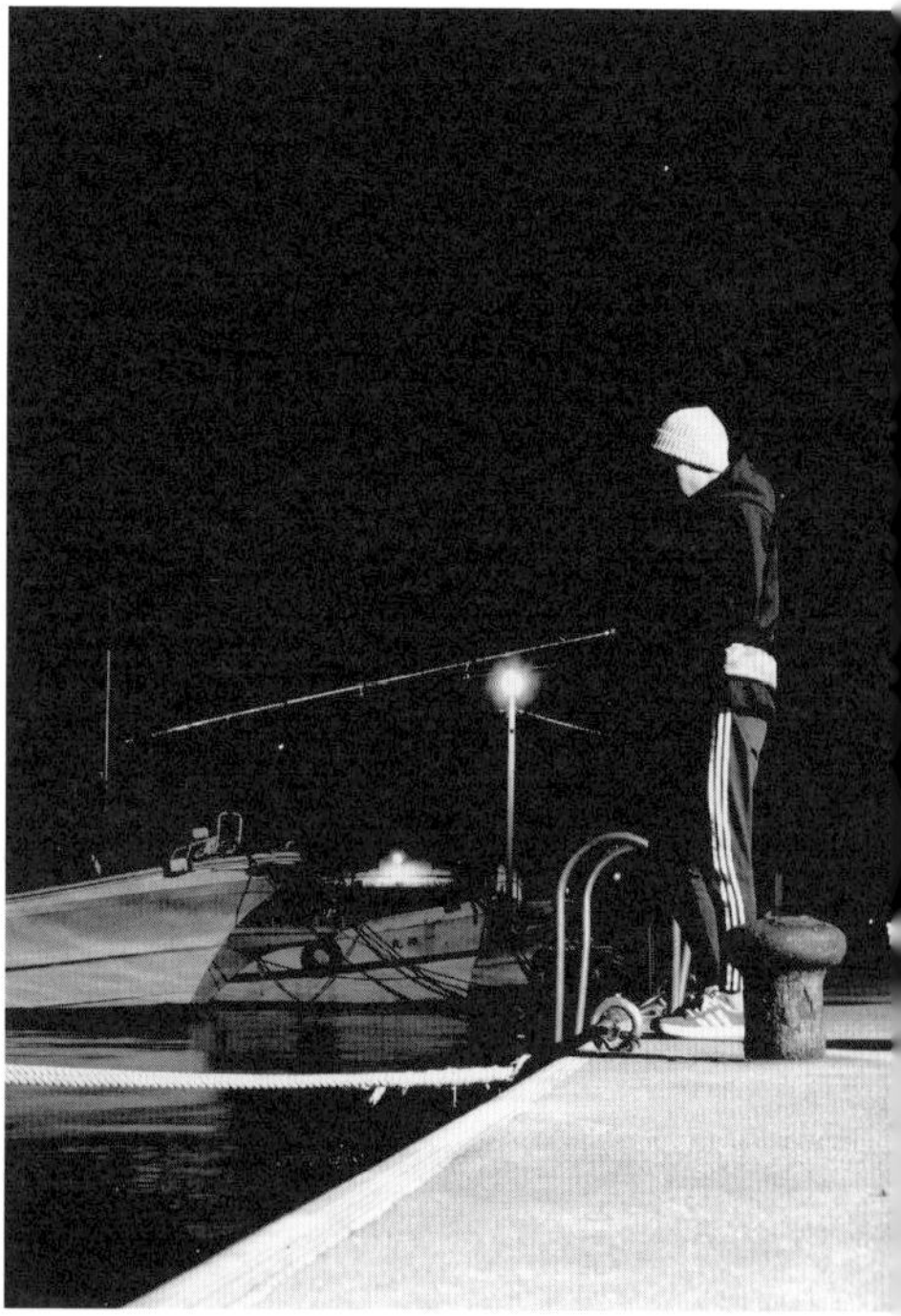

くさん生息している港湾部です。汽水域に順応できるシーバスは河川でもよく見られます。

　漁港でも狙うことができますが、ほとんどがナイトゲーム主体となります。ベイトがいない場所での釣果は見込めないので、まずはベイトが群れている場所を探してみましょう。

　シーバス釣りを始めてから、1尾を仕留めるまでは釣りに迷いが生じるものですが、あまりパターンにはまらず自分が試したいことを行う方が集中力が持続しやすくなります。

　まずは実績ある場所に通うことから始めましょう。

狙い方

　メインベイトの動向やポイントの水深、流れの強さを考慮し、ミノーやバイブレーション、メタルジグ、ワームなどを適材適所で使用します。前述したパターンを考慮して、シーバスが意識しているベイトを演出できるルアーを使うとよいでしょう。

　スタンダードな攻め方は二通りです。一つは橋脚やテトラ際、岸壁沿いなどをタイトに探るストラクチャー撃ち。もう一つは潮がヨレるポイントまでルアーを流して送り込み、そこで食わせるドリフト釣法などです。

　前者はシーバスの居着き場所をダイレクトに狙う方法で、後者はシーバスが捕食するポイントにルアーをアプローチするやり方となります。

　どちらもルアーの特性を生かしてアクションさせることと、正確にポイントにルアーをアプローチすることが重要となります。

ルアー釣り

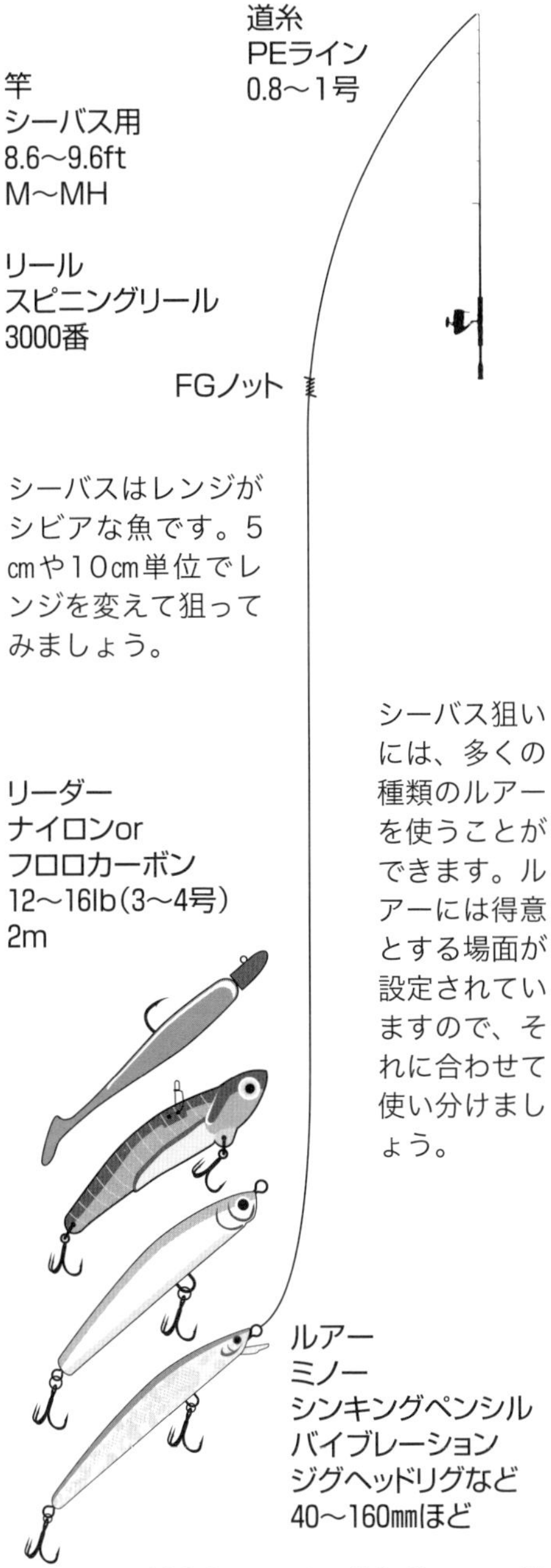
道糸
PEライン
0.8～1号
竿
シーバス用
8.6～9.6ft
M～MH
リール
スピニングリール
3000番
FGノット
シーバスはレンジがシビアな魚です。5㎝や10㎝単位でレンジを変えて狙ってみましょう。
シーバス狙いには、多くの種類のルアーを使うことができます。ルアーには得意とする場面が設定されていますので、それに合わせて使い分けましょう。
リーダー
ナイロンor
フロロカーボン
12～16lb(3～4号)
2m
ルアー
ミノー
シンキングペンシル
バイブレーション
ジグヘッドリグなど
40～160㎜ほど

捕食しているエサにルアーの形状やサイズ、アクションを合わせます。

ソウダガツオ

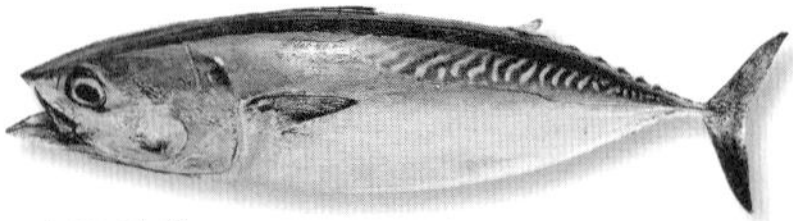

ヒラソウダ

マルソウダ

堤防から狙えるカツオ

通常、食卓に出るのはホンガツオやマガツオのことですが、近海で獲れるカツオはスマガツオ、ハガツオ、ソウダガツオなどもいます。基本的に暖かい海域を好む種で、太平洋側に多く日本海側には少ないようです。

一般的にカツオと呼ばれるホンガツオを陸から狙うにはかなりエリアが限られており、船釣りがほとんどです。

陸っぱりから狙えるカツオはソウダガツオがほとんどなのですが、これもエリアが限られて

釣れ始めると人が多く集まってくるのが回遊魚の釣り。泳ぐのが速い魚は、取り込みにもたついていると周囲の人の仕掛けを巻き込んでしまう。掛けたら迅速に対応するのがマナーだ。

ルアー釣り

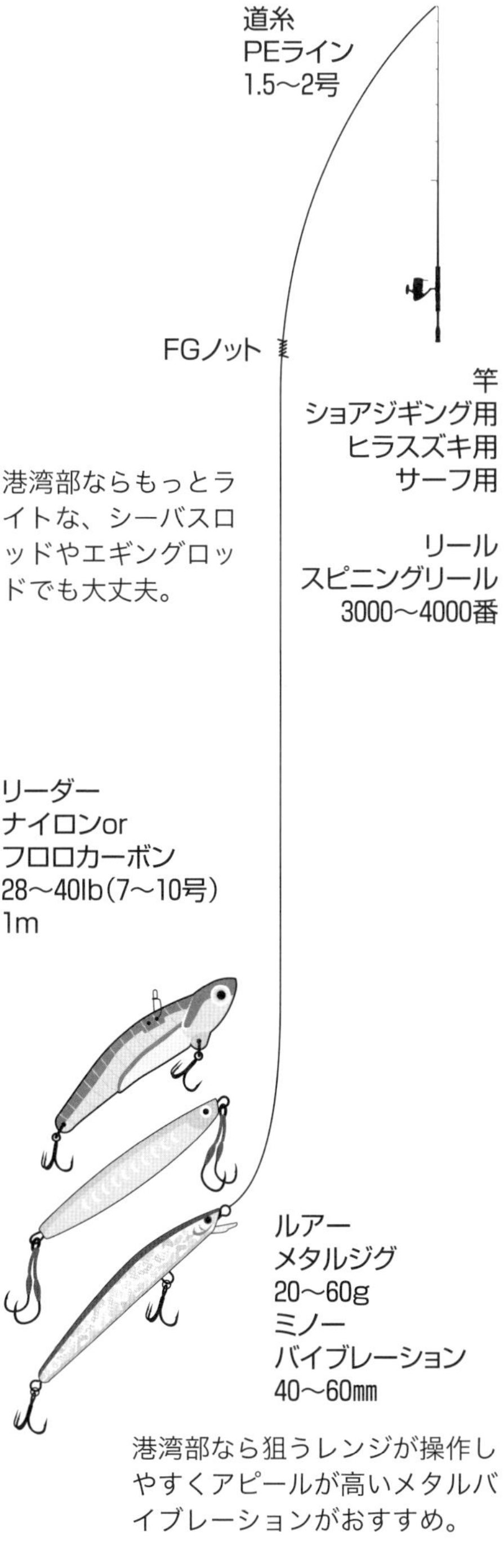
道糸
PEライン
1.5～2号
FGノット
竿
ショアジギング用
ヒラスズキ用
サーフ用
リール
スピニングリール
3000～4000番
港湾部ならもっとライトな、シーバスロッドやエギングロッドでも大丈夫。
リーダー
ナイロンor
フロロカーボン
28～40lb(7～10号)
1m
ルアー
メタルジグ
20～60g
ミノー
バイブレーション
40～60㎜
港湾部なら狙うレンジが操作しやすくアピールが高いメタルバイブレーションがおすすめ。

おり、釣れる時期が短いのが特徴です。

ベストシーズンは初夏~秋までとなります。

狙う場所

基本的に釣れている情報がなければ、専門に狙うことはない魚といってもよいでしょう。

同じエリアに常駐しているわけではなく、短い時間帯だけ回遊してくる魚なので、別の魚を狙っているときにたまたま群れが入ってきたと思った方がよいでしょう。

釣れる情報の多くは堤防周辺が多いのですが、サーフでの実績も高いようです。

特に回遊しやすい水深が深い場所が近くにあるがサーフが目安となります。

狙い方

いないと釣れない反面、いるとすぐに釣れるという印象が大きい魚でもあります。

一番遭遇率が高いルアーは、メタルジグを使用したショアジギングです。遠投を含めた広範囲を狙える釣り方なので、魚とのコンタクトが増えます。

メタルジグのアクションはタダ巻きが有効で、小さくコンパクトなほど食いやすい傾向にあります。しかし、自分だけ釣れない状況も出やすいので、その場合はレンジを小刻みに変えて狙ってみましょう。

それでも食わない場合は、使用しているジグのシルエットに問題がある場合が多いようです。サイズを変更して試してみましょう。

タチウオ

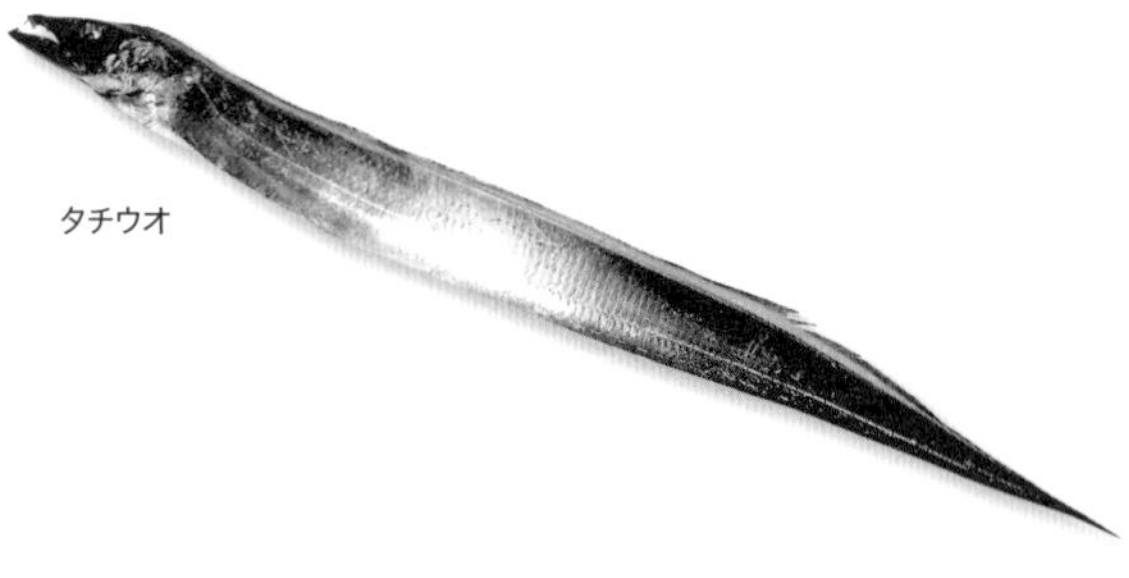

タチウオ

目指すのは指4本

銀色に輝く細長い魚体が特徴的なタチウオ。貪欲にエサを追う攻撃性と強烈な引き味が魅力です。

北海道以南に分布し、水深50～100m前後の深場で小魚を追って回遊していますが、産卵期の夏から晩秋にかけて接岸するため、港湾部でも狙うことができるようになります。

タチウオのサイズは体高が指何本分あるかという表現方法を用います。指2本程度の小さなものはベルトサイズとも呼ばますが可食部が少なく、食卓を賑わせたいなら指4本以上のサイズを目指しましょう。

メインベイトはアジやイワシなどの小魚です。地域や時期によってパターンが異なり、回遊したエリアに溜まっているアジ、イワシ、キビナゴ、小イカなどに付いて、夜間になると岸近くまで寄ってきます。捕食方法は、鋭い歯で獲物にダメージを与えて動けなくしてからゆっくり食うため、ルアー釣りではアタリがあってもなかなか掛からないことがよくあります。

狙う場所

タチウオは夜行性が強く、日中は沖の深場に潜み、太陽が傾き周囲が薄暗くなり始めたころからベイトを追って海面付近まで浮上してきます。釣れる時間帯は、夕まづめ前後から夜明け前まで狙うことができます。

基本的に水深がある場所がポイントです。底質は砂地の場所を好むとされています。

活性が高いときは水深5m以浅のシャローエリアにも入ってくるため、足元が浅くてもルアーが届く範囲にブレイクがあれ

グロー系のルアーを使い、光でアピールしながら狙うのも、タチウオ釣りの特徴です。ルアーに発光体を取り付けるのも効果的です。

ば好ポイントとなります。

ベイトフィッシュが集まりやすく溜まりやすいことも条件の一つで、潮の流れが比較的緩いところに溜まりやすく、すぐにいなくなることは少なく一晩同じエリアに滞在します。

時期にズレはありますが、高い確率で毎年同じ場所に回遊してきます。釣れた場所と時期を覚えておくと勝率アップに繋がるでしょう。

狙い方

遠投が効くメタルジグを使ったショアジギングがおすすめです。ポイントの少し先へキャストし、任意のレンジまで落としてデッドスローで引いてくるのが食わせるテクニックです。

活性が低いときは鋭いシャクリでリアクションバイトを狙ってみます。一旦ボトムに落としてシャクりながら中層まで巻き上げ、食わせの間を作るためにフォールさせて誘います。

タチウオは同じエリア内を時間帯によって移動し続けます。基本はルアーを遠投してボトムまで沈め、シャクリとフォールをボトム〜ミドルレンジの範囲で繰り返しましょう。アタリがあればそのレンジを入念に探ります。

徐々に日が落ちて夕まづめ時に突入したら、狙うレンジを少し上げてワンピッチ・ワンジャークで探ります。暗くなるにつれて浮きやすくなるので、少しずつレンジを上げて狙います。タチウオは活性が高いほど浅いレンジでヒットしますので、探る場所に注意をしましょう。

ショアジギング・ワインド

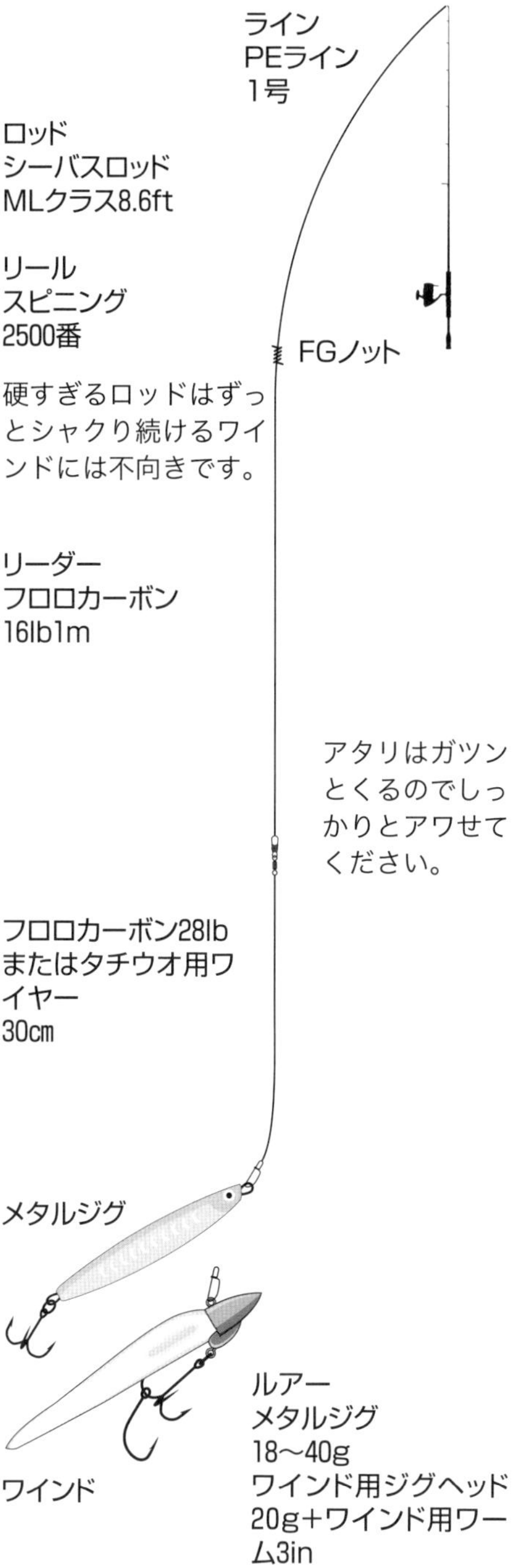
ライン
PEライン
1号
ロッド
シーバスロッド
MLクラス8.6ft
リール
スピニング
2500番
FGノット
硬すぎるロッドはずっとシャクり続けるワインドには不向きです。
リーダー
フロロカーボン
16lb1m
アタリはガツンとくるのでしっかりとアワセてください。
フロロカーボン28lb
またはタチウオ用ワイヤー
30㎝
メタルジグ
ワインド
ルアー
メタルジグ
18〜40g
ワインド用ジグヘッド
20g+ワインド用ワーム3in

チヌ・キチヌ

釣りの大衆魚

チヌの愛称で呼ばれる標準和名クロダイは、港湾をはじめ河口域や磯場にも生息するため、釣りのターゲットとしてさまざまな狙い方で親しまれています。

狙える時期は通年ですが、春に産卵のため沖から接岸し、夏は沿岸に幅広く分布します。汽水域にも多く見られるようになり、河口の浅場でルアー釣りが盛んに行われます。

秋になると越冬準備をするためエサをよく食べる時期になり、深場へと移動するのが一般的でしたが、近年は冬でもさほど水深のない堤防で見られるようになりました。

雑食性が強く、エビやカニなどの甲殻類、貝類、ムシ類だけにとどまらず、小魚を食べる魚食性もあります。

流れの速い場所はあまり好まず、ブレイクに沿って回遊するか、岩礁や藻場周辺など障害物周りに居着いています。

ワームのズル引きで食ってきたキビレ。

チヌによく似たキチヌは、チヌよりも汽水域を好み、ヒレの先端が黄色くなっているのが特徴です。チヌ同様に釣ることができます。

狙う場所

漁港でのチヌ狙いの基本ポイントは、堤防の際、テトラ周り、藻場、沈み瀬、ブレイク、ストラクチャー周りです。

　狙いやすいのは夏場の河口域で、水深が１ｍもあれば釣れる可能性があります。ただし、あまりにも海水が透き通った場所では警戒心が強くなるため、実績は低くなります。

狙い方

　狙う場所によってルアーを使い分けますが、中層は期待が薄くミドルレンジに特化したルアーをメインに使うことはありません。

　チヌ狙いで使用するルアーを大別すると、海底付近が狙えるワームと表層付近が狙えるプラグになります。

　ワームは堤防の際、テトラ周辺、ブレイクなど、海底付近を回遊しているか、潜んでいる個体をメインに狙います。

　このため、ボトムにルアーをしっかりとコンタクトさせながら、ズル引きやボトムバンプで狙うのがコツとなります。

　プラグは主に浅場を狙うときに使用します。代表的なのは河口域で、チヌ狙いでは人気のスポットになります。

　メインのルアーはフローティングペンシルやポッパーになります。ルアーの後を追尾するようにチヌが追いかけ、ガバっとルアーに食い付く瞬間が見られるのが醍醐味です。

　浅場で釣れたチヌほどよく引きますが、周囲の障害物にラインを引っ掛けると切れてしまいます。特に河口域では岩などに付着したカキにラインが触れるとすぐに切れてしまうため注意が必要です。

チニングタックル

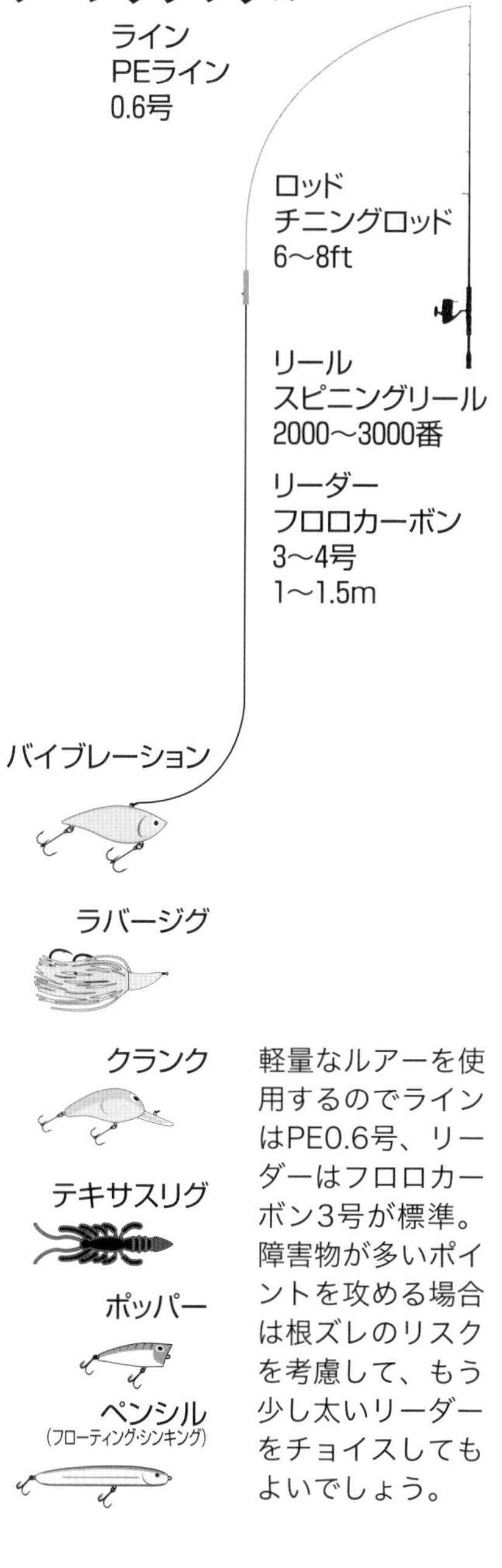
ライン
PEライン
0.6号
ロッド
チニングロッド
6〜8ft
リール
スピニングリール
2000〜3000番
リーダー
フロロカーボン
3〜4号
1〜1.5m
バイブレーション
ラバージグ
クランク
テキサスリグ
ポッパー
ペンシル
(フローティング・シンキング)

軽量なルアーを使用するのでラインはPE0.6号、リーダーはフロロカーボン3号が標準。障害物が多いポイントを攻める場合は根ズレのリスクを考慮して、もう少し太いリーダーをチョイスしてもよいでしょう。

どのレンジを狙うのかによってルアーを使い分けます。広範囲の様子を探る場合は、バイブレーションがおすすめです。

根魚
カサゴ、アイナメ、ソイ、ハタ類

間違いない美味しさ

根魚とひとまとめにしているのは、狙い方がほとんど同じためです。季節や地域、ポイントにより、どの根魚がよく釣れるか変わってきます。もちろん魚種により生息域や習性は違いますが、タックルやルアーの使い方は同じなので、一番人気のキジハタ狙いをメインに話を進めていきましょう。

根魚というくらいなので、ボトムにある障害物をすみかに行動している魚です。

カサゴは巣穴から出て泳ぎ回ることはあまりありませんが、他の根魚はベイトがいれば積極的に追う傾向にあります。

このことから、ボトムを中心に狙うといっても、ベタ底だけではなくボトムから3〜5ｍくらいまでを視野に入れて狙ってみましょう。

狙う場所

根の穴の中にルアーが入るとすぐに根掛かりしてしまいますので、ダイレクトに狙うのではなく、まずは根の周辺を探るようにします。狙うポイントは「障害物」です。20㎝ほどの岩でもポイントになりますので、くまなく探ってみましょう。

狙い方

堤防の場合だと、堤防の際、テトラ周辺、沈んだ根周りなどがありますが、堤防の際が一番狙いやすい場所です。

堤防沿いに歩きながらルアーを真下に落として狙うだけでもよく釣れます。

テトラの隙間に入れるとルアーが引っ掛かりやすいので、テトラよりも沖に投入して、寄せながら狙ってみるか、横向きにルアーを投げ、テトラに沿ってルアーを引きます。

このように、見て確認できる障害物を狙う場合は、まずは周辺から攻めていくようにするとトラブル回避になります。

目に見えない場所を狙う場合は、ジグヘッドリグやテキサスリグで狙うのがおすすめです。

一旦ボトムにルアーを着底させ、横に引くのではなく、上にスッと持ち上げるようにして移動させます。ルアーを横に引いて引きずると、フックやシンカーが岩や海藻に引っ掛かりやすいためです。

ボトムを跳ねるようにルアーを操作することをボトムバンピングと呼びます。基本操作は、ロッドを頭付近まで上げてルアーを跳ね上げ、そのままルアーが沈むまで待った後、糸フケを取って再度同じことを繰り返します。

魚が掛かったら、巣穴に潜り込まれないように素早くラインを巻き取って、底から剥がすようにしてください。

ルアー釣り

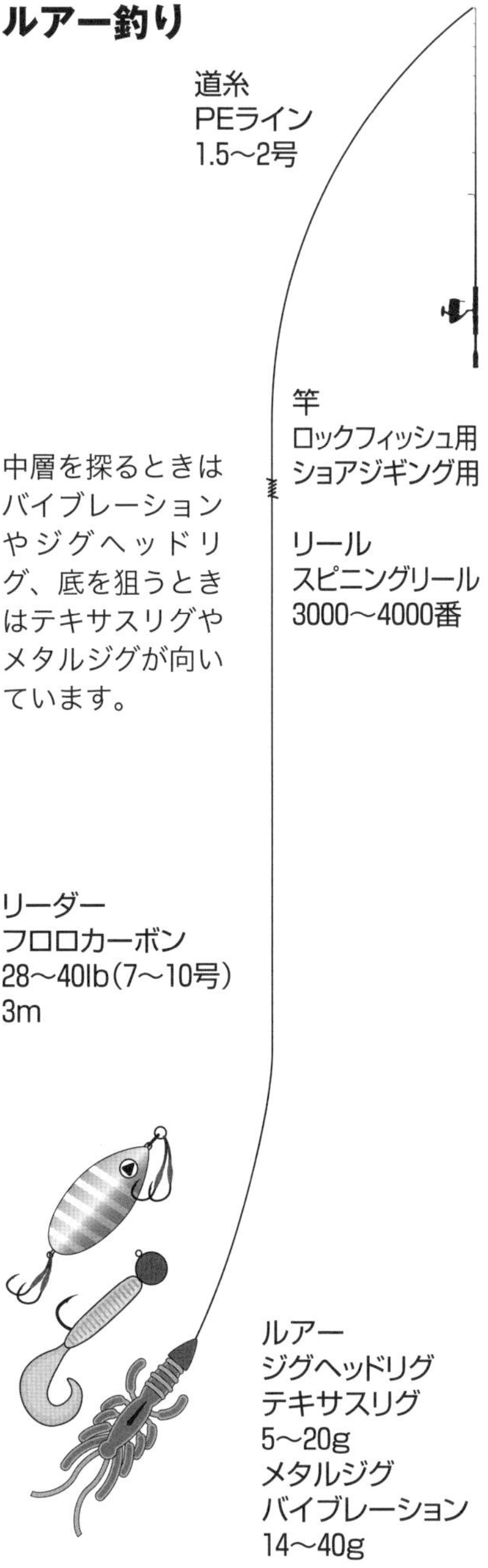
道糸
PEライン
1.5〜2号
竿
ロックフィッシュ用
ショアジギング用
リール
スピニングリール
3000〜4000番
中層を探るときはバイブレーションやジグヘッドリグ、底を狙うときはテキサスリグやメタルジグが向いています。
リーダー
フロロカーボン
28〜40lb（7〜10号）
3m
ルアー
ジグヘッドリグ
テキサスリグ
5〜20g
メタルジグ
バイブレーション
14〜40g

魚種により遊泳層が異なるので、対象魚に合わせてルアーを選び、狙うレンジを変えよう。

ハゼ

マハゼ

ルアーで手軽に狙える

ベテランからファミリーフィッシングまで、手堅く釣果を得られるターゲットとして長年親しまれてきたのがハゼ（マハゼ）です。

水底からあまり浮かび上がらないハゼは、目の前にきたエサを迷わず食います。このためエサ釣りで釣果を伸ばすにはエサを目の前まで届けることが必要です。エサ釣りで狙うのが一般的でしたが、小さなルアーへの反応が良く生息数が多いため、ルアー釣りでも好まれています。

産卵は冬で、深場で行われるためオフシーズンとなります。シーズンは、春の小型（5～10㎝）、秋の良型（10～20㎝）狙いとなります。

狙う場所

汽水域に好んで生息するため、釣り場は河口一帯になります。都心の河川でも狙っている風景を見ることができるくらい、上流側に入ってきます。

ただし河口域は潮の干満の影響を大きく受けますので、潮汐を確認して、満潮前後から狙うようにしましょう。潮が干くとハゼが移動してしまう場所もあ

ります。

よく釣れる場所は、流れの淀みやカーブ付近です。特に川が曲がった外側に溜まります。

動くものを見つけると興味を示して近寄ってきます。1尾寄ると複数で集まる傾向にあり、連続してエサにアタックします。

基本的には身を隠すために障害物周りにいますので、ストラクチャーを中心に狙ってください。

狙い方

クランクベイトを使ったハゼクランクがおすすめです。

クランクとはずんぐりした体型のルアーで、サイズに対して大きなリップが取り付けられ、ハゼ狙いでは海底をグリグリと擦りながら尻上がりに進んでいくルアーです。

バスフィッシングではよく使われるタイプのルアーですが、ソルトルアーでの登場は多くありません。

基本は投げて引くだけです。浅い場所を狙うため、強いアクションをロッドで行うと、根掛かりのリスクが高くなります。

一定の速度でリールハンドルを回し、ロッドの角度で方向性を微調整しながら狙います。

引く速度は1秒間に1m進むくらいでよいでしょう。後ろからハゼが追いかけてくる様子を見ることができるなら、追いかけるスピード、食い方に合わせて速度を調整してください。

小さなアタリばかりで掛からなかったり、なかなか釣れないときは、ルアーを引いている途中で止める「ストップ」を織り交ぜてください。1秒ほどを目安にするとよいでしょう。

ハゼクランク

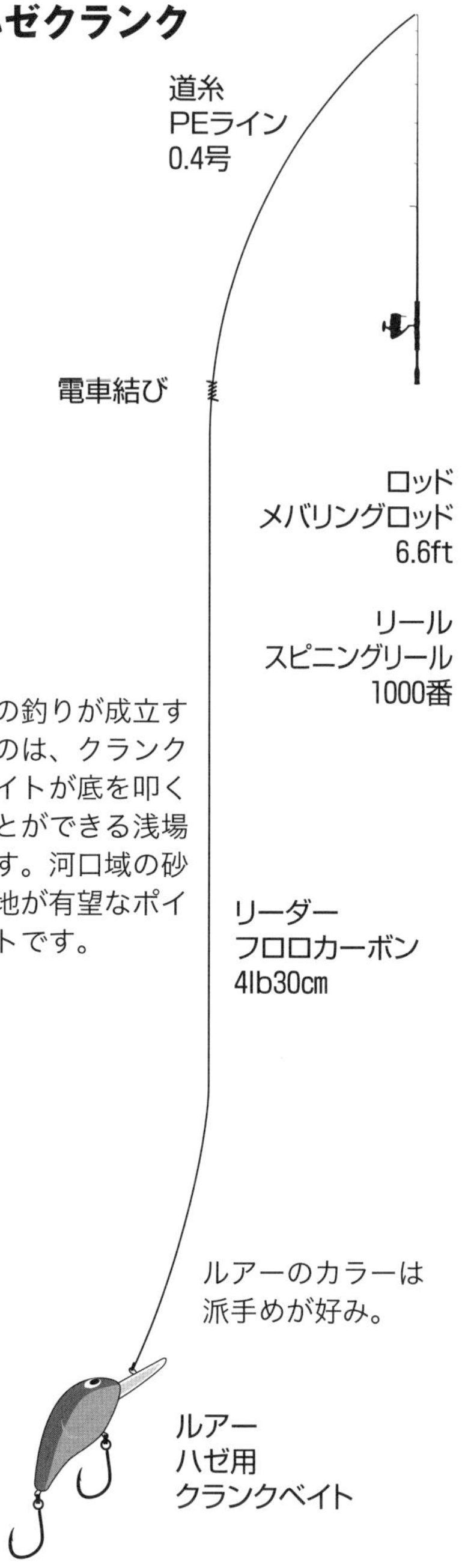
道糸
PEライン
0.4号
電車結び
ロッド
メバリングロッド
6.6ft
リール
スピニングリール
1000番
リーダー
フロロカーボン
4lb30cm
ルアーのカラーは
派手めが好み。
ルアー
ハゼ用
クランクベイト

この釣りが成立するのは、クランクベイトが底を叩くことができる浅場です。河口域の砂泥地が有望なポイントです。

ハゼ専用のクランクベイトは、根掛かりしづらいシングルフックが装着されています。

ヒラメ

ヒラメ

誰もが認める高級魚

北海道のオホーツク海から九州南岸のほぼ日本全国に分布する魚。水深100m以浅の砂泥底に生息し、魚類や甲殻類、イカなどをエサとしています。

カレイと同様に体が側扁し片側に両目が付いており、左ヒラメ・右カレイと言われるように、頭の方向で見分けることができます。

体長1m、重量10kgを超える個体もおり、カレイ・ヒラメの仲間ではオヒョウに次ぐ大きさです。

40cm以下のヒラメを「ソゲ」呼びます。

産卵期は1～8月と日本全国でみると長いのですが、南ほど早くなります。産卵場は50mよりも浅い岩礁帯の砂泥や砂れきで行われます。

陸っぱりからでは冬季を除いて狙うことができますが、季節によってよく集まるフィールドが変わります。

特にヒラメ狙いで人気のあるサーフでは、春～初夏、秋～初冬がシーズンになります。

狙う場所

底質が砂地のサーフや堤防で狙うことができます。海水浴場のような遠浅の砂浜でも釣れますが、夏場は海水浴場での釣りはできません。

完全な砂地よりも、岩などが点在する場所を好み、根周りやゴロタ浜が多いほど生息数が多く、泥質が多いと少なくなります。

また河口などの汽水域でもよく釣れます。雨後にベイトが上流側から流されてくるときの、濁りが落ち着いたくらいのタイミングが狙い目となります。

狙い方

ヒラメは通常底に潜んでいますが、近くにエサとなる魚などがくると、追いかけて捕食します。このためボトムより少し上のレンジを意識して狙いましょう。だいたいボトムから1m程度の範囲を探るのが基本です。上を通る獲物を意識していますので、海底にいるヒラメに上から見せるイメージです。

アクションはタダ巻きで大丈夫ですが、あまり速いと追い切れないのでスローに誘うように心がけましょう。アタリがないときはリフト&フォールで誘うのも有効です。

フォールで食ってくることもよくあるため、メタルジグで狙う場合は、スローフォールを演出できるリーフタイプやファットタイプがおすすめです。

ルアーのカラーは、ゴールドやシルバーなど光を反射するものや、濁りがあるときはチャート系が効果的です。

ルアー釣り

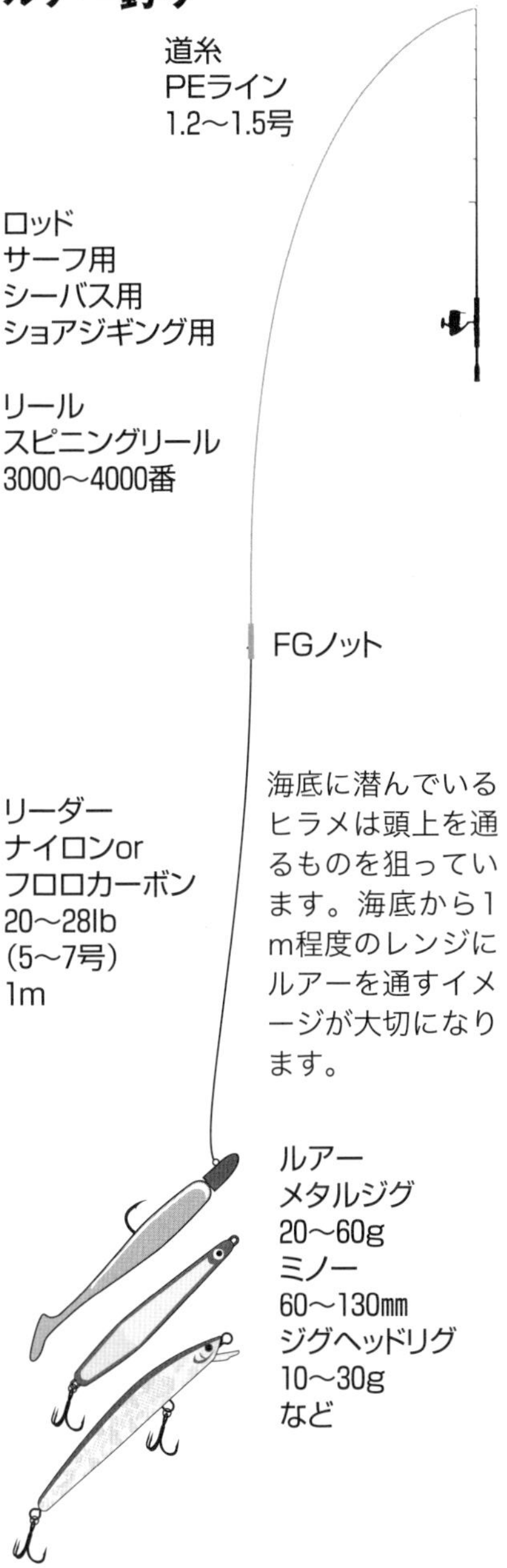
道糸
PEライン
1.2〜1.5号
ロッド
サーフ用
シーバス用
ショアジギング用
リール
スピニングリール
3000〜4000番
FGノット
海底に潜んでいるヒラメは頭上を通るものを狙っています。海底から1m程度のレンジにルアーを通すイメージが大切になります。
リーダー
ナイロンor
フロロカーボン
20〜28lb
(5〜7号)
1m
ルアー
メタルジグ
20〜60g
ミノー
60〜130㎜
ジグヘッドリグ
10〜30g
など

ルアーはメタルジグ、ミノー、ジグヘッドリグがメイン。キャストでの飛距離が釣果を左右することも多いですが、波打ち際にもいます。

マゴチ

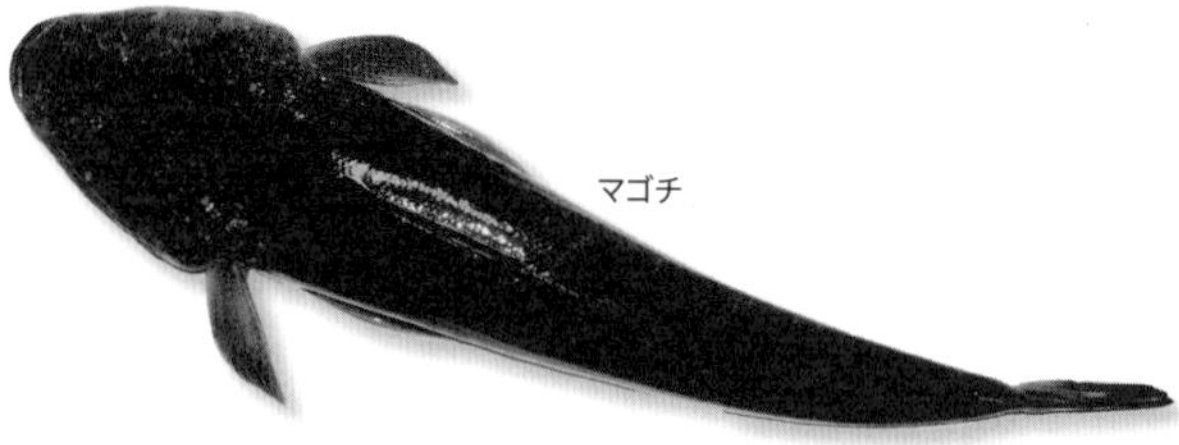
マゴチ

夏の好ターゲット

日本海側は山形県以南、太平洋側は宮城県以南に分布しており、「照りゴチ」と呼ばれるように日差しが強く水温が上がる夏に釣れやすくなる魚です。夏場は釣り物が少なくなる時期なので特に人気が上がります。

頭が平たく、ヒラメと共にフラットフィッシュとも呼ばれています。

砂泥地を好むため、砂浜や干潟などに多く生息しますが、汽水域を好む性質があり河口域でもよく見かけます。

あまり活発には泳ぎ回らず、海底の砂や泥の中に身を隠して近くを通るものを捕食していますが、活性が高ければベイトを追いかけて捕食したり、泳ぎ回って探すこともあります。

成長すると50㎝ほどになり、頭部の大きさが目立つようになります。マゴチの他に、ワニゴチやヨシノゴチなども一緒に釣れることがあります。

高級魚として扱われており、淡白で上品な白身はいろいろな料理で食されています。

狙う場所

基本的にボトムが砂泥質の場所になります。海水浴や潮干狩りを行うような砂浜をイメージしてください。

中層や表層を泳いでいること

はほとんどないので、ボトムから1mくらいまでを狙います。

一般的な魚はカケアガリを好みますが、マゴチはフラットな場所にもいるので、フィールド全体がポイントになります。ただし、漠然と狙うよりもより多く集まる場所があります。

海面の色が違う場所には藻場や沈み瀬などがあります。また、見落としがちな好ポイントは、潮の流れが変化する場所。海面の波の形状の違いなどでも判断できます。

中でも有望なのが離岸流です。水泳などでは危険場所として知られていますが、生物にとっては地形の変化や酸素量が多く供給される場所となります。

釣りだから安全ということはないので、近寄らずにキャストして狙ってください。

沖へ払い出す流れ全体というよりは、離岸流の両端がポイントになります。

狙い方

ジグヘッド＋ワーム、メタルジグ、ミノーが実績の高いルアーです。使い分けるとすれば、遠くまで狙いたいときはメタルジグ、広範囲を狙いたいときはミノー、ポイントを細かく探りたいときはジグヘッド＋ワームがよいでしょう。

ミノーを使うときはタダ巻きで構いませんが、ボトムから離れすぎないように、時折ルアーを止めてボトムまで沈めて確認するなど行うとよいでしょう。

ジグヘッドやメタルジグはリフト&フォールも有効なので試してみましょう。

ルアー釣り

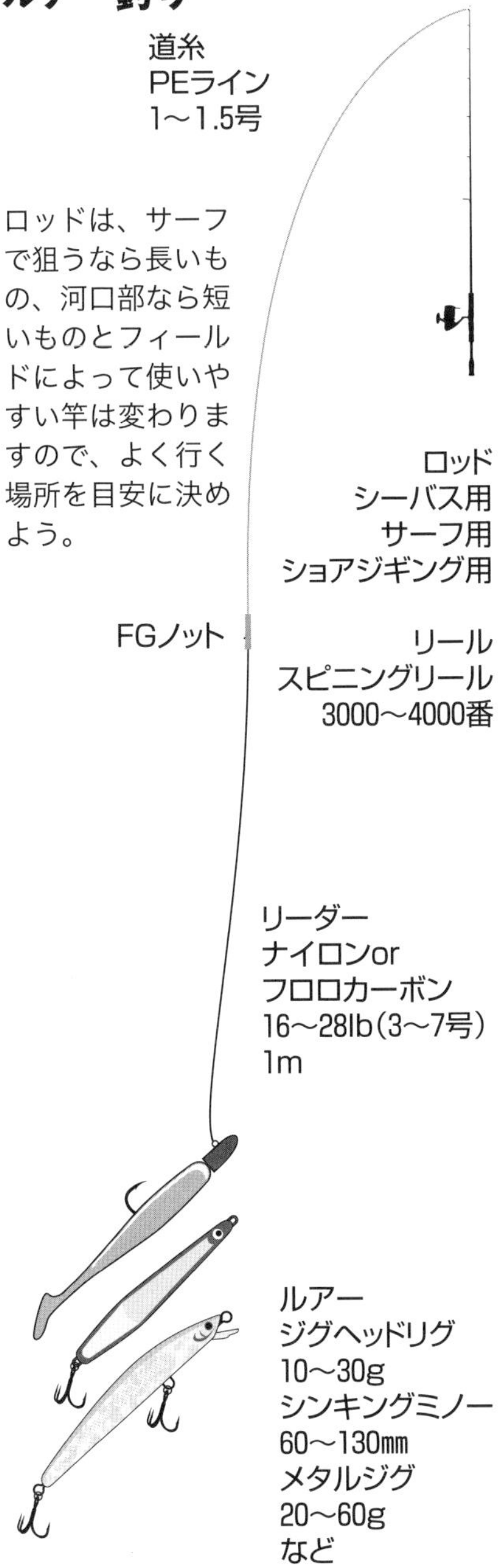

道糸
PEライン
1〜1.5号
ロッドは、サーフで狙うなら長いもの、河口部なら短いものとフィールドによって使いやすい竿は変わりますので、よく行く場所を目安に決めよう。
ロッド
シーバス用
サーフ用
ショアジギング用
FGノット
リール
スピニングリール
3000〜4000番
リーダー
ナイロンor
フロロカーボン
16〜28lb(3〜7号)
1m
ルアー
ジグヘッドリグ
10〜30g
シンキングミノー
60〜130mm
メタルジグ
20〜60g
など

マゴチは海底にいるものをメインに捕食しています。ルアーはときどき底を擦るくらいで引きましょう。

マダイ

マダイ

海の女王

日本の祝い事には欠かせないマダイ。釣り味も食味も良く、海の女王と呼ばれるほどきれいな見た目をしています。

稚魚の放流事業が盛んに行われているため、型を望まなければ堤防からでもよく釣れます。

陸っぱりでマダイを狙える時期は、沿岸に寄ってくる春から秋です。夏場は10㎝に満たない幼魚が多くなりますが、30㎝くらいまでなら数釣れることもあります。夜に釣れることでも知られており、エサ釣りでは堤防や磯から遠投カゴ釣りで狙うのも人気です。

狙う場所

水深が浅い場所ではリリースサイズしか望めませんので、10m以上の水深がある場所を狙ってください。また潮の動きが少ないような内湾ではあまりみかけません。潮通しが良く、水質環境の良い場所でマダイを狙いましょう。

手っ取り早く場所を探すのは、船釣りでマダイ釣りが盛んなエリアの堤防です。沖に多く集まる場所では、春以降近くの堤防付近まで接岸してくる可能性が高くなります。

狙い方

足元を釣ることはほとんどありません。遠投して探るというのが基本です。

釣り方は、飛距離を稼ぐこと

ショアジギング・ショアラバ

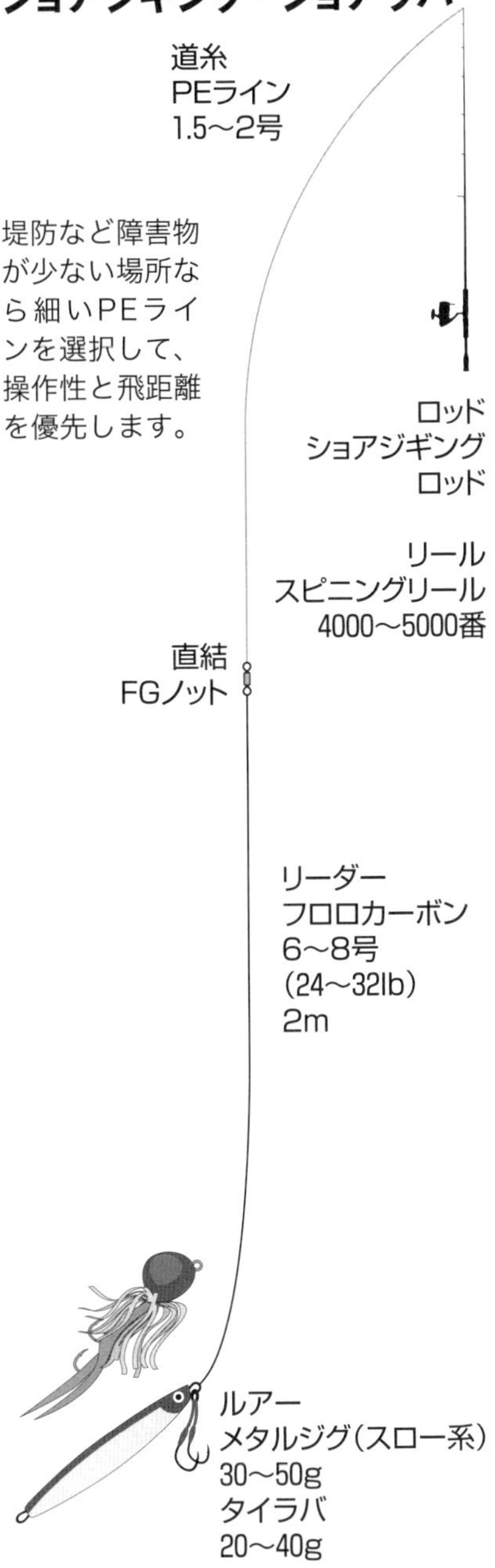
道糸
PEライン
1.5〜2号
堤防など障害物が少ない場所なら細いPEラインを選択して、操作性と飛距離を優先します。
ロッド
ショアジギングロッド
リール
スピニングリール
4000〜5000番
直結
FGノット
リーダー
フロロカーボン
6〜8号
(24〜32lb)
2m
ルアー
メタルジグ(スロー系)
30〜50g
タイラバ
20〜40g

水深が20mくらいまでの場所なら、海底から中層までくまなく狙うようにしましょう。

ができるメタルジグを使ったショアジギングや、船釣りと同じタイラバを使ったショアタイラバが人気です。

マダイは底層から中層までをエリアとしますが、ボトムを基準として狙うと効率的です。

どちらのルアーを使う場合でも、キャスト後、まずはボトムまでルアーを沈めます。

メタルジグの場合は、スロー系が使いやすくなります。操作は、ロッドを大きく煽ってピタッと止め、そのままジグをフォールさせて狙うを繰り返します。煽り方は一定である必要はなく、途中で止めたり、幅を狭くしたりして、バリエーションを増やしてアピールしてみましょう。

タイラバの場合は、基本はタダ巻きでOKです。ただし、着底後すぐに巻き始めないと根掛かりするリスクが増えますので注意してください。

根掛かりが多発するような場所では、着底した瞬間にロッドを煽ってタイラバを宙に浮かせてからタダ巻きを開始するとよいでしょう。

ただし、タダ巻きをしていると現在どの水深を狙っているか分かりにくくなります。そんなときは、一旦ボトムまで落として確認しましょう。

マダイはルアーを追尾しながら、ガツガツとかじるようにアタックしてくることが多くなります。そんなときにアワせてもフッキングしにくいので、アタリがあってもそのまま巻き続けてください。グググッと大きく引き込まれたときがアワセのタイミングです。

マダコ

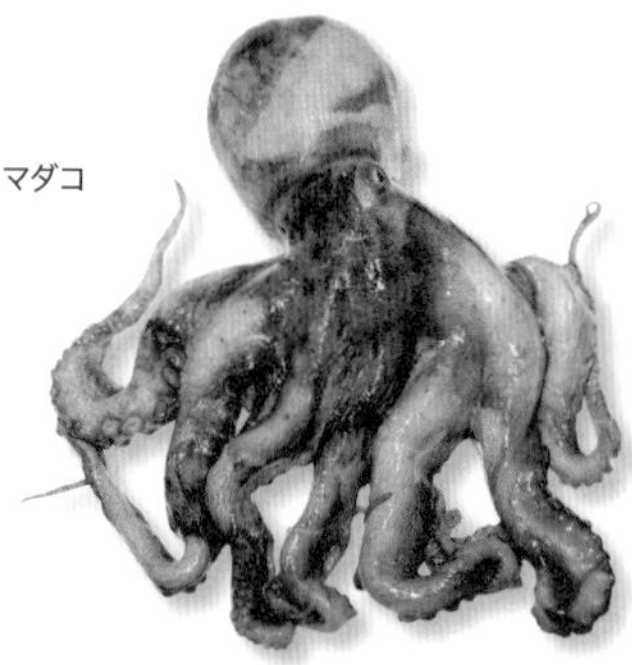
マダコ

多彩な専用アイテム

日本では消費量が多いタコ。本種のマダコの他にテナガダコもよく掛かります。資源確保のために、捕獲禁止エリアやサイズ制限がされている場所もあるので調べてから狙いましょう。

船から多く狙われますが、堤防から狙うマダコ釣りも人気です。堤防からのマダコ釣りはタコテンヤの他に、タコジグやタコエギと呼ばれるルアーも使われています。

タコテンヤはカニやイワシ、豚の脂身などのエサを装餌して使いますが、ソフトベイトと呼ばれるビニール製のカニなどが使われることもあります。特にマダコが主食としているカニへの食いは抜群です。

タコジグやタコエギは、基本的に堤防の際の足元を上下させながら狙う釣り方になります。

シーズンは梅雨(6〜7月)の新子釣りと、冬(1〜2月)の大型狙いになります。

狙う場所

漁港内や堤防の足元、ゴロタ場など岩の隙間に潜むマダコを

タコは力が強く狭い隙間でもすぐに逃げ出してしまうため、釣り上げたら絞めてクーラーに保管しておこう。

狙います。
仕掛けを投げると根掛かりのリスクが大きいため行いません。
狙う範囲は竿の長さ分です。

狙い方

仕掛けはリーダーの先にタコエギやタコジグを結ぶだけ。釣り方も非常に簡単で、ルアーを底まで落とし、上下するだけです。タコは素早く動くことはあまりしません。

足の届く範囲にルアーを持っていく必要があるので、10cm単位くらいで移動しながら狙ってみましょう。

アタリがなかったからといって、そこにタコがいないと決めつけず、何度か往復して狙うのも有効です。特に、実績のある場所では数分後に新しいタコが入っていることもあるので、丁寧に探ってみましょう。沈んだ岩の表や裏、右や左という風に、丁寧に探ります。

タコが掛かればずっしりした重みが竿に伝わってきますので一気に巻き上げます。モタモタしていると障害物に張り付かれて、取り込むのが困難になるためです。

また根掛りも多い釣りになります。そのたびにルアーをなくしては釣りにならないので、切れない太さのラインと、目一杯持ち上げても折れないロッドと堅牢なリールが必要となります。その理由はタコエギのカンナ(フック)を伸ばして根掛りから脱出させるためです。

ロッドもリールもオクトパス専用品が売られていますので、購入をおすすめします。

タコジグ・タコテンヤタックル

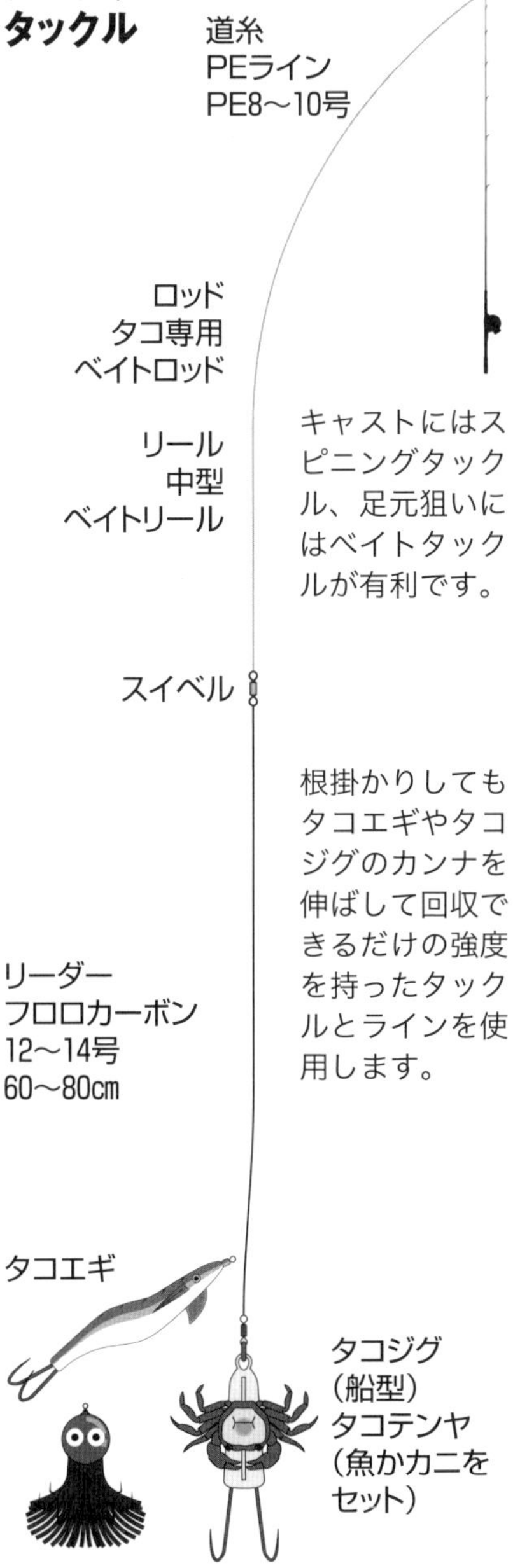
道糸
PEライン
PE8〜10号
ロッド
タコ専用
ベイトロッド
リール
中型
ベイトリール
キャストにはスピニングタックル、足元狙いにはベイトタックルが有利です。
スイベル
根掛かりしてもタコエギやタコジグのカンナを伸ばして回収できるだけの強度を持ったタックルとラインを使用します。
リーダー
フロロカーボン
12〜14号
60〜80cm
タコエギ
タコジグ
(船型)
タコテンヤ
(魚かカニをセット)
タコジグ(胴突き)

アピール度アップのためのティンセルを付けたり、タコエギをダブルでセットするのも有効です。

メッキ

期間限定死滅回遊魚

ギンガメアジ、カスミアジ、ロウニンアジなど、南方系のヒラアジ類の幼魚のことを総称してメッキと呼びます。

これらの魚は毎年夏から秋にかけて流れ藻などと一緒に黒潮に乗って日本近海に流れ着き、沿岸域に定着する季節回遊魚です。もともと南方系のため水温の低下に耐えられず、水温が12℃以下になる2～3月になると元いた場所に帰ることなくほとんどが死んでしまうため死滅回遊魚と呼ばれます。

堤防から釣れるサイズは大きくてもせいぜい30cm程度ですが、近年は50cmくらいまで成長する個体も見られるようになりました。

サイズに見合わないパワフルな引きをしますので、シーズンになると専門に狙う人も多くいます。

港内のスロープ周辺でもよく釣れるが、船が係留している場所周辺では釣りを控えよう。

狙う場所

堤防、磯、サーフ、河口など広範囲で狙うことができますが、毎年ほぼ同じエリアで釣れるため、過去の釣果実績が参考になります。小型が多いことから身を隠すことができる、障害物周りや湾内、水道などがポイ

ルアー釣り

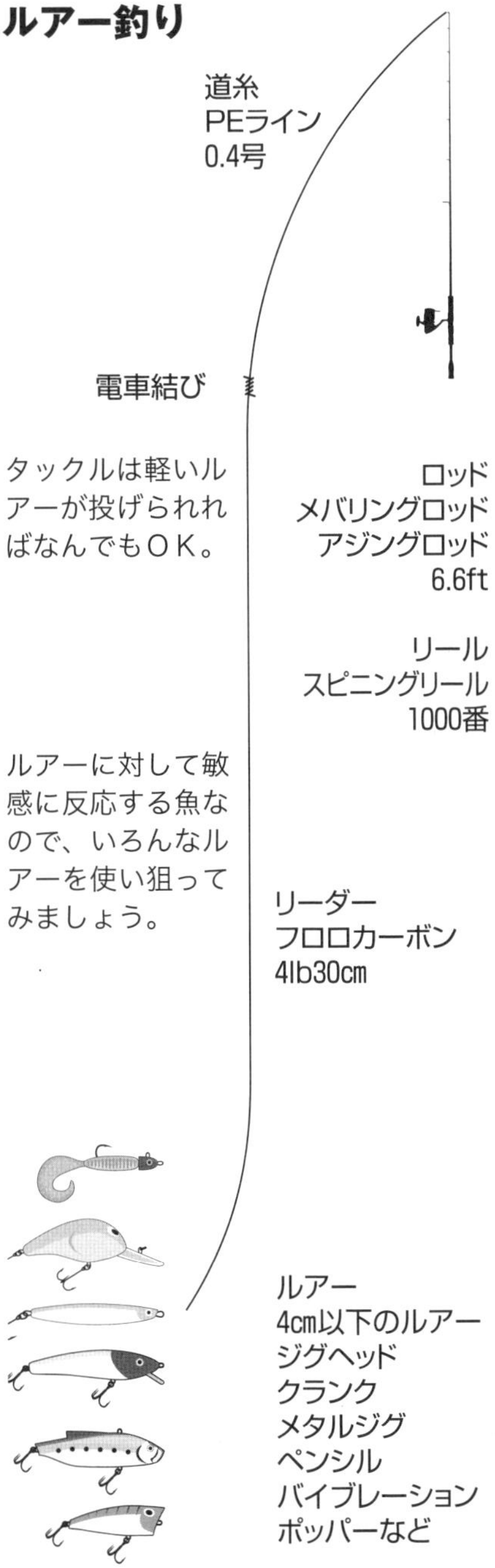

道糸
PEライン
0.4号
電車結び
タックルは軽いルアーが投げられればなんでもＯＫ。
ロッド
メバリングロッド
アジングロッド
6.6ft
リール
スピニングリール
1000番
ルアーに対して敏感に反応する魚なので、いろんなルアーを使い狙ってみましょう。
リーダー
フロロカーボン
4lb30cm
ルアー
4cm以下のルアー
ジグヘッド
クランク
メタルジグ
ペンシル
バイブレーション
ポッパーなど

小さなルアーであればなんでも狙えます。迷ったら、小さなバイブレーションやメタルジグがおすすめです。

ントになります。

狙い方

ルアーで狙う場合は、ゆっくり見せるとすぐに見切られてしまうので、高速のタダ巻きやトウィッチで誘うのが基本です。常にルアーを動かしながら狙うようにしてください。

メッキは遊泳力が高く、かなり速いスピードで巻いても食い付くことができるので、遅すぎて見切られてしまうよりも速すぎるくらいがよいでしょう。

基本的に表層狙いですが、釣れないときや釣れなくなったとき、活性が低いときはボトムからチェックしてみましょう。

群れていることも多いので、数狙いたいときは、掛かったら素早く取り込んだり、同じアクションを繰り返さない、ポイントを休めるなどの工夫が必要となります。

ルアーは、小さくても遠投しやすい、極小メタルジグやメタルバイブレーションがおすすめです。メッキ専用という釣り具はないので、メバリングやアジング用品を使います。ソルト対応であれば、バス用なども流用可能です。

メバル

シロメバル

引き味バツグン

狙えるシーズンは10～5月ごろで、卵胎生で冬に交尾・出産を行うので、陸っぱりでの最盛期は2～4月になります。

陸っぱりから釣れる主なメバルにはアカメバル、クロメバル、シロメバルがおり、エリアではだいたい同じ種類が釣れます。

一番多いのはシロメバルで、次に体色が赤金のアカメバル、回遊性が強いクロメバル（ブルーバック）となります。

どれも夜行性が強くナイトゲーム主体となります。

狙う場所

主な堤防のポイントは、常夜灯周辺が定番で、港内のコーナー部や沈み瀬周辺、港外のテトラ一帯も格好のすみかとなっています。

メバルは夜になると大胆な捕食行動をとるため、暗くなってから数時間がチャンスタイムです。

エサとなる遊泳力が弱いプランクトンや小魚が溜まりやすい、潮の流芯よりも淀みや湧昇流などがポイントです。夜遅くなると堤防の際にも多く付くので狙ってみましょう。

狙い方

どのルアーを使う場合でも、スローが基本なので守ってください。またガツガツと追い食いした後にフッキングすることが多いので、アワセは行わず、そのまま巻き続けてフッキングさせる巻きアワセが基本です。

ナギの日の満潮付近になると、一斉に捕食行動を開始することがよくあります。一面からメバルの捕食音が聞こえてくるのですぐに分かるでしょう。そういうときは、表層が狙えるフローティングミノーが面白くなります。ルアーが少々大きくても食ってくる獰猛さがあります。

オールラウンドで狙う場合は、ジグヘッド＋ワームがおすすめです。表層を狙う場合でも、ロッドを立て気味にすれば浅いレンジにルアーを通すことができます。

日中や釣れないときはボトムから探ります。一定のレンジを探るというのが基本で、反応がなければ徐々にレンジを変えて狙いましょう。

メバリング

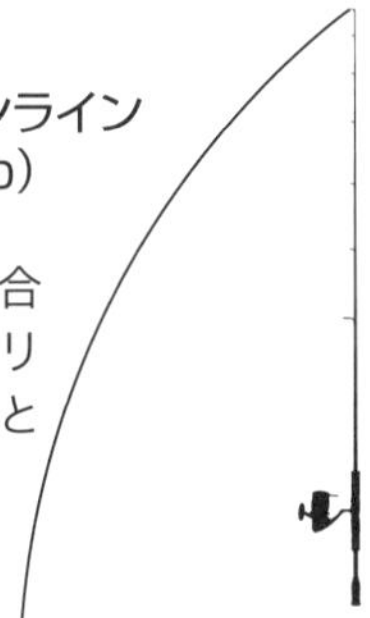

道糸
ナイロンライン
1号(4lb)

PEラインを使う場合は浮きやすいので、リーダーを長めに取ると対策できます。

ロッド
メバリングロッド

リール
スピニングリール
2000〜2500番

ロッドティップを揺らさないように、ルアーに無駄な動きをさせずにリトリーブしましょう。

デイゲームで狙いたいときは、沖にある障害物などが目安。海底から1〜2mを基準に狙ってみましょう。

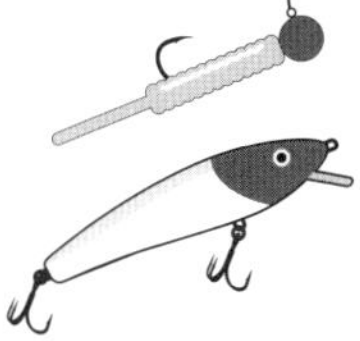

ルアー
ジグヘッド
0.5〜1g
ワーム(メバル用)
2〜3in
ミノー(メバル用)

メバルは自分よりも大きなルアーにアタックすることもありますが、ジグヘッド+ワームで狙うのが基本です。

シロメバル
釣り上げた直後は名前の通り全体的に白く、死んで時間が経つと茶色に変わります。3種のうちでは、どこででも釣れる最も一般的なタイプで内湾を好みます。胸ビレの軟条数が16〜17本。尻ビレが6〜9本。側線有孔鱗数は37〜46。

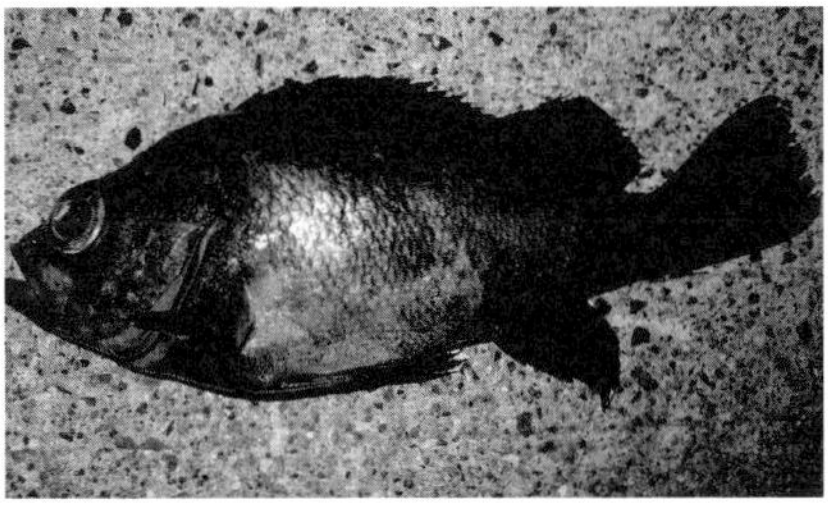

アカメバル
一番の特徴はその体色。その名の通り赤みが強い個体です。黄色が強いものもおり、金色に見えることから金メバルとも呼ばれます。体型は他の2種に比べると体高が低めでスマート。胸ビレの軟条数が14〜16本。尻ビレが6〜8本。側線有孔鱗数は36〜44。

クロメバル
体色は3種のうちで最も濃く、黒っぽいのが特徴。生きているときは青みを帯びているのでアオメバル(ブルーバック)とも呼ばれます。やや南方系で日本海側では能登半島以南、太平洋側では関東以南に分布します。引きが強く獰猛なことでも釣り人に好まれています。胸ビレの軟条数が15〜17本。尻ビレが7〜8本。側線有孔鱗数は43〜49。

釣り具の収納・整頓

釣りを始めたころは道具も少なく小さなケースに収納していくのが楽しい。徐々に増え始めると、さらに大きなケースに移し替えるのもまた楽しい。

初期に揃えたケースは、小さくても捨てずに取っておくと、後に役立ちます。

ケース（大）inケース（小）で整頓するクセを付けておけば、釣り場に持ち込んだバッグの中身が帰りにはごちゃ混ぜになるということも防げます。

増えていくロッドやリールは、最初はスタンドに立ててみたくなります。しかし、使わないロッドが増えていくと、ホコリを被って掃除が大変になります。飾りたいならマメにホコリを落とすか、対策をしておきましょう。

もちろん、ホコリがつかないほど釣りに行くことが理想です。

section 12

ラインの結び方

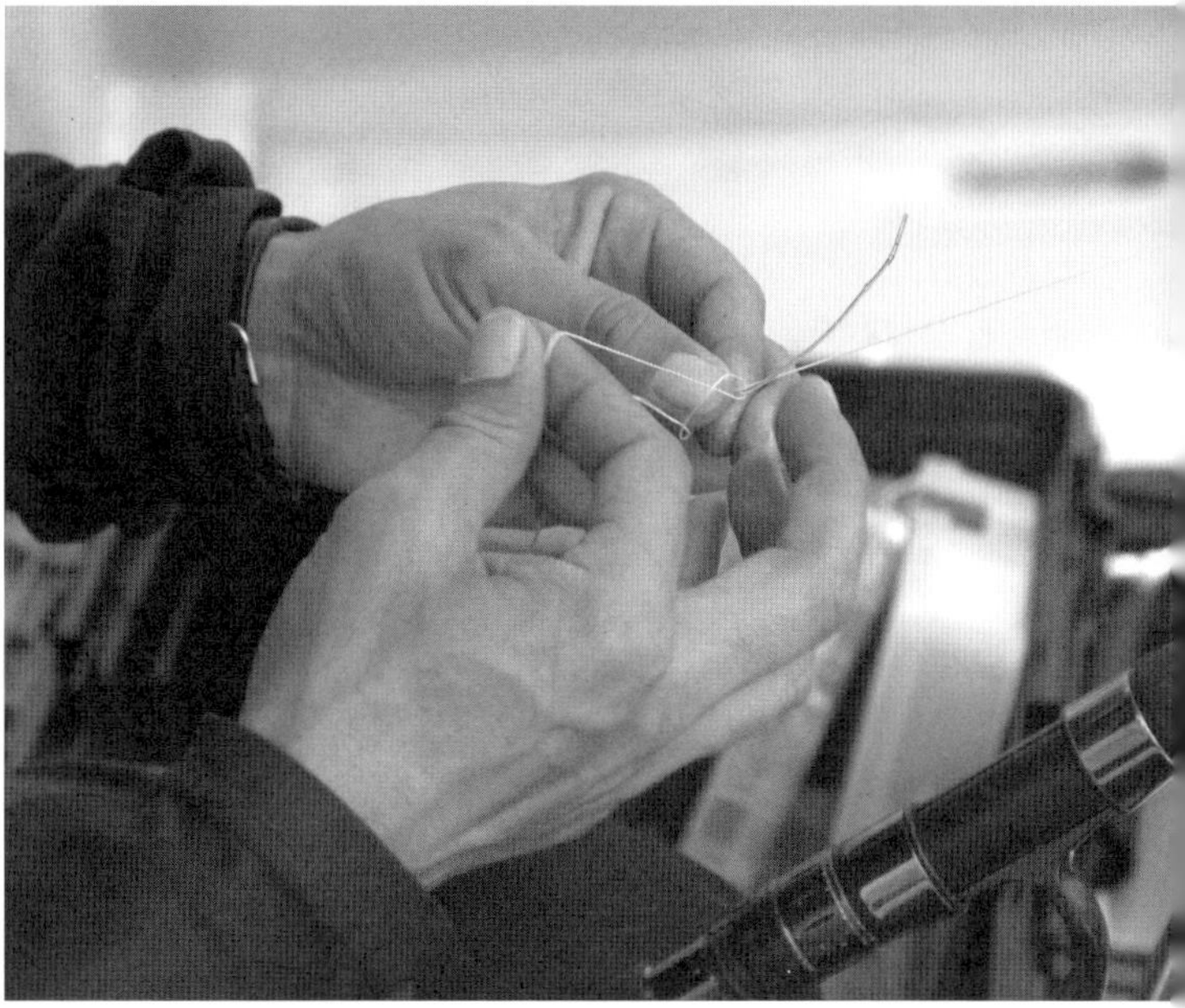

最初はとりあえず解けなければよいですが、重要なときに切れることがないように専用の結び方を覚えましょう。

ユニノット

結びの基本。スイベルを結んだり、リールスプールに道糸を最初に固定するのに使います。

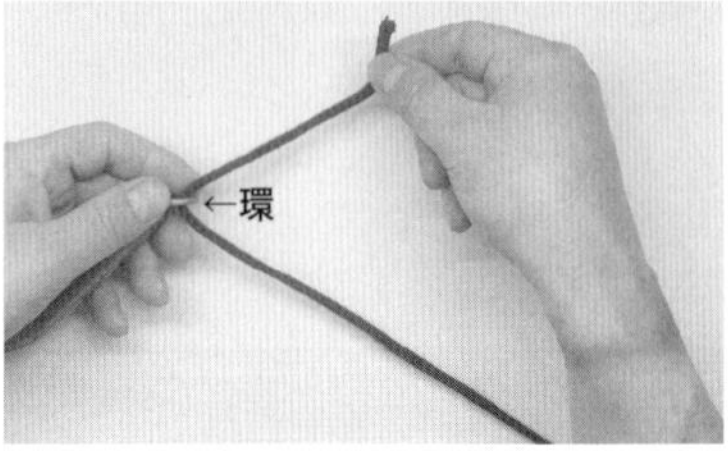

①環にラインを通して引き出します。

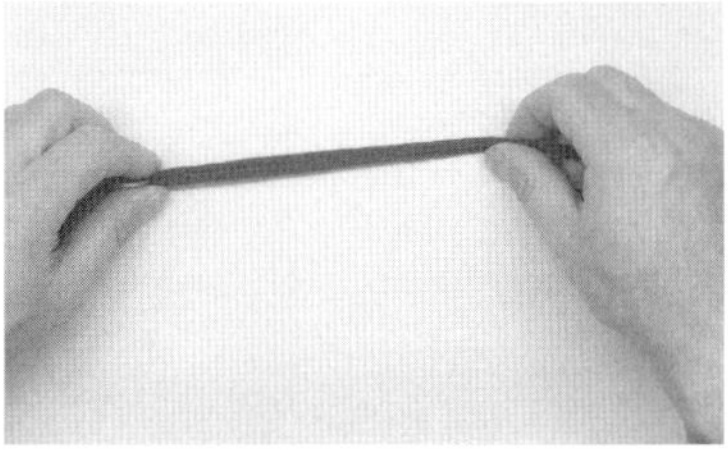

②引き出したラインと本線を重ねます。

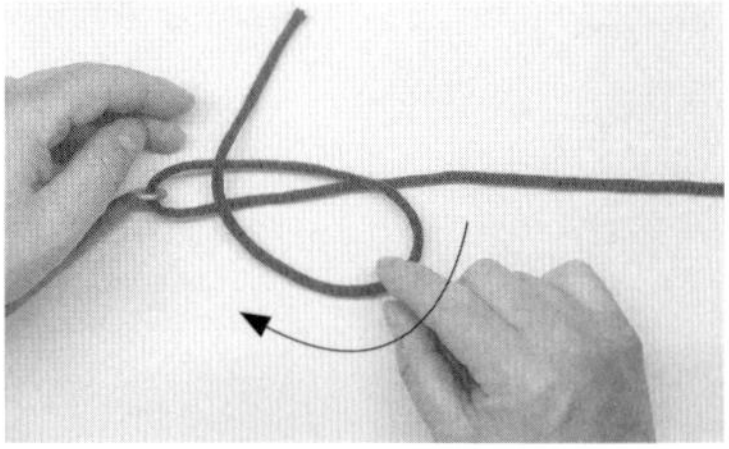

③ラインの端で、下側に輪を作ります。

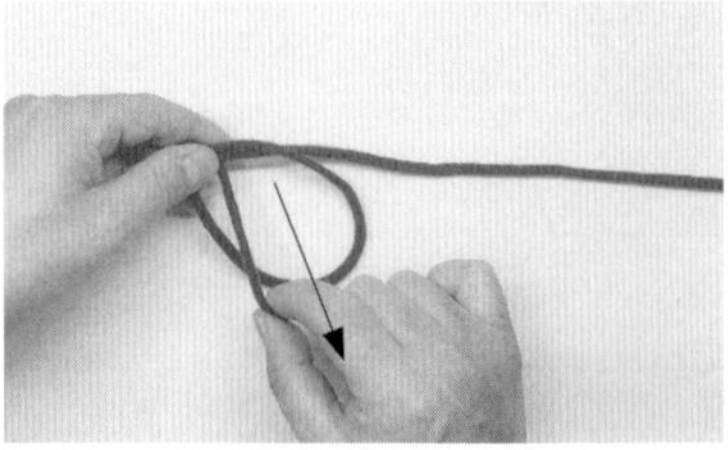

④ラインの端を上から向こう側へ、下にできた輪の中に通します。

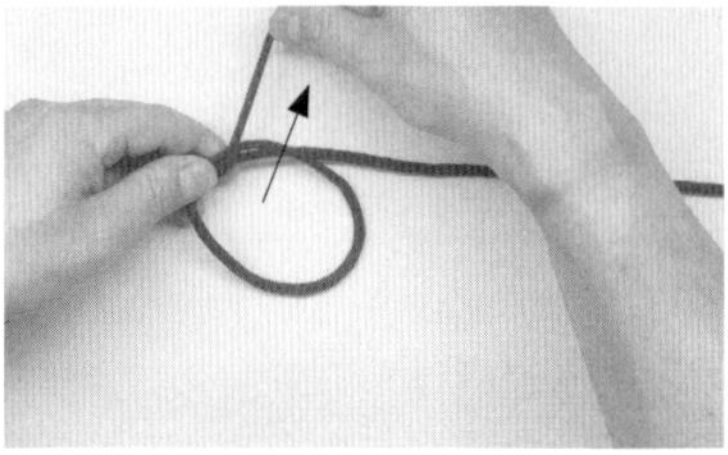

⑤ラインの端を下から上に持っていきます。

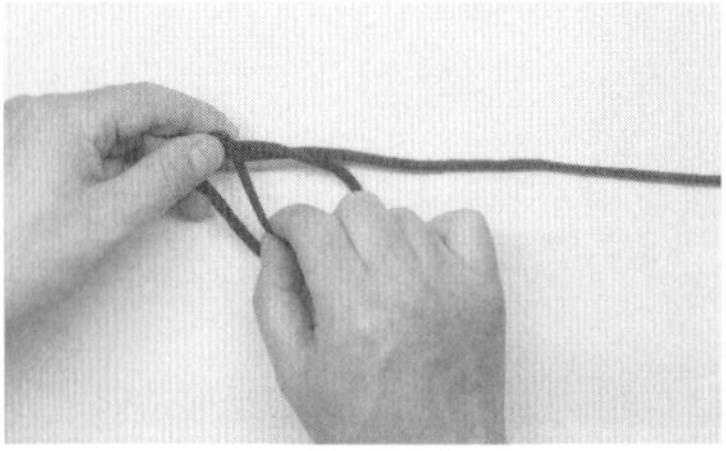

⑥再び奥から手前へとラインの端を、合計4回巻きつけます。

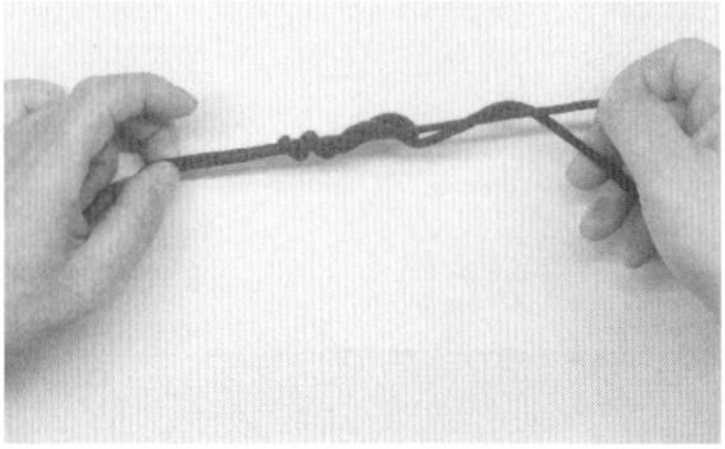

⑦ラインの端を持って徐々に締めます。

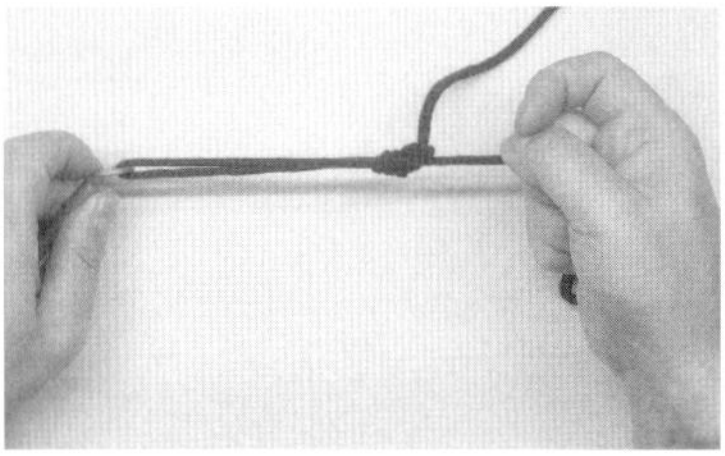

⑧本線を持って結び目を徐々に締めます。

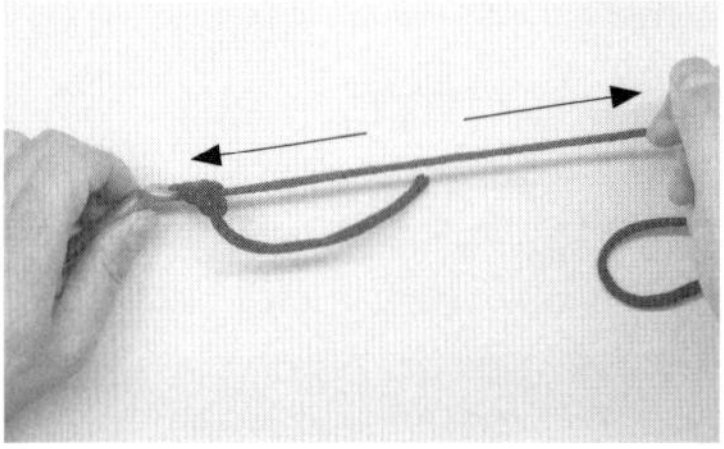

⑨環の部分まで結び目を移動させます。

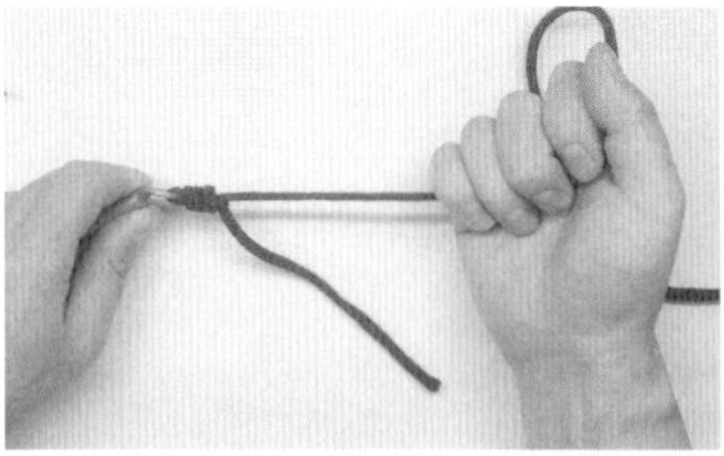

⑩しっかりと結び目を締め込みます。

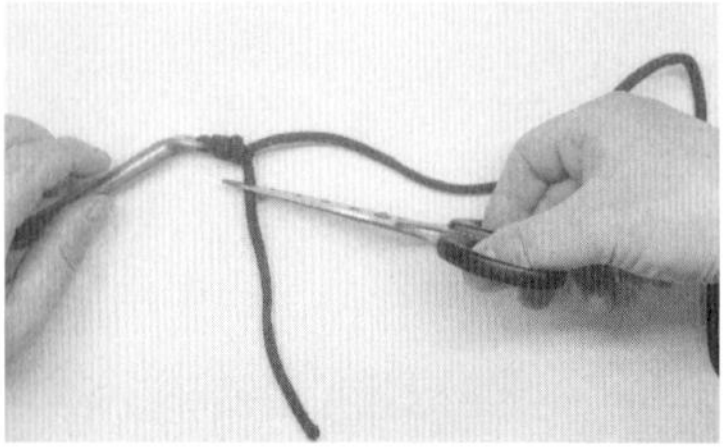

⑪端線を2㎜ほど残してカットして完成です。

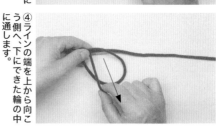

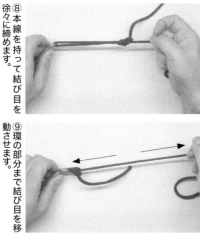

クリンチノット

金属とナイロン・フロロカーボンを結ぶ方法。素早く結びたいときに使います。

①環にラインを通し、10㎝ほど引き出します。

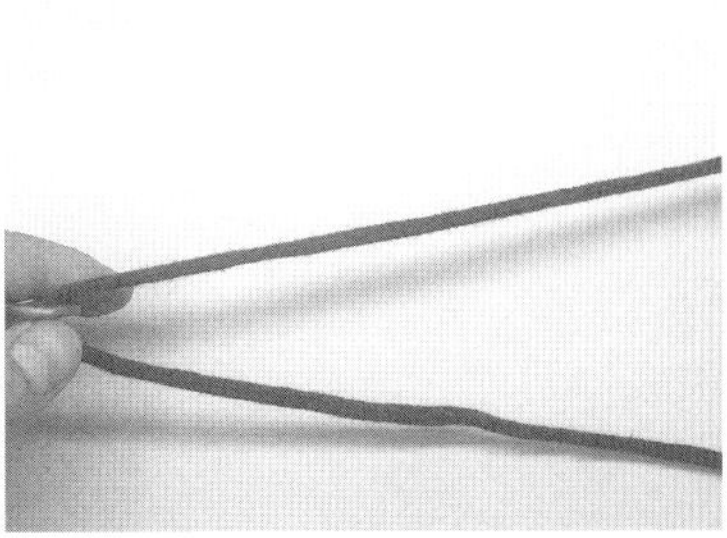

②ラインの端を本線に巻きつけます。

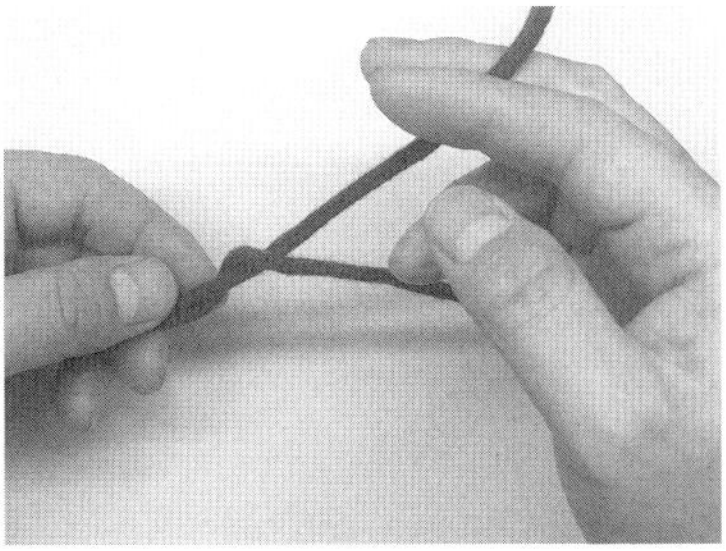

③4～6回巻きつけます。

④ラインの端を最初にできた輪の中に通します。

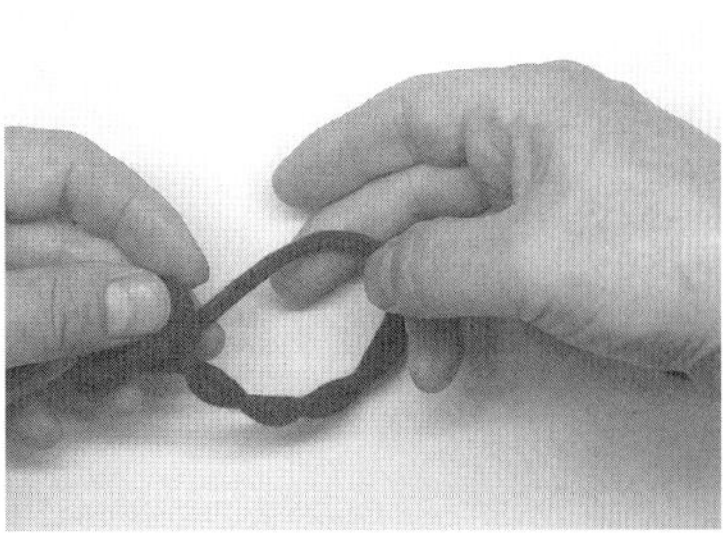

⑤上にできた輪の中にラインの端を通します。

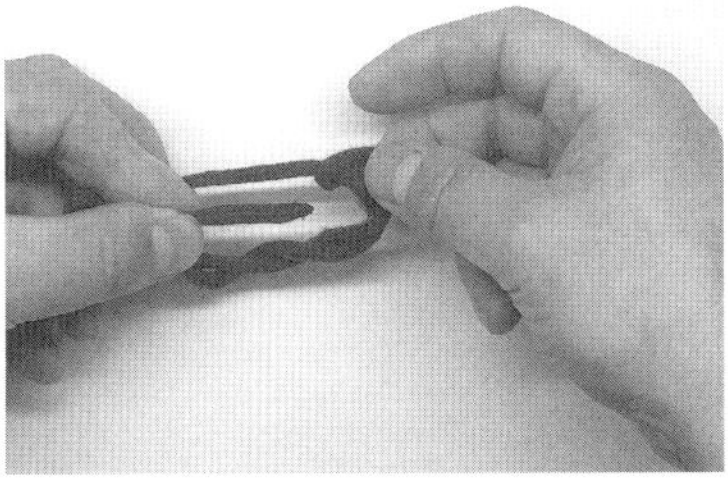

⑥ラインの端線を持って結び目を締めます。

⑦ラインの本線を持って結び目を環に近づけます。

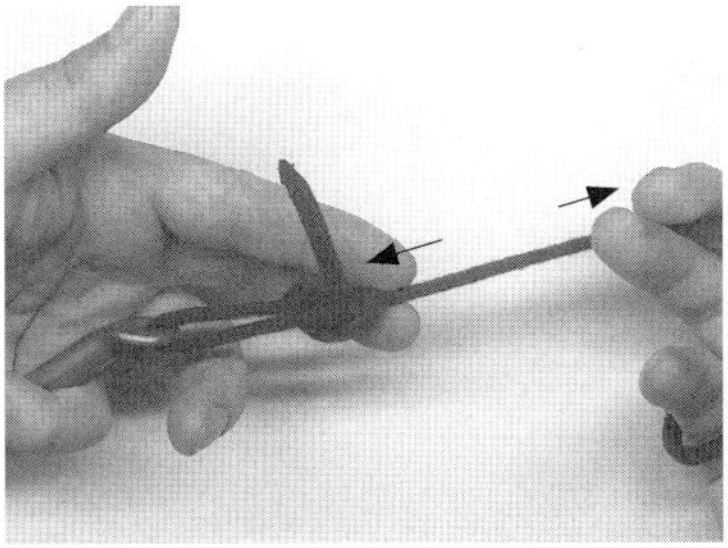

⑧本線を持ってしっかりと締め込みます。

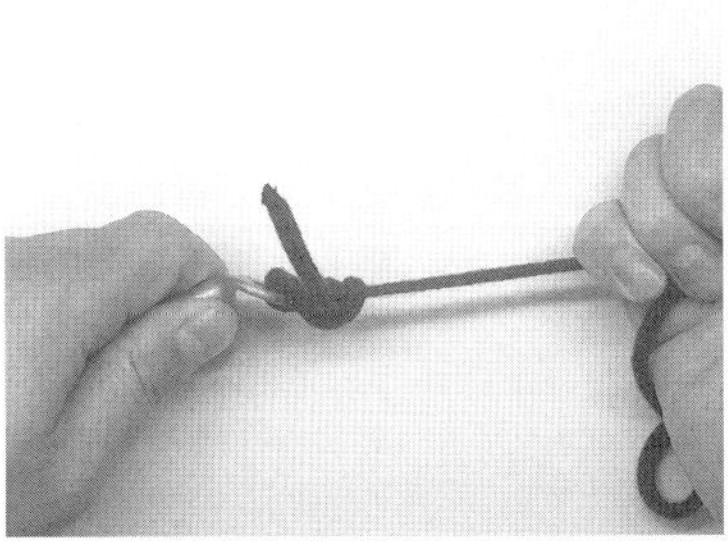

⑨端線を2㎜ほど残してカットして完成です。

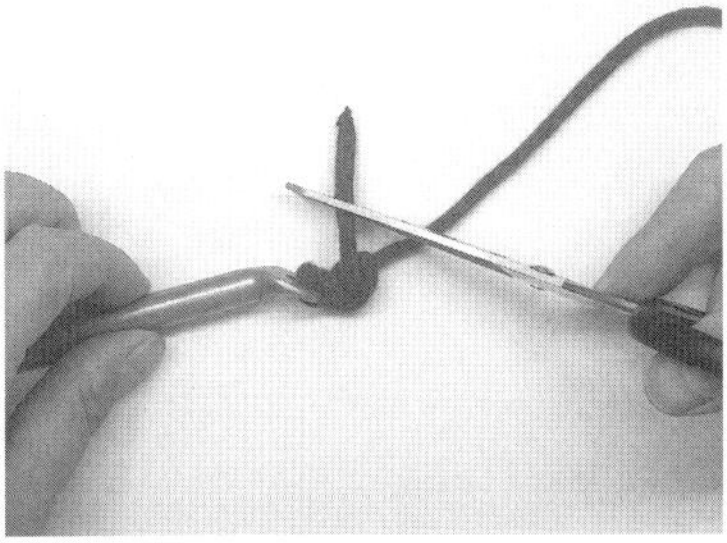

ブラッドノット

電車結びと同じ利用。早く結ぶことができます。太いラインには不向きで、モノフィラメントラインの３号くらいまで。PEラインの接続には向きません。

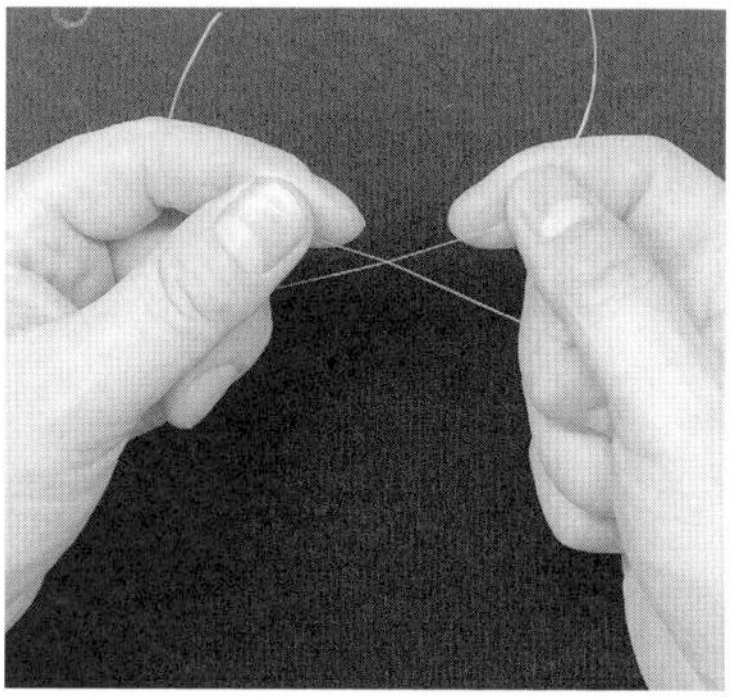

①ラインの先端をクロスさせます。

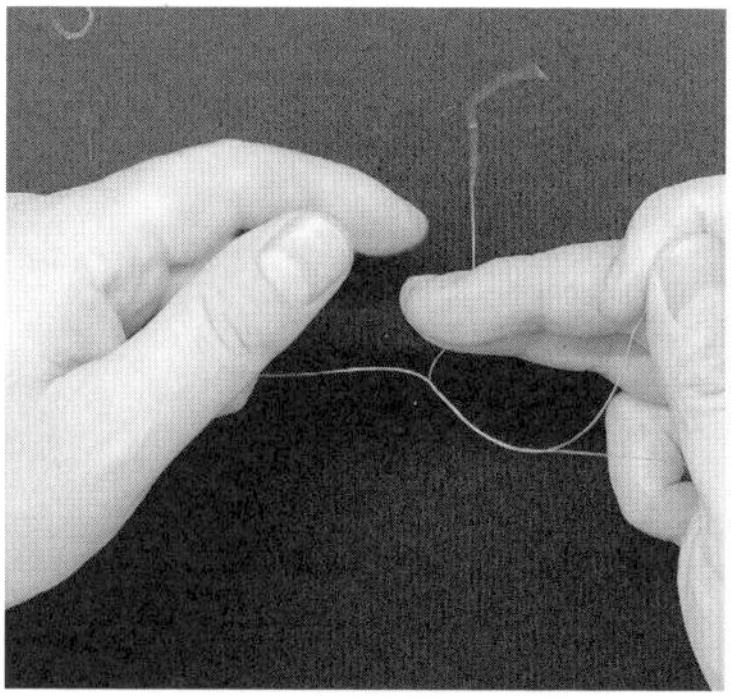

②片方のラインを、もう片方のラインに4回巻きつけます。

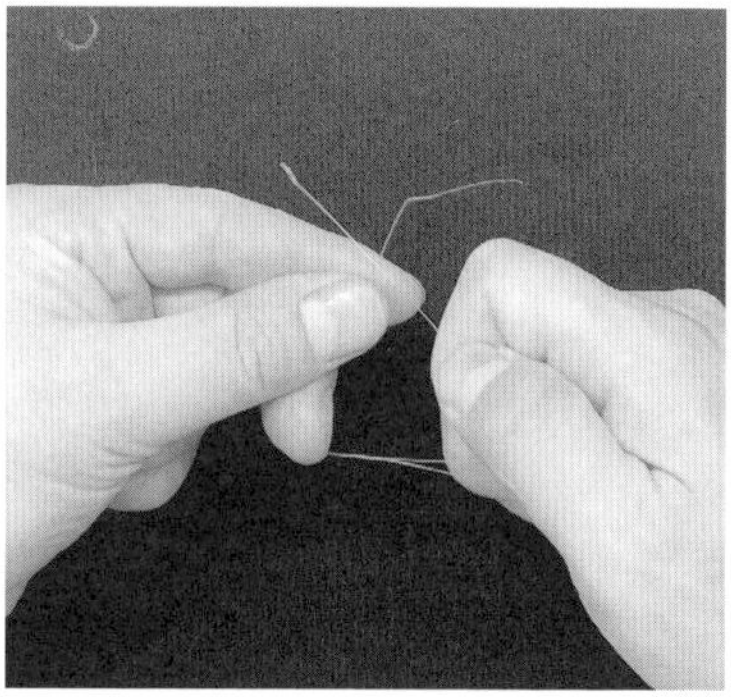

③上部で再度クロスさせ、同様にラインを4回巻きつけます。

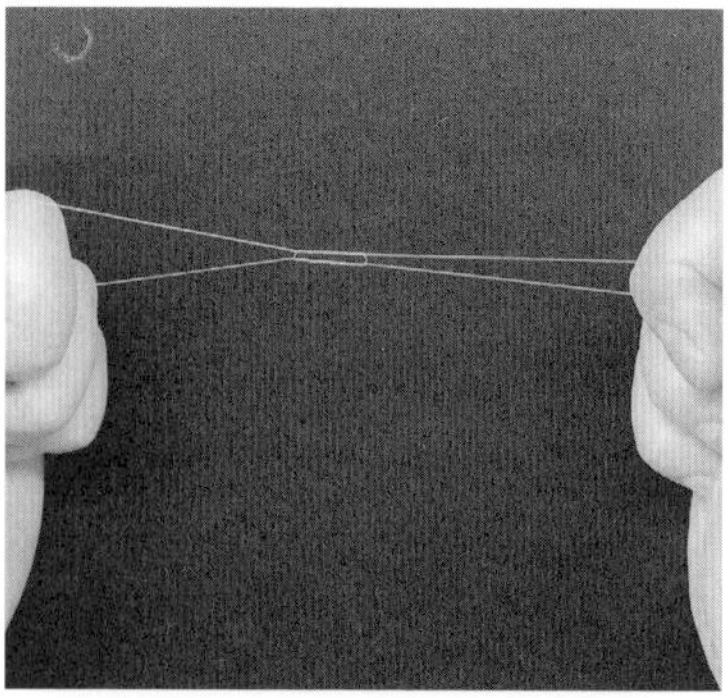

④ラインの本線と端を持って、ゆっくりと輪を縮めるように締めます。

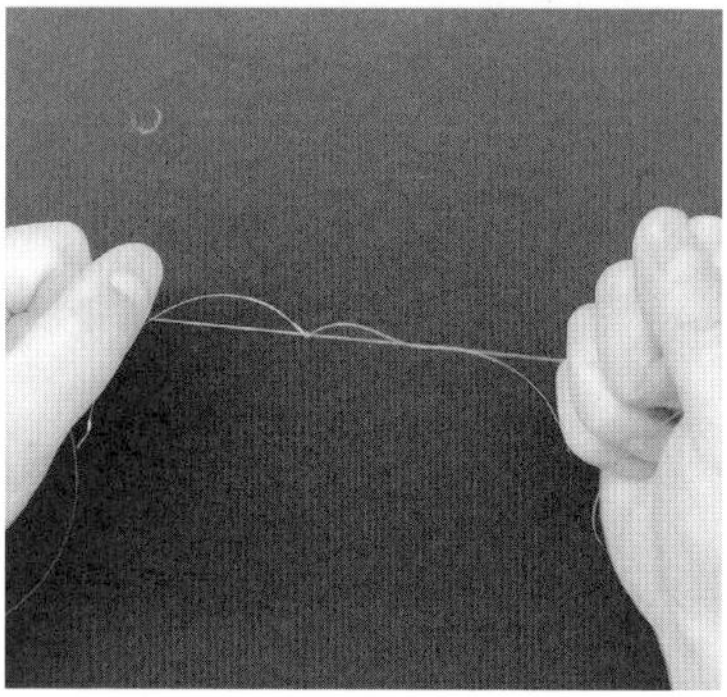

⑤本線同士を持って引き、輪を完全に締めます。

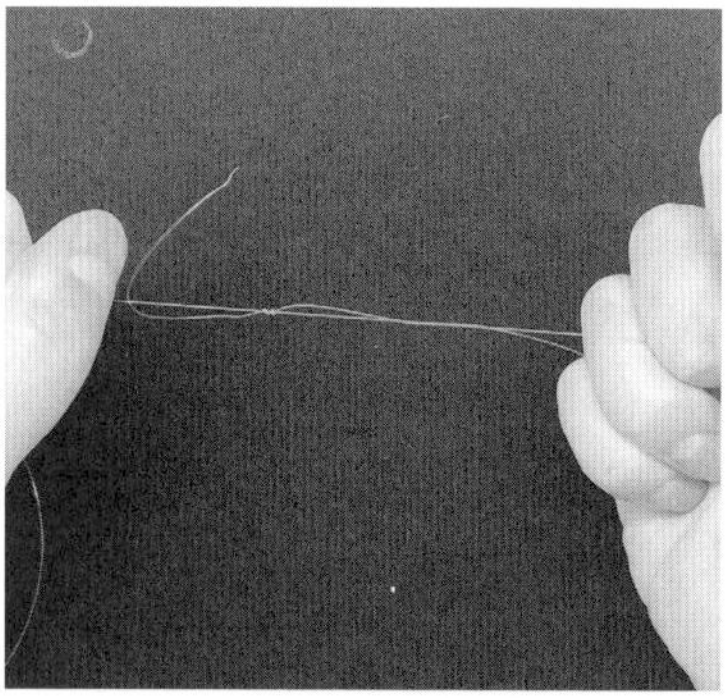

⑥抜けたり切れたりしないか、きつく締めてチェックしましょう。

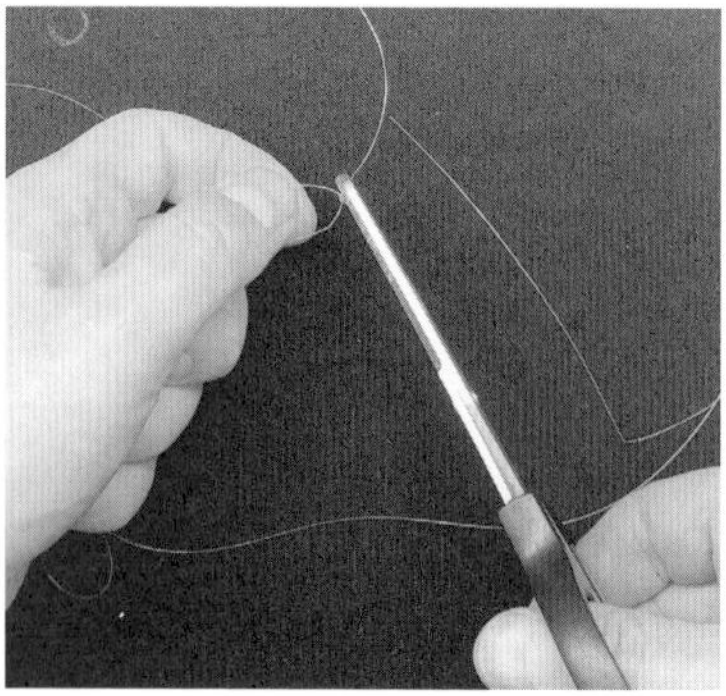

⑦端線を1㎜ほど残してカットすれば完成です。

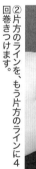

電車結び

ナイロンやフロロカーボン、エステル素材のラインを結ぶ方法。細いPEラインにも対応。

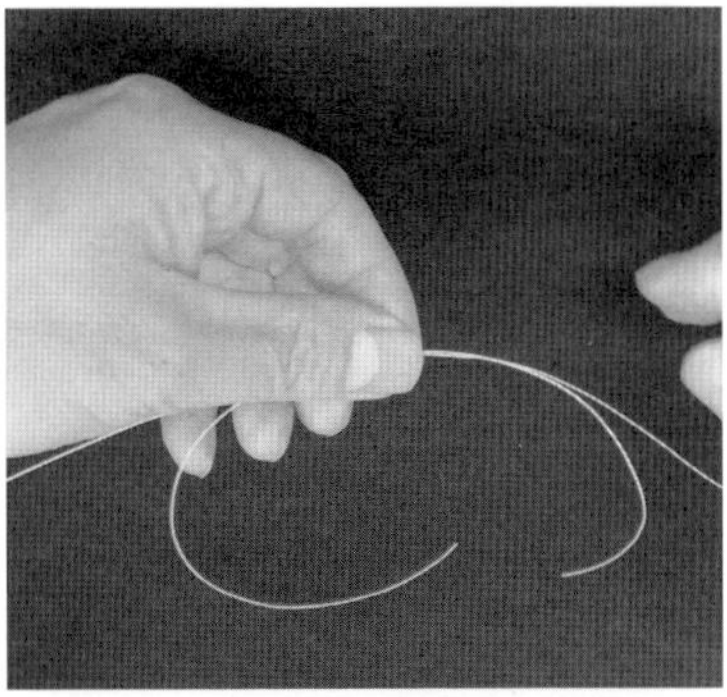

①結びたいライン同士を重ね、真ん中をつまみます。交差したラインは20㎝くらいあると結びやすくなります。

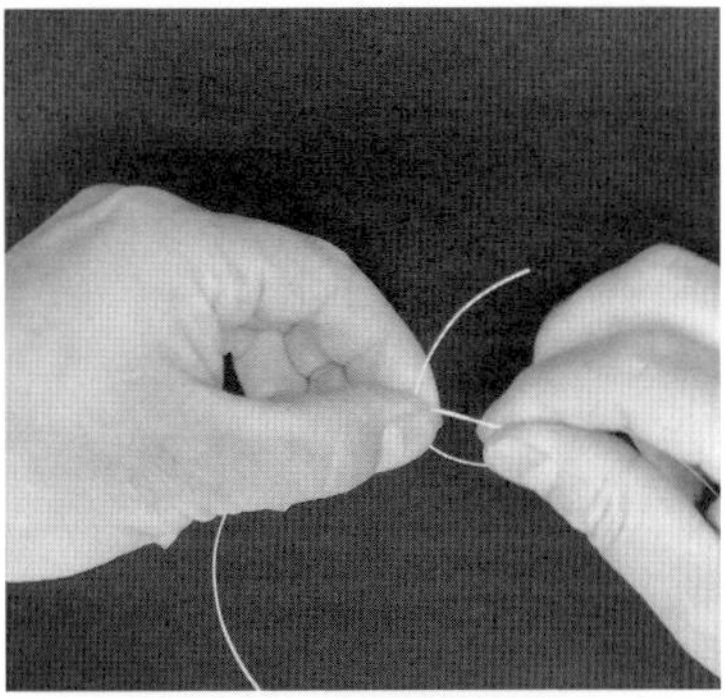

②上側の端線で下側に輪を作ります。

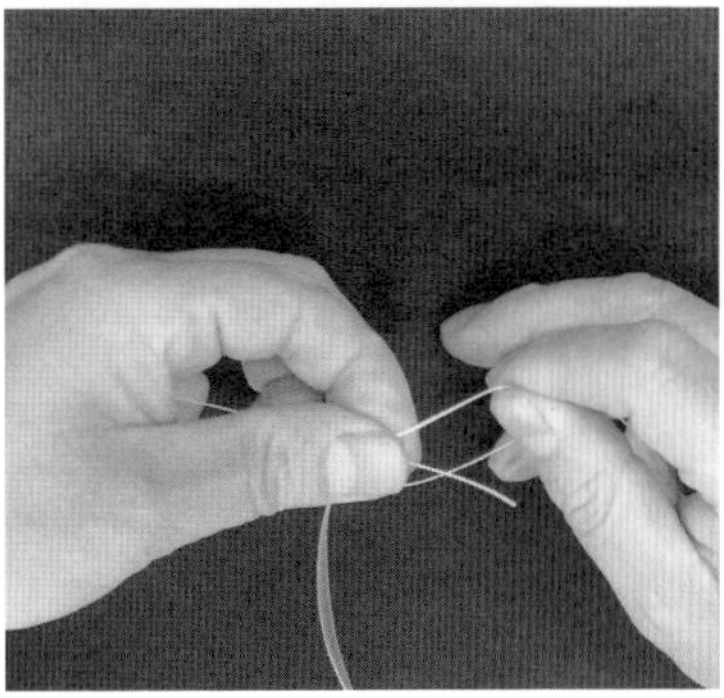

③ラインの端線を上から向こう側へ送り、輪の中を奥から手前へラインを通します。

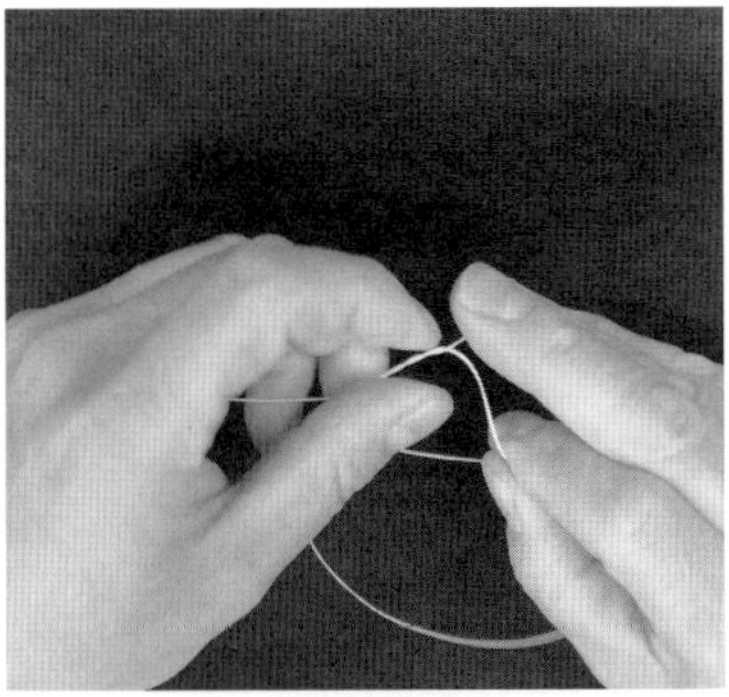

④このラインを巻きつける動作を4回行います。

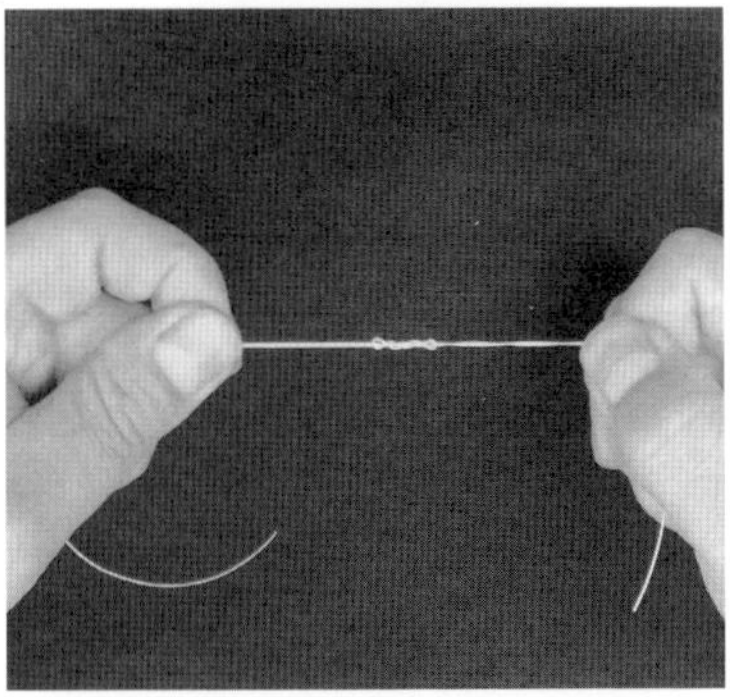

⑤巻きつけたラインの端と、もう一方のラインを持って結び目を小さくします。完全には締めないでください。

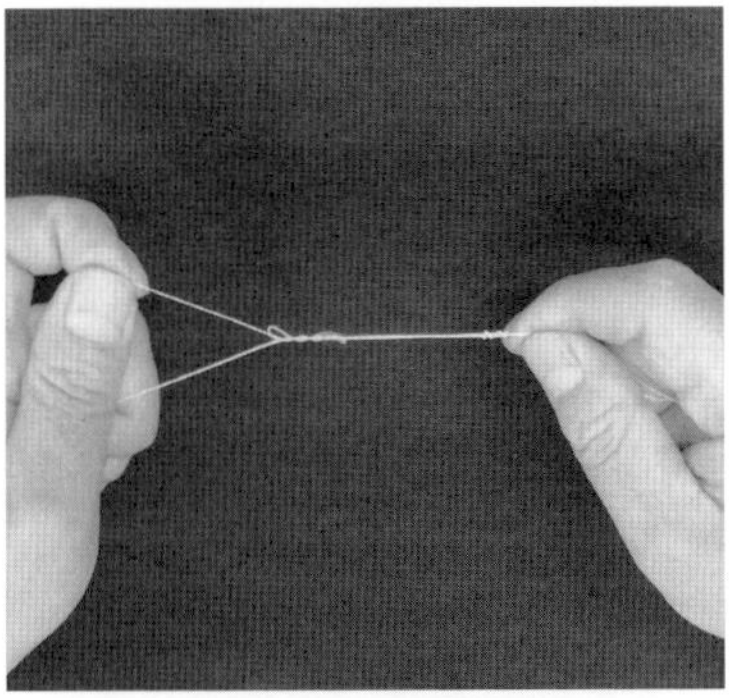

⑥もう一方のラインの端も同じように輪を作り結びます。

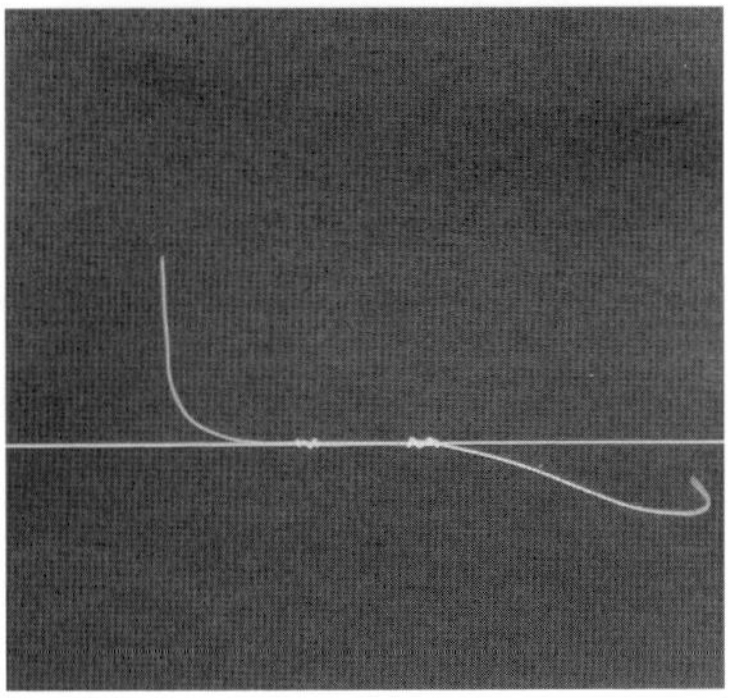

⑦両方のラインの本線のみを持ち、結び目同士がくっつくまで締め込み、端線を2㎜くらい残してカットしたら完成です。

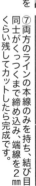

外掛け結び

ハリ結びのスタンダード。ラインの先端にハリを結ぶ際に結びやすいやり方。

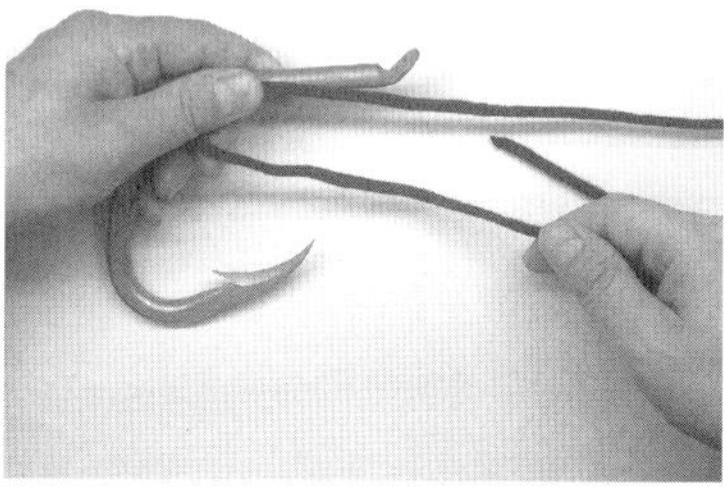

①ハリの下側にラインを折り返します。

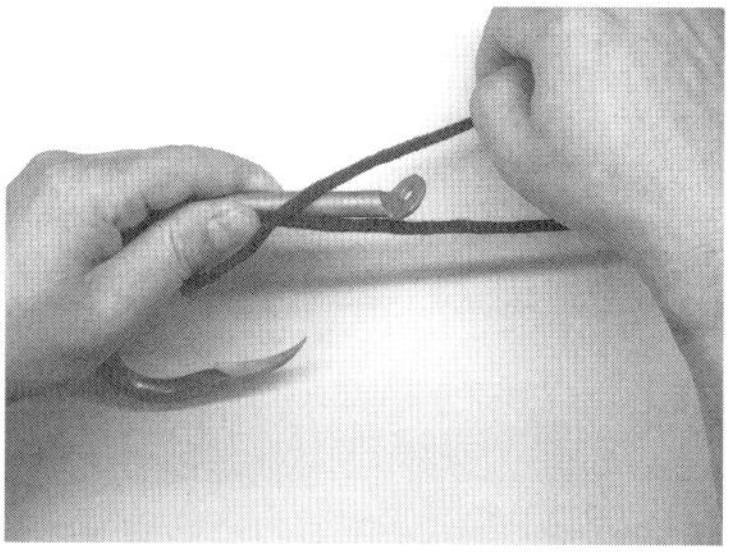

②ラインの端線をハリの上に持っていきます。

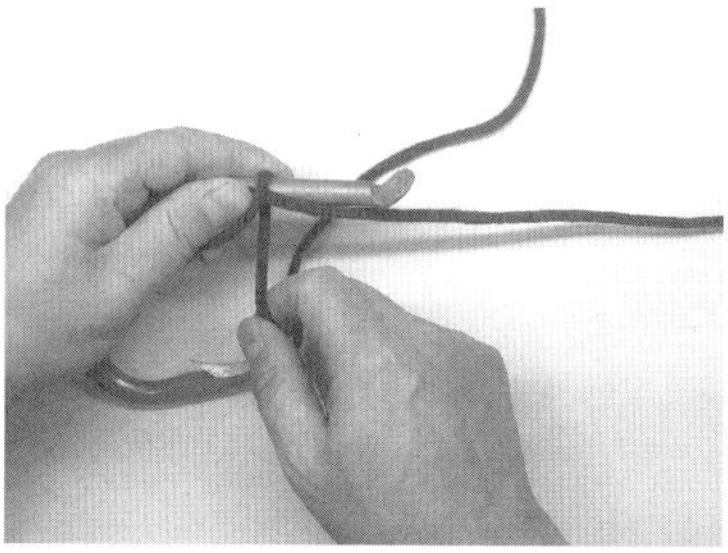

③向こう側からラインを下に持ってきます。

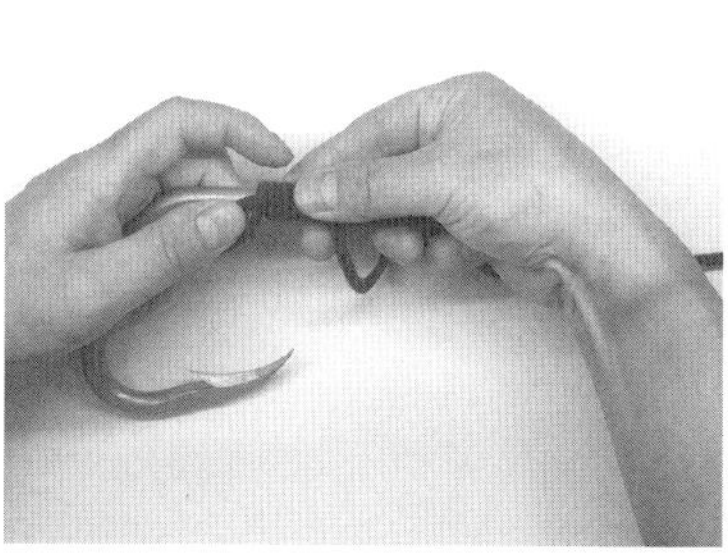

④繰り返してラインを5、6回巻きつけます。

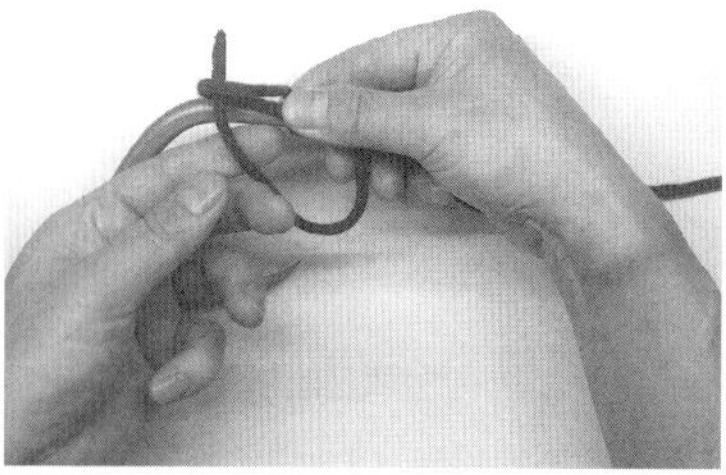

⑤巻き終えたら解けないように結び目を持ちます。

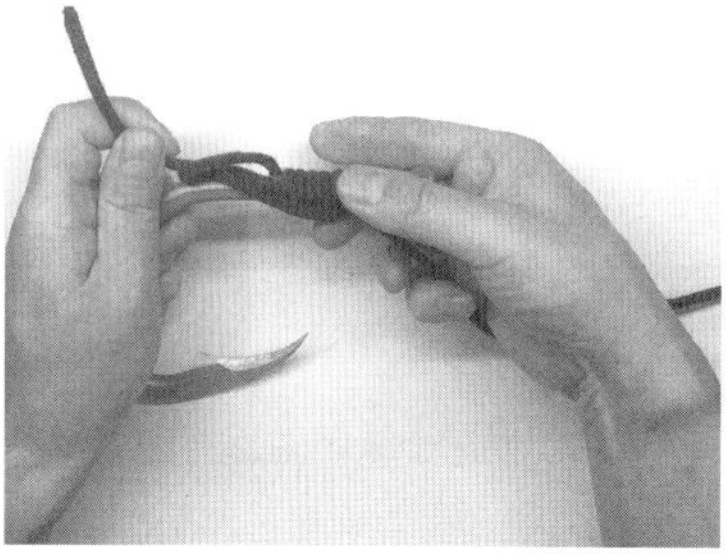

⑥最初の輪に端糸をくぐらせます。

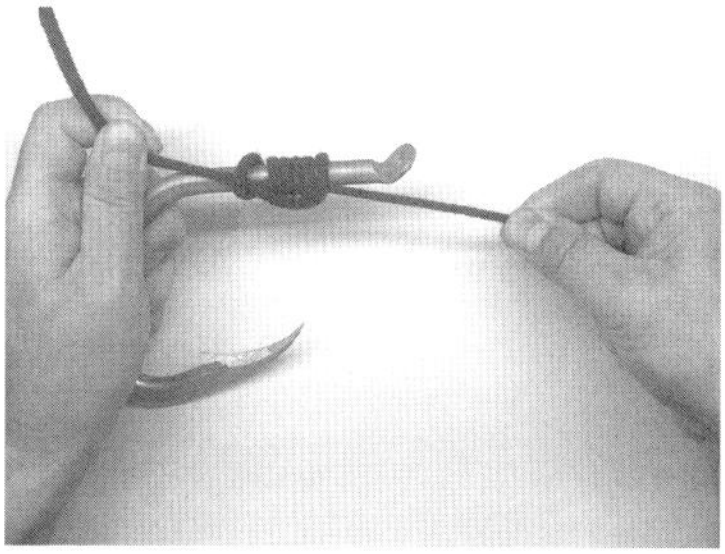

⑦端線をしっかり持ち、本線を引いて結び目を締めます。

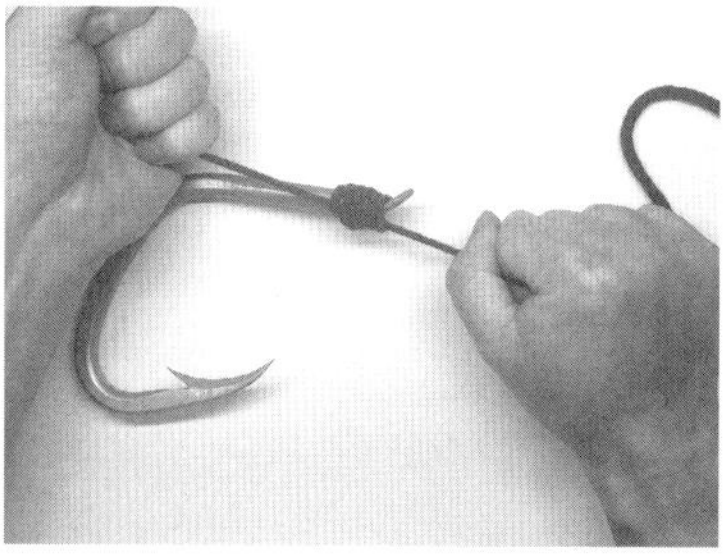

⑧両方を強く引いて結び目を締めます。

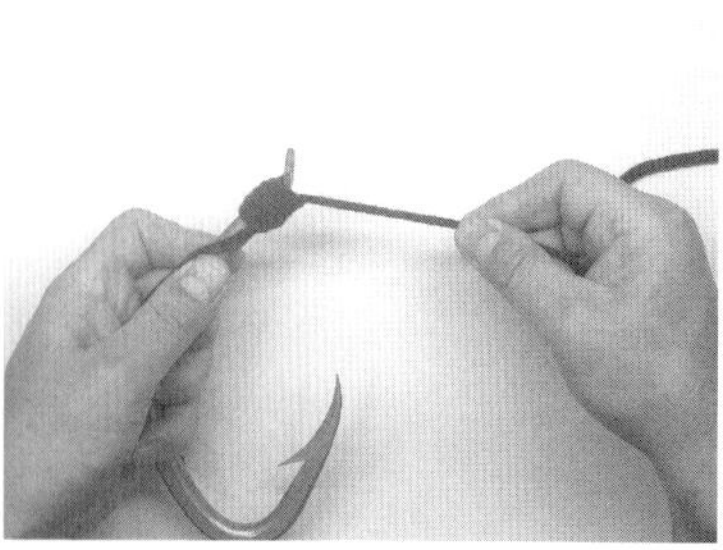

⑨本線は必ずハリの内側に向くように締め込み、端線を1㎜ほど残してカットして完成です。

内掛け結び

なれると早く結べるようになります。太いラインはヨレがきつく入るのであまり向きません。

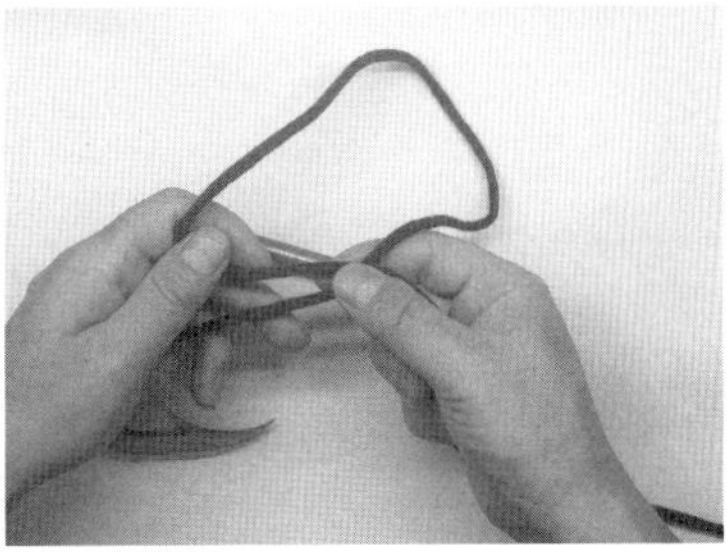

①ハリの上にラインの端で輪を作ります。

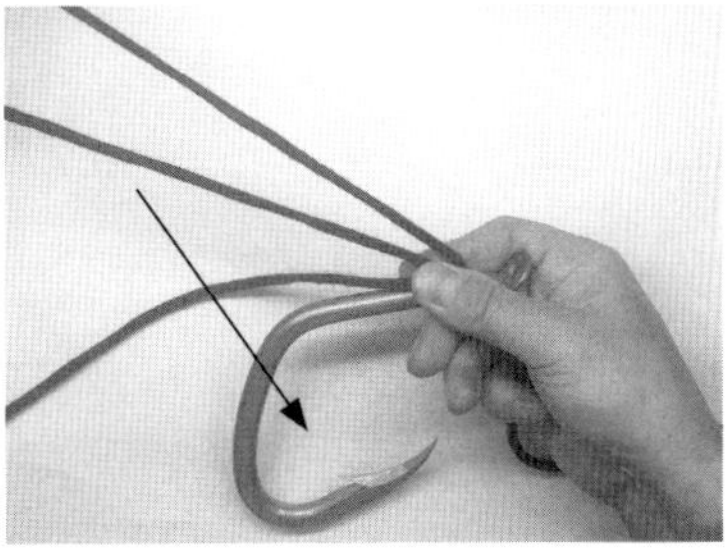

②できた輪をハリにくぐらせます。

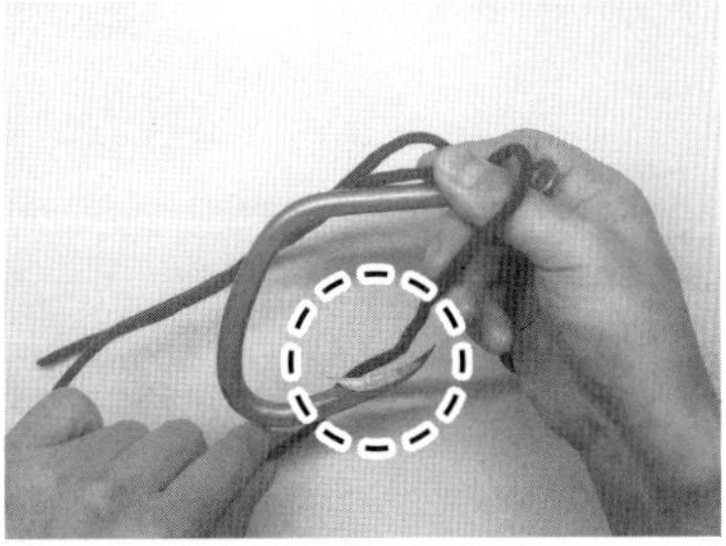

③ハリとラインの端も輪の中をくぐらせます。

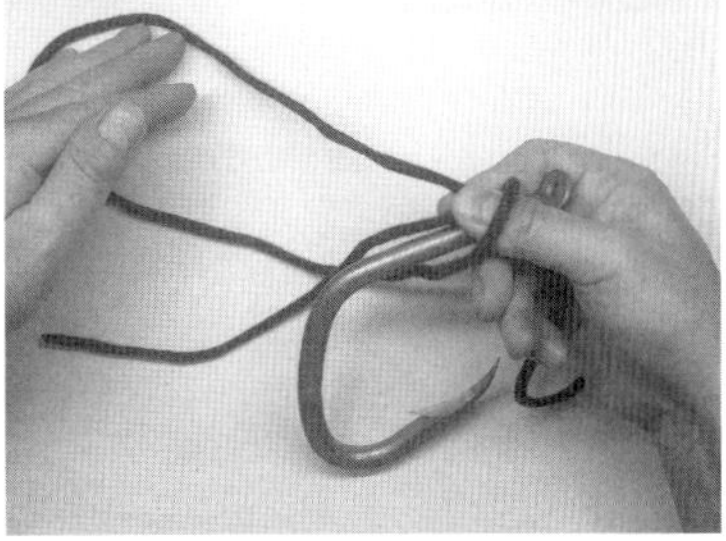

④再び輪が上部に来た状態です。

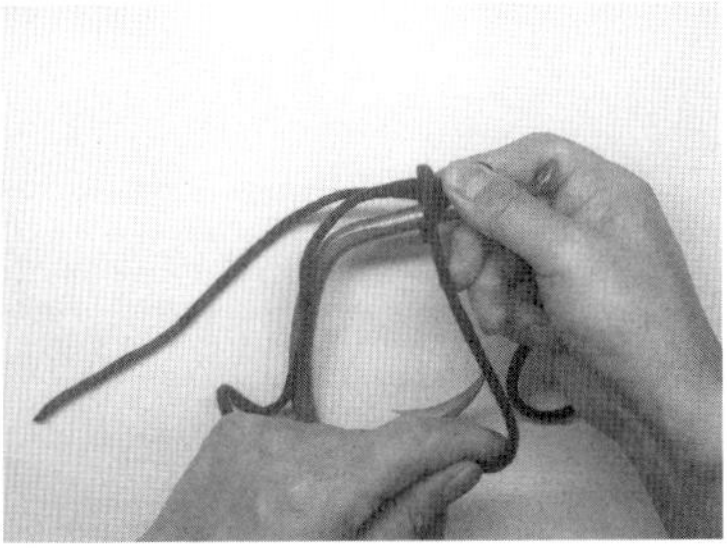

⑤最初と同様に、輪をくぐらせます。

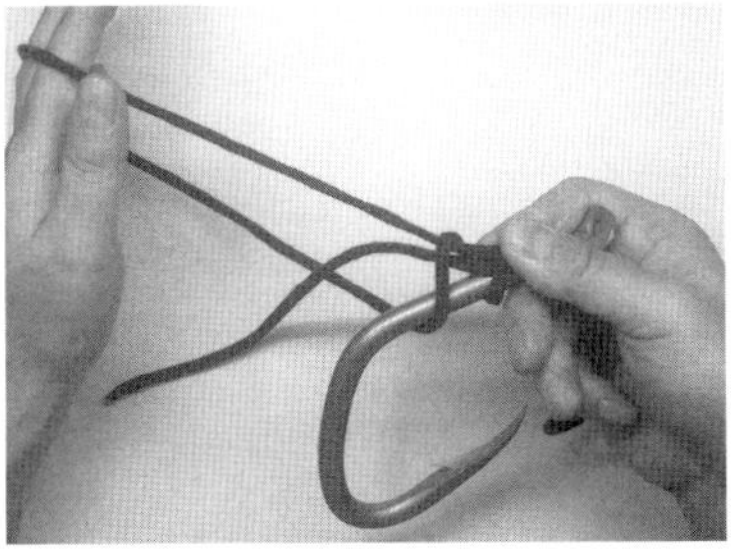

⑥この巻きつけを5、6回繰り返します。

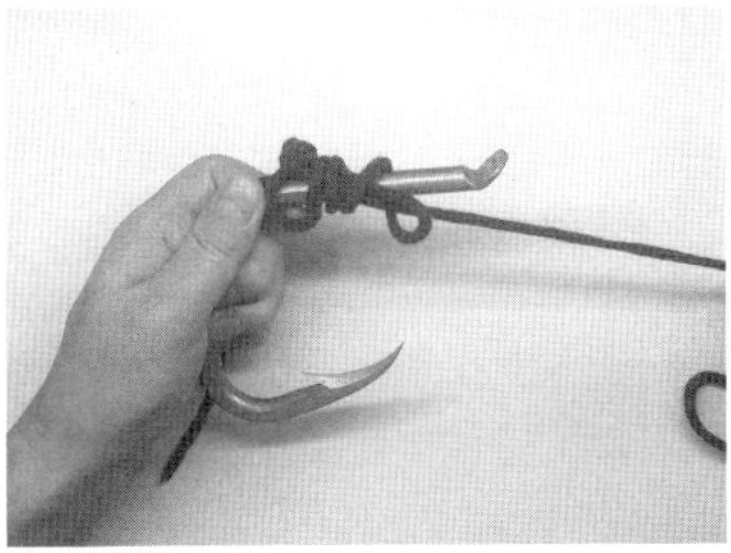

⑦巻きつけ終えたら、ラインの本線を持って締めます。

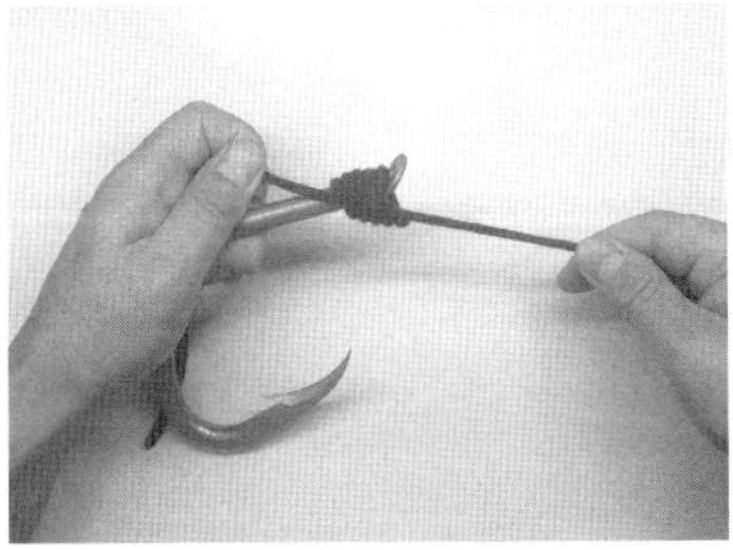

⑧本線は必ずハリの内側に向くようにします。

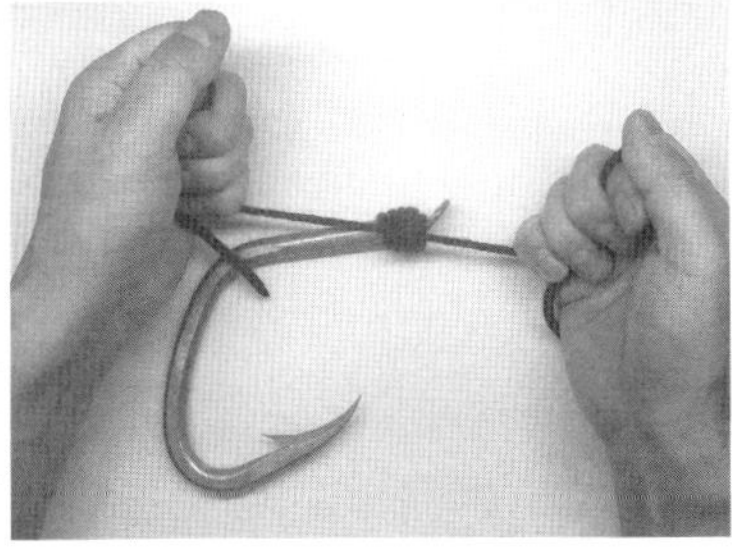

⑨両手でしっかりと持って締め込み、1㎜ほど残してカットすれば完成です。

アシストフック（ライト系）

ライトゲームのアシストフックはPEラインでも作れます。太いラインだとスッポ抜けやすくなるので向きません。

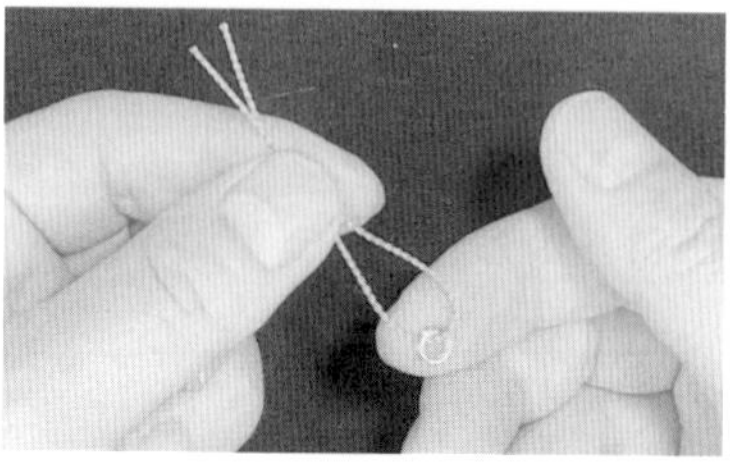

①PEラインを15㎝ほど切り、リングを通して二つ折りにします。

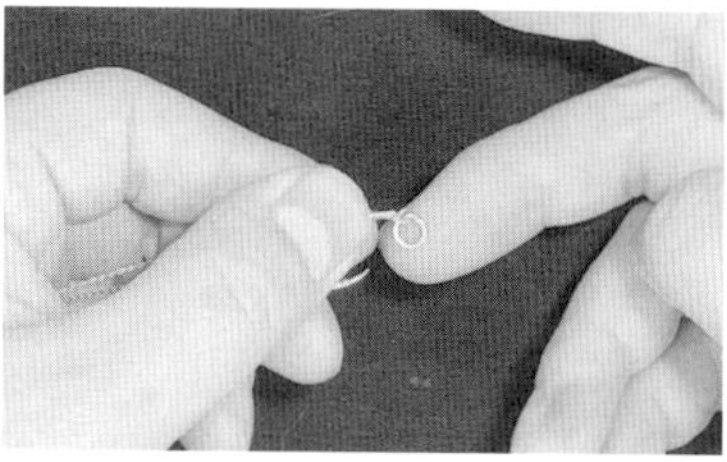

②ラインをフックに添わせます。リングの端ギリギリに揃えます。

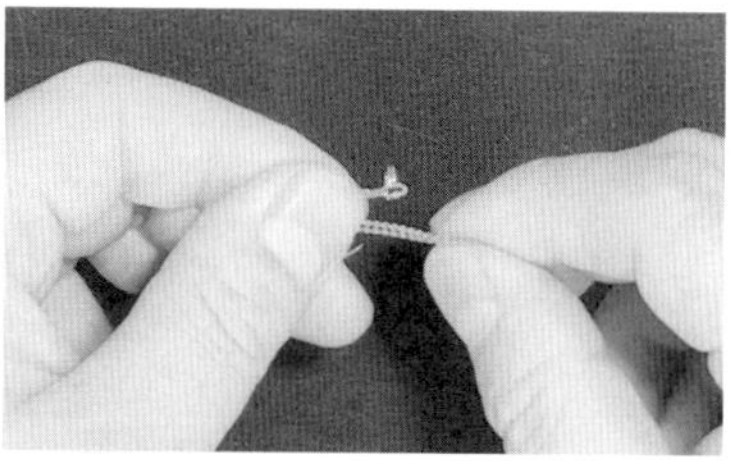

③外掛け結びで結びます。

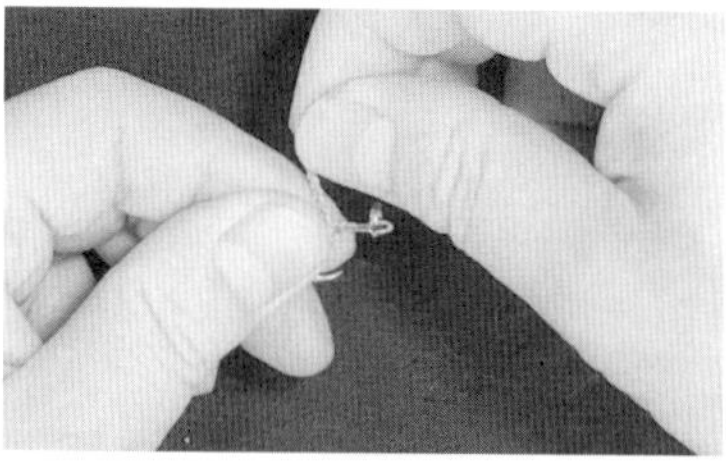

④ラインの端を上にもっていき……

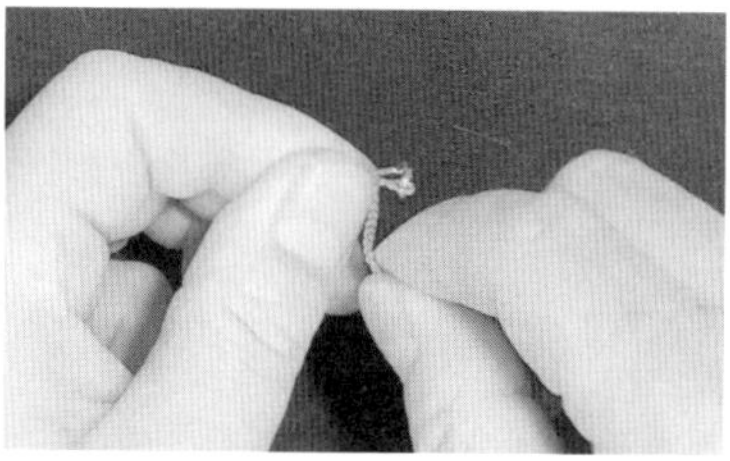

⑤向こう側から下に持ってきます。これを2回繰り返します。

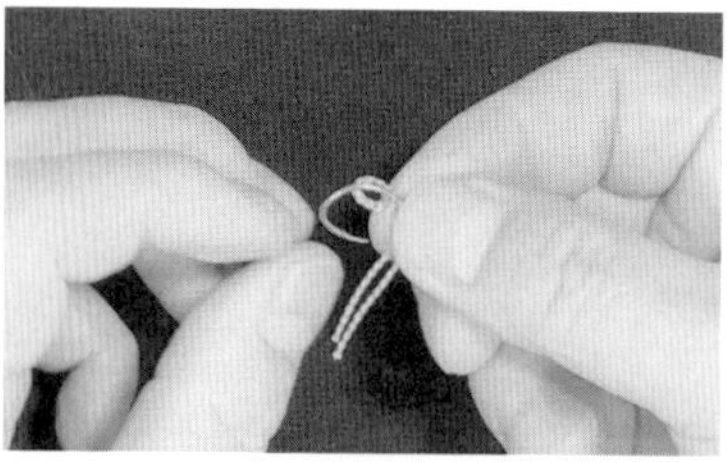

⑥2回巻いたら、巻いた部分を指でつまみます。

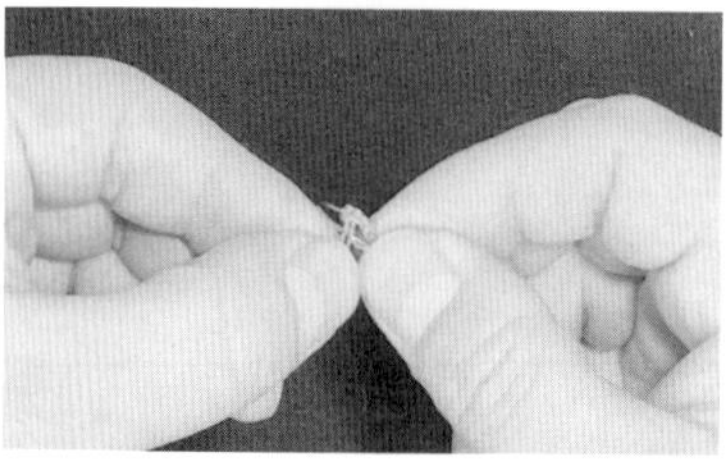

⑦最初にできた輪の中にラインの端を通します。

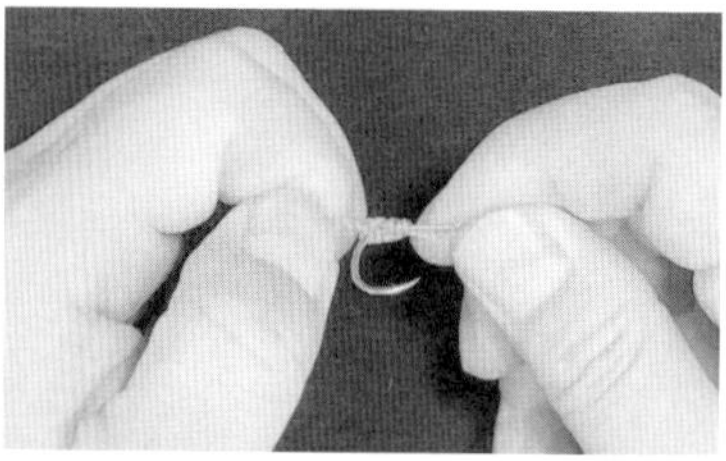

⑧ゆっくりと引いて締めます。

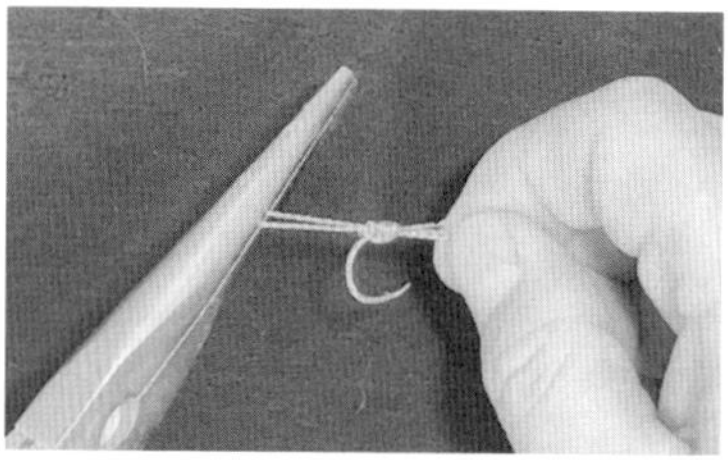

⑨プライヤーなどでつまみ、怪我に注意しながら強く締め込みます。

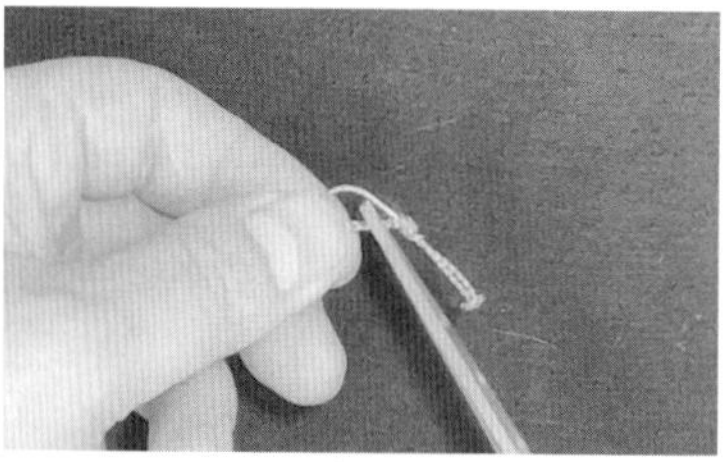

⑩2㎜ほど残して余分なラインをカットします。

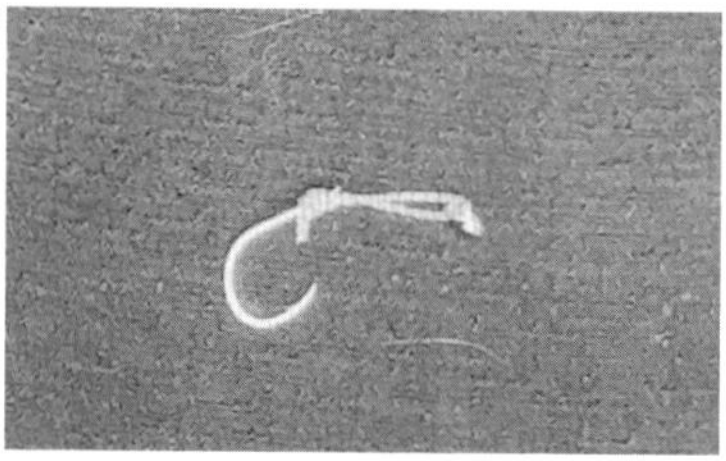

⑪リングの代わりにスナップを取り付けると着け外しが簡単になります。

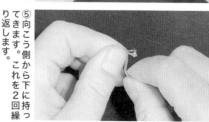

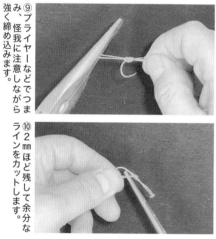

10秒ノット

細めのPEライン(～1号)とナイロン・フロロカーボン(～2号)を結ぶ方法。慣れれば10秒で結ぶことができるというネーミングで、簡単に早く結べる方法です。

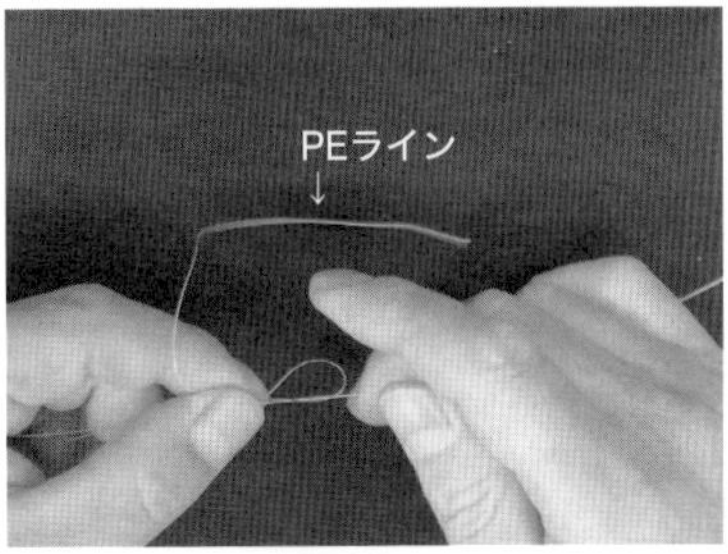

①リーダーを5㎝ほど折り返して輪を作り、下からPEラインを通し10㎝ほど引き出します。

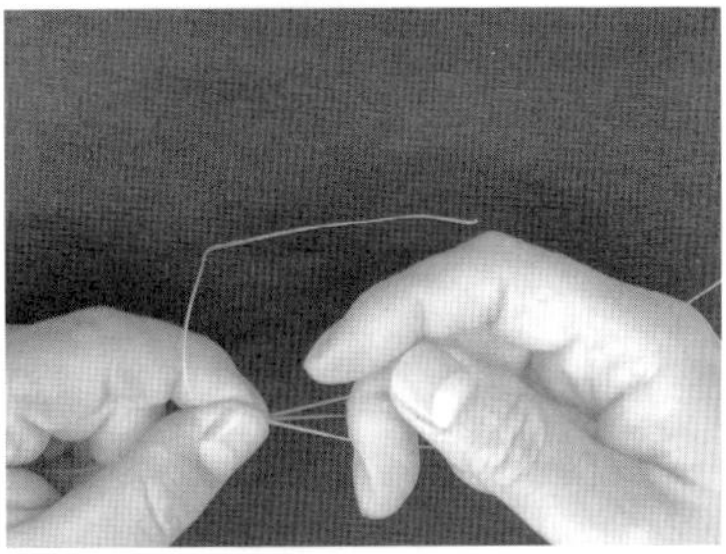

②交差部分をつまんで輪の中に中指を入れ、PEライン本線がズレないように小指で挟みます。

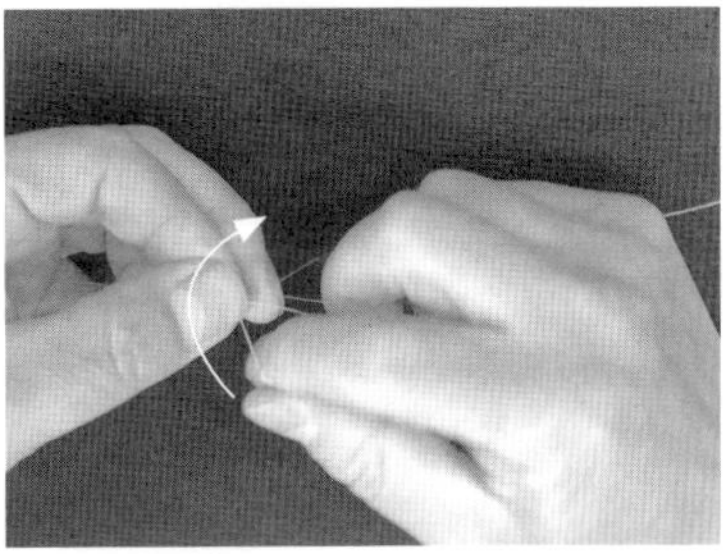

③PEラインの端線を10回巻きつけます。

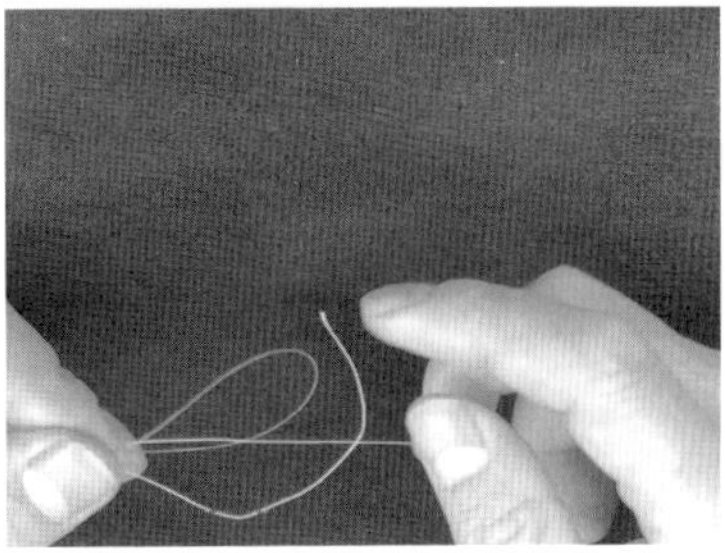

④巻き終えたら、巻きつけ部分を軽く締め込みます。

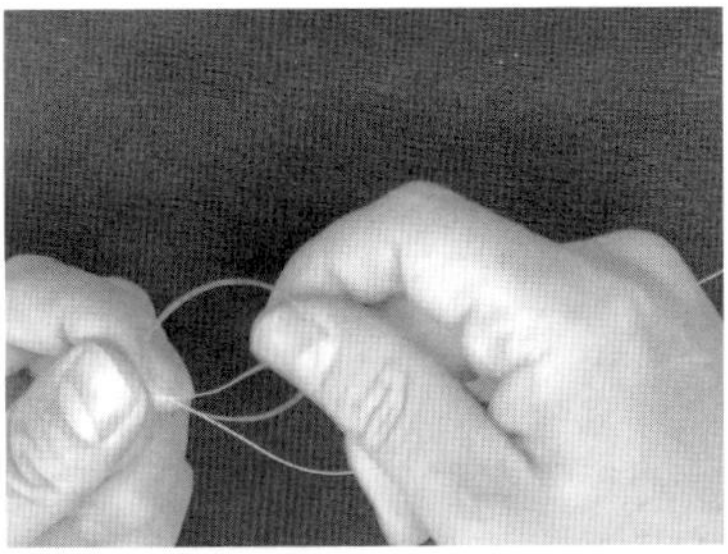

⑤PEラインの端をリーダーの輪の中に上から下へと2回通します。

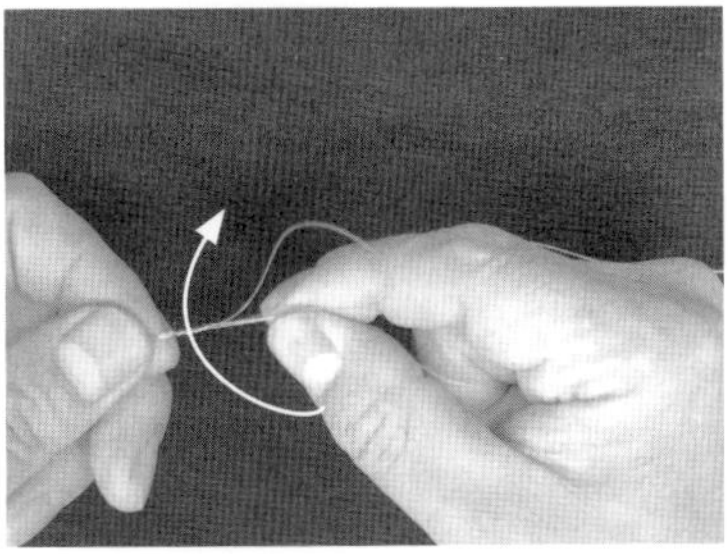

⑥リーダーの端線と本線を一緒につまみ、ゆっくりと締め込んでいきます。

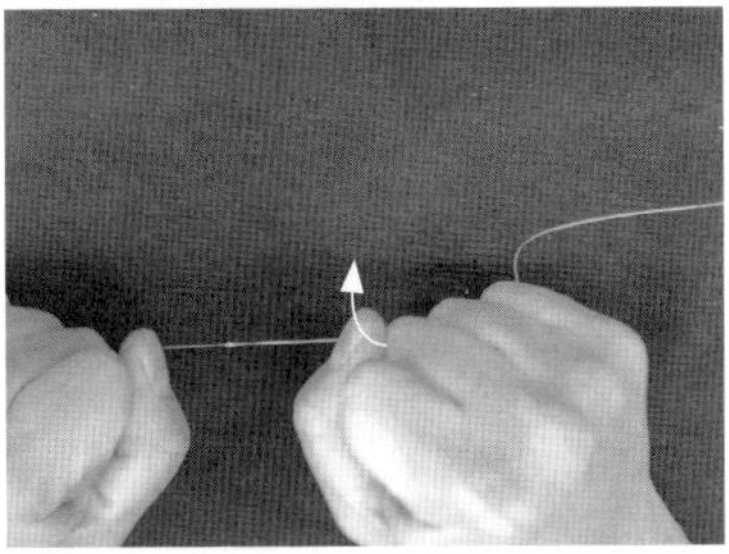

⑦ラインの色が変わるくらい、強く締め込みます。ここを怠るとスッポ抜けやすくなります。

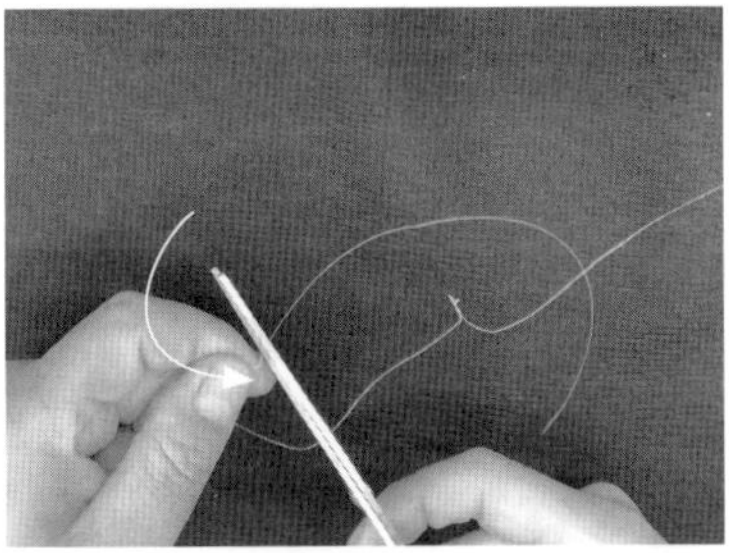

⑧リーダーラインの端をギリギリでカット。焼きコブで処理してもよいです。

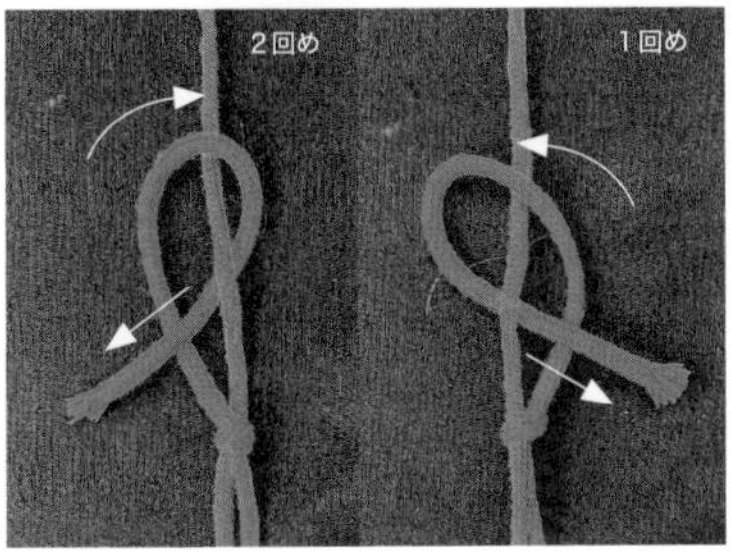

⑨スッポ抜ける場合は、PEラインをハーフヒッチしておくと抜けにくくなります。

FGノット

PEラインとリーダーを結ぶノット法。PEライン0.8〜2号くらいまでカバーできます。それ以上の太号数はPRノットがおすすめです。

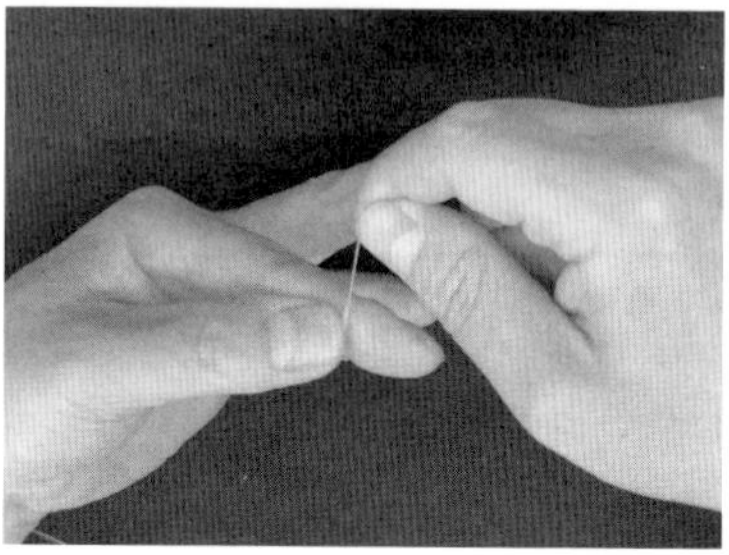

①PEラインの端を人差し指に5〜10回巻きつけます。

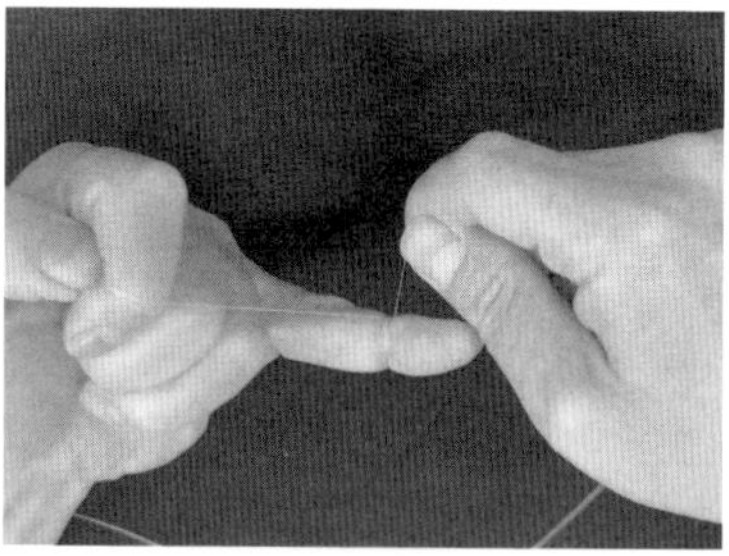

②小指にも同様に巻きつけます。

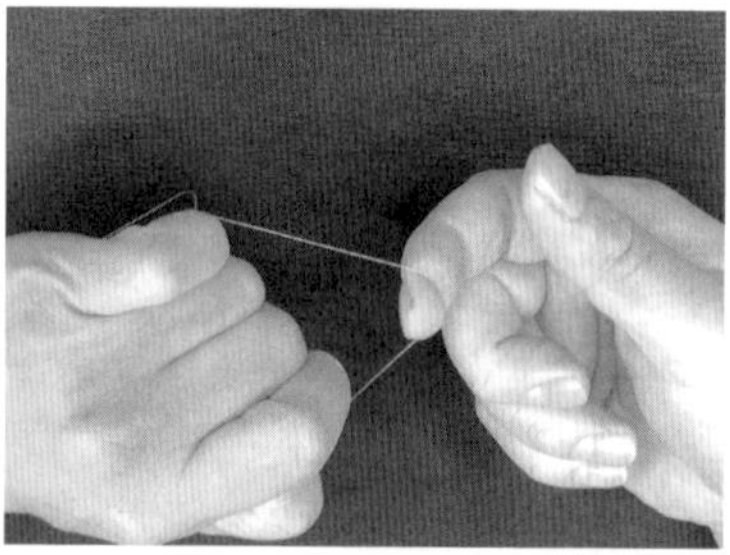

③たるみはこれくらいあった方が巻きやすくなります。

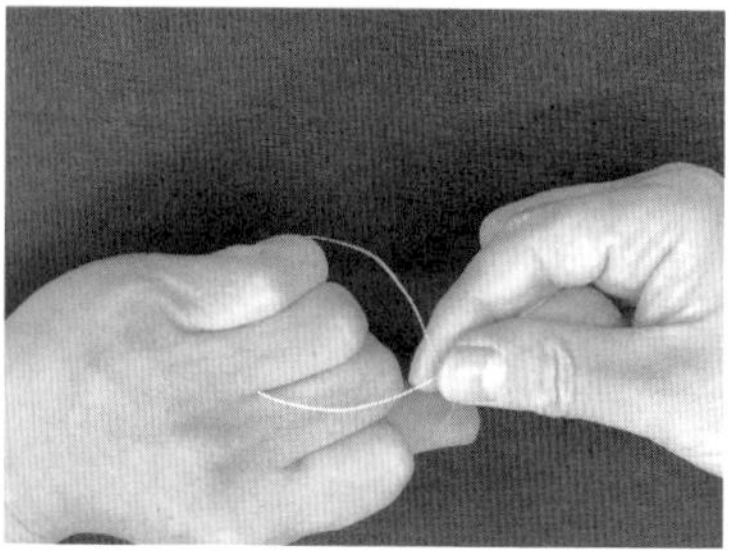

④リーダーの端を下から上へとPEラインにくぐらせます。

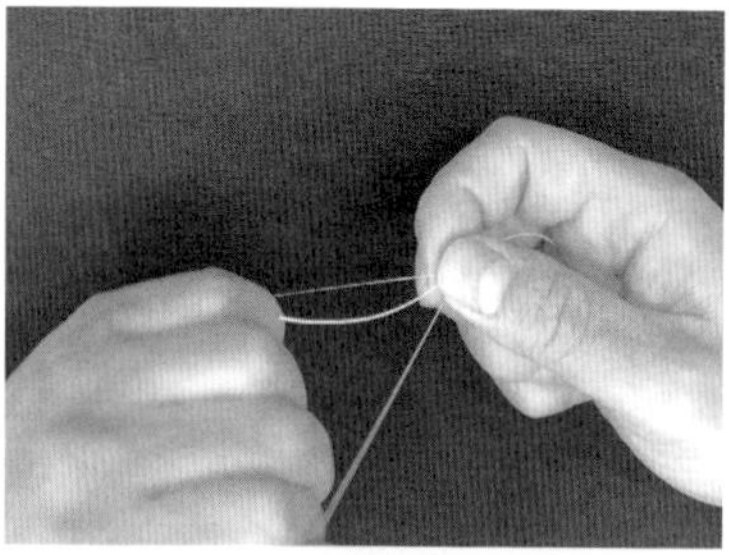

⑤リーダーとPEラインをしっかりと指でつまみます。

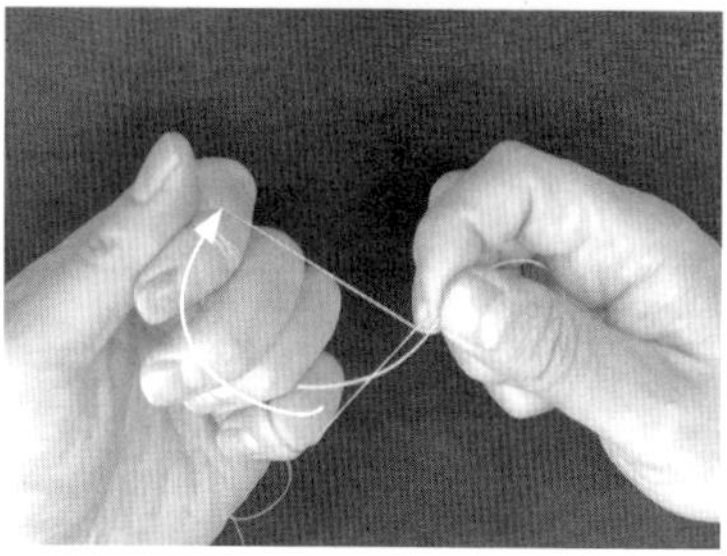

⑥左手を上側にひっくり返して、ラインを交差させます。

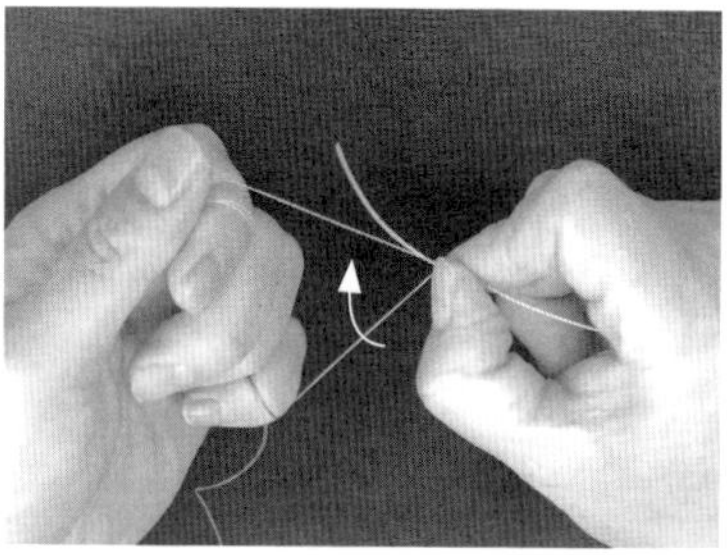

⑦リーダーを輪の中に下側へとくぐらせます。

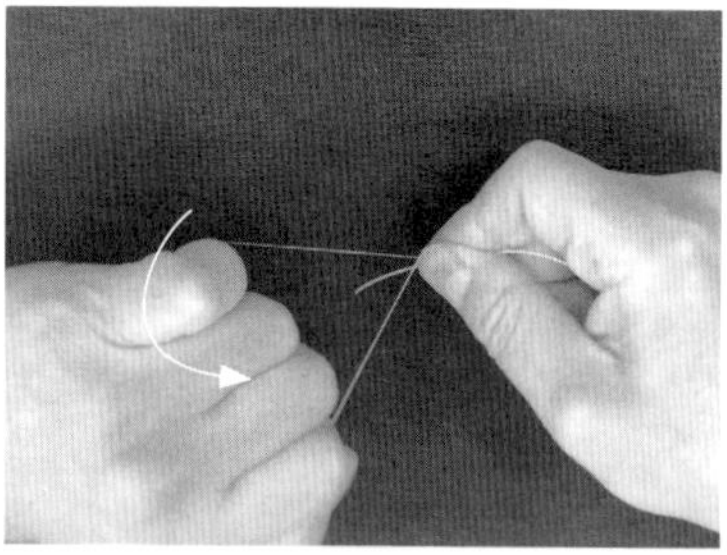

⑧左手を下側へとひっくり返してラインを交差させます。

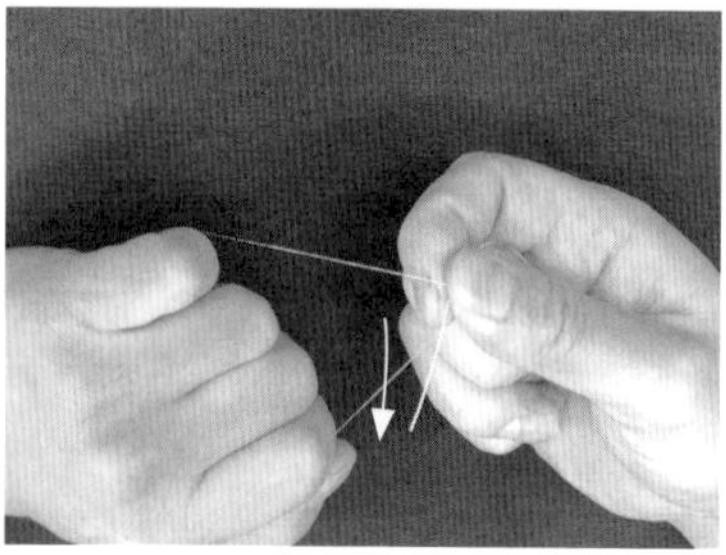

⑨リーダーを上向きにして、PEラインをくぐらせます。

⑩左手を返してラインを交差。これらを15回繰り返します。

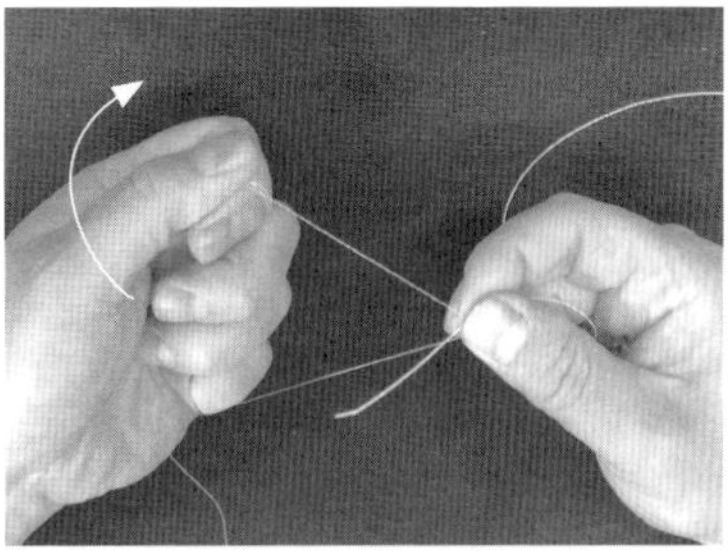

⑪左手のPEラインを解きます。

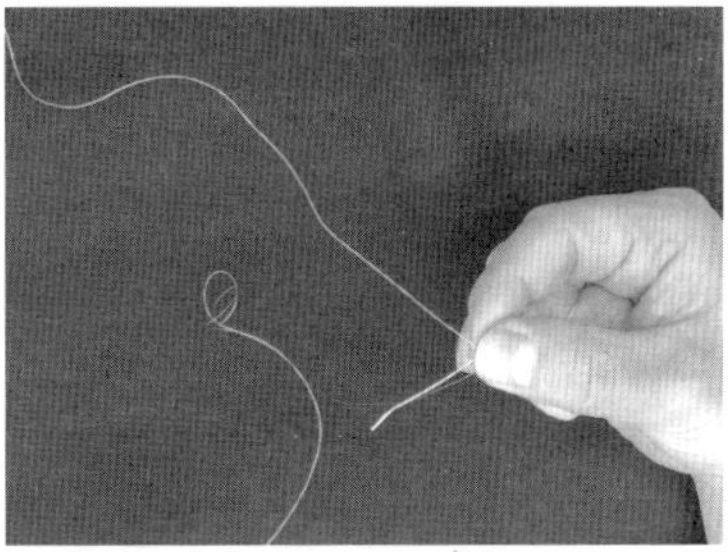

⑫PEラインの端線でハーフヒッチを行います。

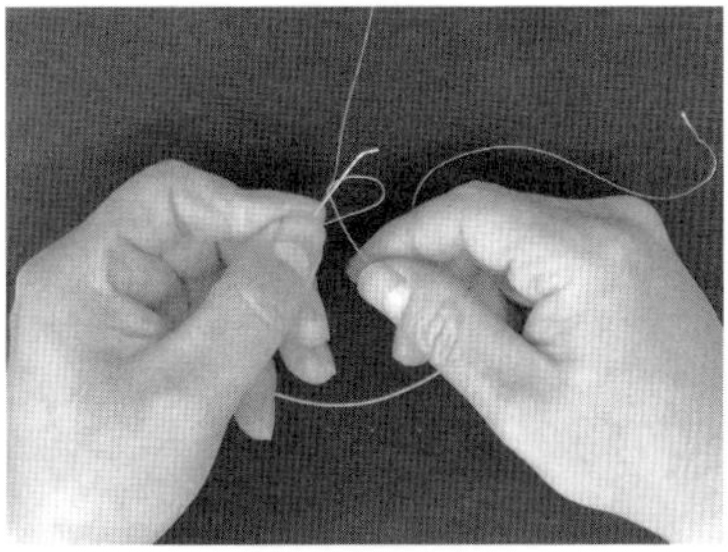

⑬PEラインの本線とリーダーの本線を持って締めます。

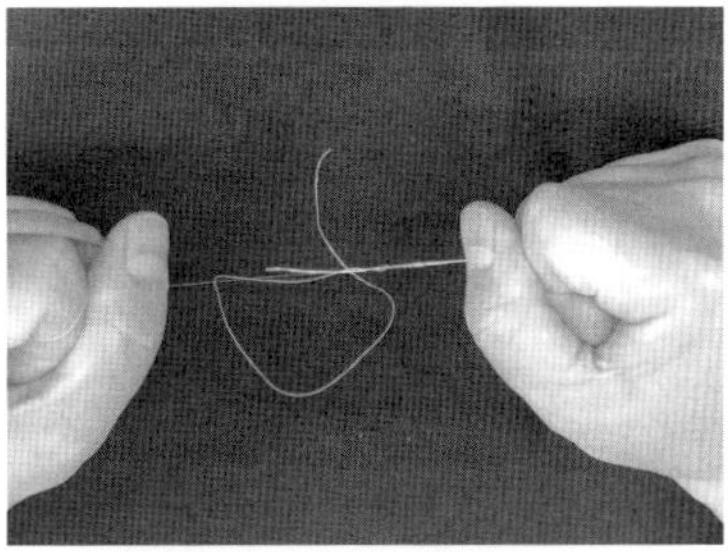

⑭リーダーの端を2㎜ほど残してカットします。

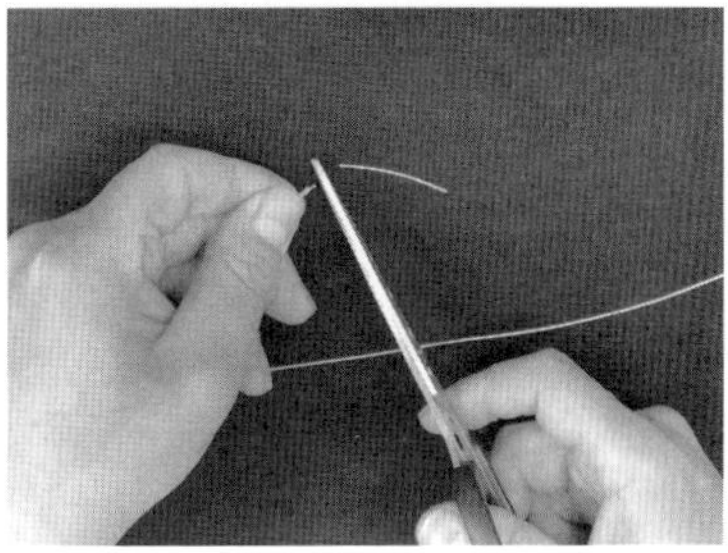

⑮スッポ抜け防止のためリーダーの端をライターで炙ります。

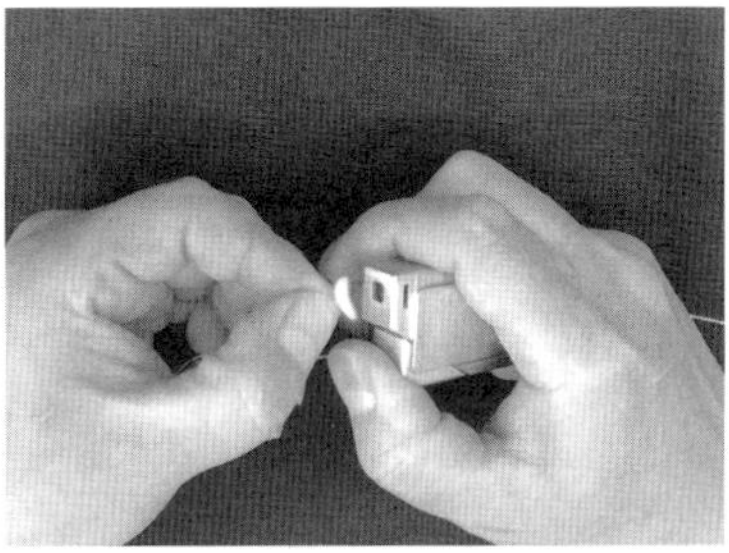

⑯PEインの端線を5回以上ハーフヒッチします。

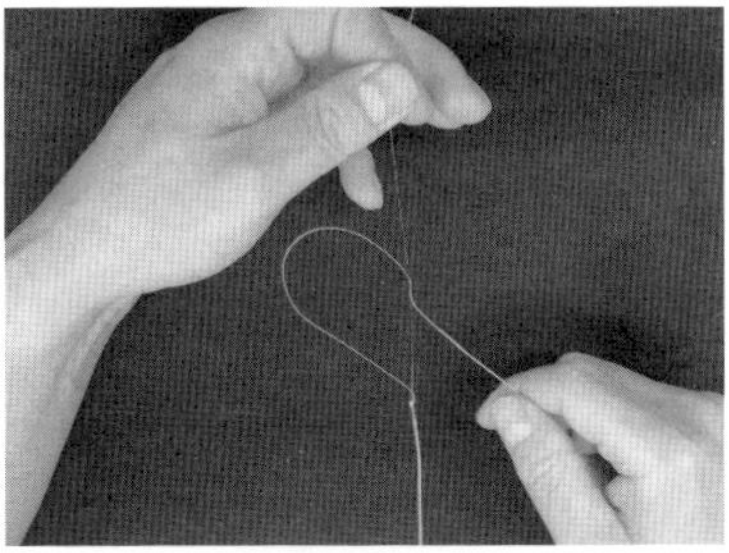

⑰最後のハーフヒッチは、2回通しのエンドノットを行います。

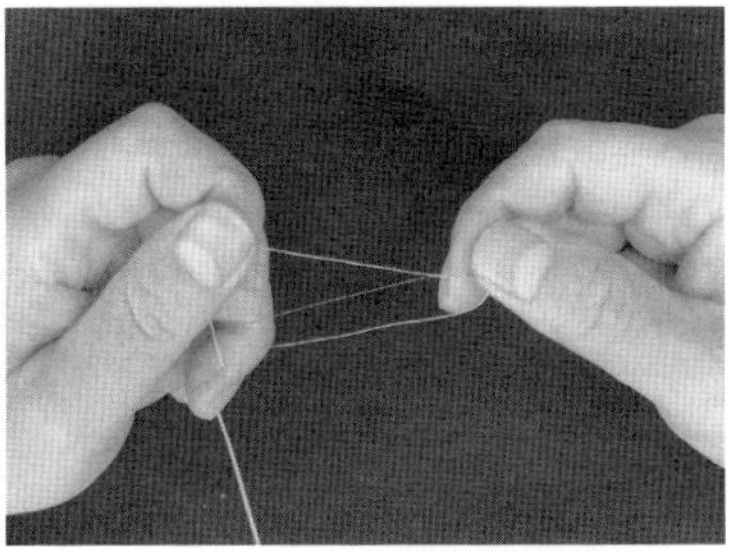

⑱PEラインの端をギリギリでカットして完成です。

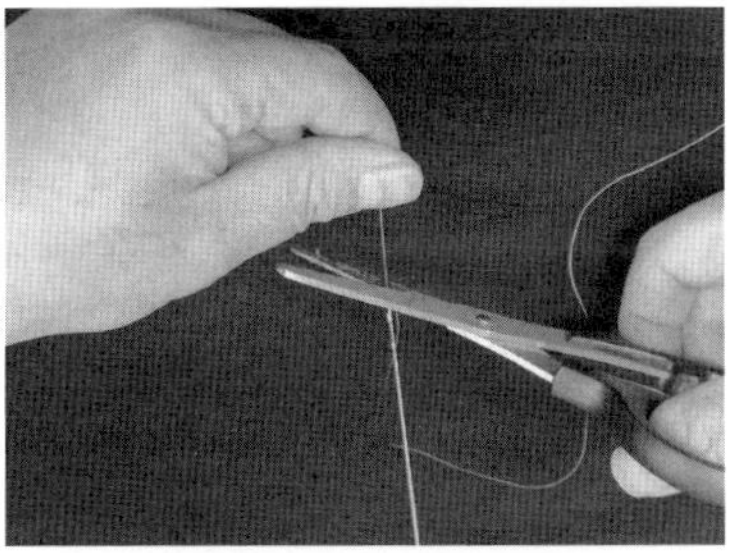

⑲最後にもう一度しっかりと引いて締め込んで確認してください。

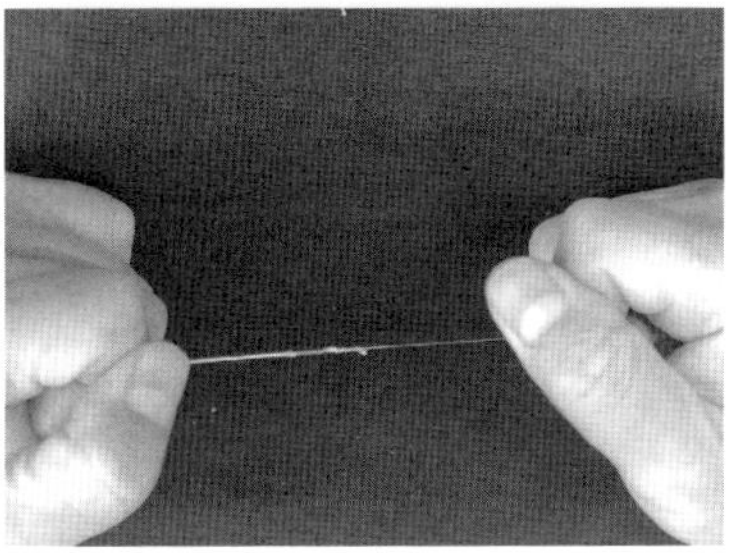

12

■長さ早見（インチ=センチ）

インチ	センチ
1in	2.54cm
2in	5.08cm
3in	7.62cm
3.5in	8.89cm
4in	10.16cm
5in	12.7cm

度量衡換算表《どりょうこう》

ルアー釣りは海外から入ってきたものなので、ポンドやオンスが用いられることが多くあります。なれれば感覚で分かるようになりますが、それまではセンチやグラムに変換しましょう。

■オンスをグラムに変換

（1 oz＝約28.34ｇ）

オンス	グラム
1/96oz	0.30ｇ
1/64oz	0.44ｇ
1/32oz	0.89ｇ
3/64oz	1.33ｇ
1/20oz	1.42ｇ
1/16oz	1.77ｇ
1/13oz	2.18ｇ
1/11oz	2.58ｇ
3/32oz	2.66ｇ
1/8oz	3.54ｇ
3/16oz	5.31ｇ
1/4oz	7.09ｇ
5/16oz	8.86ｇ
3/8oz	10.63ｇ
7/16oz	12.40ｇ
1/2oz	14.17ｇ
5/8oz	17.71ｇ
3/4oz	21.26ｇ
1oz	28.34ｇ
1.5oz	42.51ｇ
2oz	56.68ｇ
2.5oz	70.85ｇ
3oz	85.02ｇ
3.5oz	99.19ｇ
4oz	113.36ｇ
5oz	141.70ｇ
6oz	170.04ｇ
7oz	198.38ｇ
8oz	226.72g
9oz	255.06g

■オモリの号数をグラムに換算

（1号＝3.75ｇ）

号	グラム	号	グラム
0.3	1.125g	21	78.75g
0.5	1.875g	22	82.5g
0.8	3g	23	86.25g
1	3.75g	24	90g
1.5	5.625g	25	93.75g
2	7.5g	26	97.5g
3	11.25g	27	101.25g
4	15g	28	105g
5	18.75g	29	108.75g
6	22.5g	30	112.5g
7	26.25g	35	131.25g
8	30g	40	150g
9	33.75g	45	168.75g
10	37.5g	50	187.5g
11	41.25g	60	225g
12	45g	70	262.5g
13	48.75g	80	300g
14	52.5g	90	337.5g
15	56.25g	100	375g
16	60g	120	450g
17	63.75g	150	562.5g
18	67.5g	200	750g
19	71.25g	250	937.5g
20	75g	300	1,125g

■用途別PEライン号数目安と適合リーダーライン一覧表

・岩礁帯、引きの強い魚など、ラインが切られる確率が高いほど、リーダーも太めに設定してください。
・通常はPEラインとの力関係で設定します(PEライン1号なら、リーダーラインは4号(4倍)の計算で大丈夫)。
・根掛かりが多発するエリアでは、逆にリーダーラインを細く・短くしてロストダメージを軽減する場合もあります。
・リーダーの長さは、陸っぱりで1m、オフショアで5mくらいが標準です。

PEライン	リーダーライン		用　途
	ポンド	号数	
0.15〜0.2号	2〜4lb	0.4〜1号	アジング・メバリング(中級者以上向け)など
0.25〜0.3号	3〜4lb	0.6〜1号	アジング・メバリング(全般)など
0.4〜0.5号	3〜4lb	0.8〜1号	アジング・メバリング(視力の弱い方におすすめ)など
0.6〜0.8号	6〜8lb	1.5〜2号	エギング・ウキフカセ釣り・タイラバ・一つテンヤ・SLJなど
1	10〜20lb	3〜5号	シーバス、ライトショアジギング、オフショアライト系、投げ釣りなど
1.2号	16〜22lb	4〜6号	シーバス、ライトショアジギング、オフショアライト系、投げ釣りなど
1.5号	22〜30lb	6〜8号	シーバス、ライトショアジギング、オフショアライト系、投げ釣りなど
2号	30〜35lb	8〜10号	ショアジギング、オフショアなど
3号	35〜40lb	10〜12号	ショアジギング、オフショアなど

■リールドラグ設定値早見表

・PEラインにリーダーラインを結んだ際の、リールドラグ設定値目安です。
・リーダーラインは、最小号数と最大号数を表示しているので、使用するルアーや対象魚の大きさで使い分けてください。
・ドラグ設定値も使用リーダーラインの最小と最大でそれぞれ設定します。
・ドラグ設定の1/3と1/4は、1/4が通常時で、1/3は根に潜られる、障害物が多いといったエリアでの設定値です。
・ドラグ性能は機種によって違うから注意。スムーズにラインが出ないようなリールでは、設定値を少し低くしておきます。

PEライン	リーダーライン				ライン強度		ドラグ設定			
	ポンド		号数		強度(4本)		1/3強度		1/4強度	
	最小	最大	最小	最大	最小	最大	最小	最大	最小	最大
0.15〜0.2号	2lb	4lb	0.4号	1号	0.91kg	1.81kg	0.3kg	0.6kg	0.45kg	0.45kg
0.25〜0.3号	3lb	4lb	0.6号	1号	1.36kg	1.81kg	0.45kg	0.6kg	0.45kg	0.45kg
0.4〜0.5号	3lb	4lb	0.8号	1号	1.36kg	1.81kg	0.45kg	0.6kg	0.45kg	0.45kg
0.6〜0.8号	6lb	8lb	1.5号	2号	2.72kg	3.63kg	0.91kg	1.21kg	0.91kg	0.91kg
1号	10lb	20lb	3号	5号	4.54kg	9.07kg	1.51kg	3.02kg	2.27kg	2.27kg
1.2号	16lb	22lb	4号	6号	7.26kg	9.98kg	2.42kg	3.33kg	2.49kg	2.49kg
1.5号	22lb	30lb	6号	8号	9.98kg	13.61kg	3.33kg	4.54kg	3.4kg	3.4kg
2号	30lb	35lb	8号	10号	13.61kg	15.88kg	4.54kg	5.29kg	3.97kg	3.97kg

超入門

堤防ライト系

ルアー釣りのススメ

▶発行者◀
株式会社 ケイエス企画
〒802-0074 福岡県北九州市小倉北区白銀一丁目8-26
電話 093(953)9477 ファックス093(953)9466
kskikaku.co.jp

▶発行所◀
株式会社 主婦の友社
〒141-0021 東京都品川区上大崎3丁目1番1号 目黒セントラルスクエア
(販売)☎049-259-1236

▶印刷所◀
瞬報社写真印刷 株式会社

▶企画・制作◀
株式会社 ケイエス企画

ISBN 978-4-07-345779-4

■乱丁本、落丁本はおとりかえします。
お買い求めの書店か、主婦の友社(電話 049-259-1236)にご連絡ください。
■記事内容に関する場合は、ケイエス企画(電話 093-953-9477)まで。
■主婦の友社発売の書籍・ムックのご注文はお近くの書店か、主婦の友社コールセンター(電話 0120-916-892)まで。
＊お問い合わせ受付時間　月～金(祝日を除く)10:00～16:00
主婦の友社ホームページ　https://shufunotomo.co.jp/